U0127492

價值投資法

如何以價值投資戰勝市場

價值投資法
——如何以價值投資戰勝市場

WALL STREET ON SALE
- How to Beat the Market
as a Value Investor

提摩西・維克◎著

洪裕翔◎譯

財訊出版社

 美商麥格羅・希爾國際股份有限公司

目錄

導言

一百五十年前，米爾（John Stuart Mill）在其《政經學原理》（*Principles of Political Economy*）中假設：資產價值的漲跌是基於人類異想天開的天性。當價格上漲時，大眾視之為獲利的機會，進一步推高價值，並應驗自我實現的預言。價格下跌則可激發相反但類似的反應。米爾寫道：「人類的性格本身就容易導引出其所期望的效果。」

股票漲跌通常沒什麼道理，不過是由恐懼、激情與貪婪所推動。儘管有缺陷，卻也是我們自己能了解的人類情感。華爾街這種喜怒無常的拉鋸戰提供了巨大的獲利機會，尤其是一家公司的價值被錯估時。幾年前，人們根本不敢以本益比11倍的價格買進默克製藥（Merck & Co.）或是嬌生（Johnson & Johnson）的股票。投資人於英特爾（Intel）的本益比達12倍時避開該股，在思科系統（Cisco Systems）股價24美元殺出，而且根本沒人敢擁有像富國銀行（Wells Fargo）這種高達75美元的銀行股。然而到了1998年，如果投資人在上述股票的股價高達4倍、本益比躍升30倍時仍未搶進，那簡直是「暴殄天物」。一旦你了解華爾街只不過是我們自己的化身，就已經邁出了長期成功的第一步；第二步則是掌握它。

本書的主要任務是告訴你如何掌握華爾街。只要運用「價值投資法」（Value Investing），你即可坐擁華爾街。價值投資法於1930年代中期被提出，常為世界上許多最偉大的市場專業人士所採用。包括巴菲特（Warren Buffett）、史勞斯

（Walter Schloss），加百列（Mario Gabelli），普萊斯（Michael Price），內夫（John Neff），坦伯頓（John Templeton）及索羅斯（George Soros）等等，他們以廉價買下公司的方法已經證實是史上最成功的選股工具。

有了價值投資法，等於擁有神奇的煉金術，可運用它點石成金，你可以買進全世界最受歡迎公司的股票，並坐享其成。同時，由於你不願支付不合理的高價，你的利潤必定會相對提高，所面臨的風險也會相對降低。

然而時至今日，依然沒有人認眞地把價值投資當成重要的紀律，反而相信金融業所宣稱的投資是一種難以捉摸、複雜的事情，你不應該親自參與、更不應該深入了解，這種論調使得投資人成爲自己情緒的犧牲品。雜誌標題引誘你購買「當前十大好股」，而券商則精心設計，讓你換股票比換舞伴還快。投資業界從未領會到單純性的可貴：只要以低於1美元的價格買進價值1美元的資產，然後耐心抱牢持股即可，簡言之，投資並非是快板的華爾滋。不幸的是，緩慢而穩定的成功並不吸引人。

現在是採取價值投資最好的時機。今天有近半數的美國家庭參與股票投資，然而其中絕大多數在規劃其股票投資組合時所展現的耐性，甚至還不及做飯、渡假與買衣服。長達十五年的多頭市場使得投資人相信，沒有必要花時間小心翼翼地做研究，而且再高的股價都有人追高。如同在1987年、1970年代早期，以及喧嚷的1920年代，以預期未來獲利會增加而買進股票的成長投資法（growth investing），已經取代了謹慎的投資法。就像所有的壞習慣一樣，對於所有的投資

人而言，類似的不幸後果將會一再的重演。

　　過去二十年的研究發現一再顯示，股票會隨著時間緩慢上漲。這個發現是簡單而明白。下述七項訓誡所傳達的理念也是同樣清晰：

(1)**殺進殺出導致利潤不佳**。將手中持股拼命殺進殺出以追求快速獲利是無法戰勝市場的。你的投資組合更動越頻繁，落後市場的幅度也越大。

(2)**唯一能戰勝市場的鐵則是同時考慮價格與價值**。算出一家公司的真實價值，並在該價位之下買進，如此你的利潤幾乎可以超越其他的投資人。

(3)**一般公認的分散風險法則應該不予考慮**。隨便挑個十來支股票以「保護自己」獲利必定不佳。同樣地，單位平均成本法（dollar-cost averaging）與嘗試錯誤法（trial-and-error approach）只會帶給你二流的獲利。

(4)**依技術指標買賣不但毫無幫助，反而容易導致利潤受損**。從未有人發明出一套能在市場中衝鋒陷陣且持續有效的方法。在購買前先行評估一家公司才是無可取代的方法。相反地，若是忽略公司的價值與優點，則容易使投資淪為賭博。

(5)**不計代價避免受到「資訊」魔力的擺佈**。要在這場業界的遊戲中勝出，就不應理會所有的循環性預測，如經濟、利率、盈餘與股票等。

(6)**只需公司公佈給投資大眾的財務報表，即可成功獲利**。許多價值投資人仰賴年報、計畫書與代理委託書（proxy

statements）。

⑺評估一家公司所需要的大部分資訊皆可在網路上免費取得。現在個別投資人隨手皆可獲得與傳奇基金經理人相同的資訊。

市場向來高低起伏。投資人應該謹記，要獲利100美元，平均要忍受40美元的虧損。除非你注意到價值，否則這種進兩步退一步的過程可能會很痛苦，然而實際上大部分的投資人不曾注意價值。儘管有研究結果的訓誡與明顯的趨勢，多數人均未能為週期性的損失作好準備。股價大多呈現長期穩定成長的趨勢，而經濟與生產力的持續成長，會帶動美國公司的實質價值穩定成長，並進而推升股價。有太多美國人固執地把投資視為當今世上的點金石，他們深信今日所購買的股票，在退休時會神奇地把他們變成百萬富翁。在這些美國人身邊圍繞著成長型投資人，大力鼓吹現賺100美元的方法。他們對風險實在太大意了，這簡直是以盲引盲。相反地，價值投資人所尋求的方法是，如何賺進100美元同時規避40美元的虧損。

本書綜合所有價值投資法的主要法則，並闡釋如巴菲特等許多傳奇投資人用以建立其王國的方法。首先我會概述價值投資法的主要議題，然後再舉例證明，無數的基金經理人依循此法獲得成功；稍後我會透過數章篇幅教你如何以投資價值來評估一家公司；最後我將說明如何建構價值型股票（value stocks）的投資組合。在附錄中，我會列出個人特別喜歡的網站，你可以上網免費取得有關公司與股票市場的資

訊。

我確信本書將有助於你掌握自己的未來，透過謹慎與睿智的投資以提高獲利表現。這裡所提出的投資法則是超越時間的，可以協助你走過多頭與空頭市場。不論你買進網路股、奇異電器（General Electric）、新力（Sony）、Duke Power或者是伯利恆鋼鐵（Bethlehem Steel），都一樣適用。

　　祝你選股愉快！

提摩西・維克（Timothy P. Vick）

1998年11月

謝詞

　　本書的完成感謝許多人共同的投入。當然首先要感謝的是妻子羅貝塔（Rebecca）的持續支持與編輯，孩子們（Calvin和Natalie）耐心地忍受爸爸把許多週末與夜晚耗在電腦前。特別要感謝我的編輯凱姆斯（Jeffrey A. Krames）指導整個計畫直到完成，並從手稿中表現出最高的價值。還要感謝在普渡大學（Purdue University）擔任財經講師的同事柏奇（Kenneth Pogach），他幫我串連了書中許多關鍵性的評估問題。也要謝謝在Horizon Publishing公司的維吉（Chris Vaughn），協助整理圖表及排版工作。謝謝巴菲特、史勞斯、布藍迪（Charles Brandes）以及在崔第布朗公司（Tweedy, Browne）的夥伴們對本書的支持，提供我許多珍貴的資料。

價值投資法

第一章

何謂價值投資法？

「首先，要認識價值。」

——查爾斯‧道（Charles Dow）

　　葛拉漢（Benjamin Graham）首度在其1934年的原創性論文《證券分析》（*Security Analysis*）中，提出評估價值的原則時，價值投資的觀念尚不存在。葛拉漢本人很可能會反對「價值投資」（value investing）一詞，也可能不贊同幾十年來被扭曲的詮釋。《證券分析》寫作時間在1929至1933年的空頭市場之後，當時四十歲的葛拉漢只想教導投資人如何分析財務報表，以及評估一家公司在市場中的實質價值。對他而言，沒有事先評估公司的前景即買進股票，不但是罪無可赦，而且愚不可及。

　　儘管今日被視為價值投資的聖經，但厚達700頁的《證券分析》卻是在一個無法無天的年代出版的。在廿世紀的前三十年，金融市場飽受人為炒作——通常導因於某個投資人或銀行家想要壟斷某證券的價格，或保護個人的利潤。在1930年代國會通過嚴格的資訊公開法（disclosure laws）以前，各公司鮮少對外公開他們的財務狀況，而就算提出報告通常也不足以信賴，原因是會計法規疏落、寬鬆，甚至無法適用於各產業、內線交易不但猖獗而且還無法管理、上市公司沒有提供潛在投資人，有助於了解公司業務的統計資料、資訊流通緩慢、不均，使得一般社會大眾幾乎難以明瞭每日

交易情況與曼哈頓南部的詐欺伎倆。

　　這樣的大環境使得謠言四起，造成股票暴漲暴跌，全然不理會所謂的價值或受害者的慘況。在葛拉漢之前，從未有人坐下來研擬出一套分析上市公司的標準規範。有些學者企圖拼湊出內在價值（intrinsic value）的概念，但是他們粗糙的數學模式僅在銀行界與學界獲得認同，一般的美國人鮮少知道如何分辨可投資的證券與不入流的爛股票。

　　在撰寫《證券分析》時，葛拉漢並沒有想要調配出一帖能迅速致富的妙方，亦不曾因為被喻為「價值投資之父」或「簡樸投資人」而沾沾自喜。他對世界的貢獻是把客觀理性注入一個視證券買賣為目的，而非方法的文化之中。對葛拉漢而言，如果投資人購買資產時不預先檢驗其內部結構，是極不合理的。他主張投資應該像買車一樣，先踢踢輪胎，並看看其引擎室，然後再告訴售貨員「50美元買進100張」。

　　踢輪胎看來似乎是很愚蠢的作法，但它卻是價值投資的精髓。在買股票時，好的研究可導致好的判斷，前後一致的方法能導出聰明的決策，支付公平的價格才能獲得傑出的利潤。「事實上正是因為（價值投資）太簡單了，所以人們不太願意傳授它，」身價數十億美元的價值投資人巴菲特曾說，「如果你已經取得博士學位，並花了許多年學習如何做各種困難的數學運算，然後要再回到價值投資這一點上，這就好像都已經飽學到可以當祭司時，才驚覺自己所需要的只不過是十誡而已。」（引自L.J. Davis登載於《紐約時報雜誌》（*New York Times Magazine*）的文章，1990年4月。）

　　今天很多人把價值投資與「廉價」（cheap）投資弄混

了。他們以為這種投資策略就是購買沒有人要的公司，也就是那些財務吃緊或股價低於10美元的公司。事實上，當我在1997年開始出版投資時事通訊《當代價值型投資人》（*Today's Value Investor*）時，我很驚訝地發現，大多數的讀者相信或希望我會推薦每股2美元的熱門成長股。在多頭市場的辭典中，「價值」的意義已經轉化成任何廉價的東西。

某種程度上，價值與價格配合得天衣無縫，價值與成長亦是如此。真正的價值型投資人緊盯著價格，他們所支付的股價絕不會高於公司的價值。然而他們對於成長的關心，也和價格與價值一樣，因為如果公司無法隨著時間增加利潤、淨值與內在價值，沒有人能保證其股票的價值也會提高。藉著結合這三項要素，用低於股票價值的價格買進成長股，投資人即能戰勝市場，享受非凡的股票獲利。

何謂「價值」？

我們所謂的「價值」是什麼？在證券市場上，大家都不分青紅皂白地使用這個辭彙。由於使用太隨便、太頻繁，自然而然變成了用來描述某人的操作方法。數以百萬計的投資人與許多基金經理人宣稱自己是「價值搜尋者」，但是證據卻顯示，其中大部分人其實只是交易員，他們尋求暴漲的機會以增加獲利。對他們而言，價值成為缺乏嚴謹紀律的表徵，而實際上「價值」一詞在金融與法律上有著具體且明確的定義。民法所承認的價值有以下數種：

• **公平市值**（Fair market value, FMV）：這是評估私人資產

的主要標準，尤其是為了稅賦所作的房地產或資產評估。簡言之，公平市值可以簡化成：任何人願意為類似資產所支付的價格。它幾乎都以美元做為定義單位，這是由於公平市值反映的是買方會願意提供，同時也是賣方願意接受的金額。公平市值假定雙方都擁有足夠的相關資訊，得以評估彼時欲交換資產的價值，它也意味著買賣雙方都無法制定價格；更確切地說，是由市場決定公平市值，你很可能已經參與過多次公平市場的定價了。在買賣房子時，你會根據當地的市場狀況設定價格，如果與你相似的房屋售價介於20萬美元與22萬美元之間，房屋的成交價將不會離這個價格區間太遠，如果出現較大的價差，那麼鄰近的公平市值會出現新標準。只要你購買股票時，願意支付市價，則代表你已接受了這家公司的公平市值。

- **投資價值**（Investment value）：公司的「投資價值」對所有的潛在投資人都不相同，因為每項投資對同一項資產的投資報酬率都有自己的要求。例如，現在有三位投資人都想購買市價50美元的寶齡（Procter & Gamble, P&G）股票。其中一位投資人希望保有本金，不願接受價格滑落15%以上；第二位期望寶齡年獲利率達20%，並願意為該目標忍受較大的股價震盪幅度；第三位則希求一年至少達到4%的股利收益。每位投資人都為該股票設訂不同的門檻，然而也唯有在特定價格才能滿足大多數人。如果該股可能下跌15%至42.5美元，第一位投資人就不會買這支股票；第二位投資人也不會買，除非它在一年內至少能漲到

60美元，或於五年內漲到124美元；只要寶鹼每年的股利高於2美元，第三位投資人就會買進。由於每個投資人都有其預設的最小投資報酬率，因此他們對於寶鹼的公司價值會有不同的觀點。每個人只會在預設標準下嚴謹地買賣寶鹼，而與公司的真實價值毫無關聯。

- **帳面價值**（Book value）：這個價值標準是以會計為基礎測量公司的淨值，亦即股東權益的每股價值。許多價值型投資人主要仰賴此數值來尋找被低估的股票，他們所持的理由相當正確，公司的股價不會長期低於淨值，或股票會漲回帳面價值之上，管理階層抑或會將出售資產所得的利潤回饋給股東。第十二章會進一步闡述帳面價值的重要性。

- **清算價值**（Liquidation value）：此價值標準用以測量公司出售所有資產、收回所有應收帳款、付清所有帳單與債務後，還能收回多少的金額。清算價值與價值型投資人鮮有關聯，你應該注意還能繼續經營的公司，留意那些未來還能賺錢，而且不太會倒閉的公司。當市場嚴重超賣某家公司股票（例如1980年代初期的克萊斯勒、1991年的花旗銀行），並因而產生令人無法抗拒的交易，清算價值即可派上用場。

- **內在價值**：內在價值並非主觀，而是普遍的概念。它表示評估員在完成一家公司的財務狀況分析後，所評斷出的公

司價值。以絕對定義而言，內在價值是一家公司的實質價
值。如果所有投資人都擁有相同的資訊與見解，他們願意
接受的合理售價即為內在價值。在推算內在價值時，投資
人必須儘可能讓每股價格反映公司資產、公司預期收益、
股利的價值或是公司的銷售與收益成長率。

　　圖1-1描述各種價值標準間的關係。在這裡我運用四種
標準——市值、內在價值、帳面價值與清算價值，藉以顯示
這些方法的差異。股價最能代表市值，其波動幅度也最為劇
烈，市值每日上下來回波動，反映出投資人不斷改變對公司
價值的認定。實際上，市值反覆不定的本質使其在決定公司
真實價值時成為最無效的標準。在我假設的實驗例子中，市

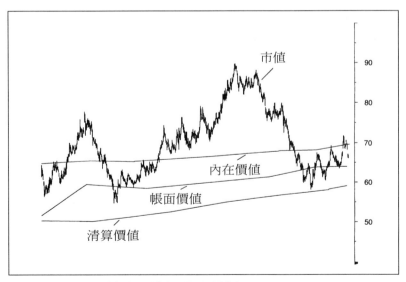

圖1-1　市值與其他價值標準的關係

價首先從60美元漲到80美元，跌破60美元再漲到90美元，然後又跌回60美元。然而寶鹼的基礎價值，不論是以內在價值、帳面價值、清算價值而言，並沒有像市值一樣波動。事實上，該公司的價值逐步上揚，即使在市值重挫時亦同。

價值型投資人所尋找的即是市值跌破內在價值的情況。股價跌破內在價值越多則越便宜，潛在利潤也越高。在本例中，股價兩度跌破內在價值，並短暫跌破公司的帳面價值。最物美價廉的股價是跌至接近清算價值，並顯示不會進一步下跌的風險。

價值投資法的七大原則

價值投資法一點也不神祕。你不需要透過電腦指令或計量經濟模型即可從容運用，也不需具備企管學歷亦能精通其精髓。一台計算機與一套既有知識架構即能讓你行遍天下，一顆冷靜的心也有著同樣的效果。某些著名的市場專家寧可一再收集分析毫無幫助的資料、研究市場的分時走勢圖、以及回應統計學家所謂與主要趨勢毫不相干的「雜訊」。個別投資人也是如此，他們把華爾街視為知識的殿堂，好像分析師與策略師只要揮舞著試算表，即擁有神諭的力量，能預測收益、現金流量與失業率。事實上，華爾街大師們的存在是利用你對預知未來的渴望，企圖將產品推銷給你，仔細觀察其預測未來收益與市場走勢的歷史記錄，與希臘農人賴以耕種作物的神諭相較，似乎也高明不到哪裡。

華爾街的專家曾建構上千種的預測模型，提出了上百萬個買進建議，最後證明其投資效果也好不過一般的「雞湯」

療法：建議隨便買進兩支喜歡的股票，二十年後再來找我。但是任何人皆可成功地運用價值投資法，該法則與驚人的歷史記錄是全面性地對世界公開，就如同羅丹的雕塑或高空鞦韆一般為眾人所知。只要你擁有正確的性格與心態，即可靈活運用其堪稱簡單至極的基礎原則。

原則一：逢低買進資產

逢低買進商品的概念就如同黃金時段一定要觀賞情境喜劇（sitcoms）一樣，深植於美國人心中。我們在觀念上認定，不論是肥皂、龐帝克（Pontiac Grand Am）跑車或是開學期間降價促銷的學生用品，任何商品只要價格調降，我們就認為這些商品很有價值。只要超市宣傳牛排降價，你的第一反應可能是去買一些。如果你喜愛的速食餐廳漢堡在特價99美分，你很可能不自己烹調，而到速食餐廳外帶一大袋的餡餅跟薯條。為什麼我們喜歡這麼做？因為我們渴望價值。我們的心裡謹記著何謂公平價值（fair value），通常會等到價格跌破水平後才購買。我們可能會排斥24瓶裝，標價為5.99美元的百事可樂，如果價格降至4.99美元，它立即進入我們所認定的價值區間。

金融市場可能是世界上唯一把消費主義的基本教條倒行逆施的地方。投資人被訓練到會相信，股價上漲是買進的最佳時機，隨著群眾追高是「比較安全的」，而購買價格下跌的股票是「比較危險的」。華爾街喜歡灌輸投資人「害怕跟不上」的心態。它讓投資人相信，如果現在不買進股票，價格只會越漲越高，以致錯過這個波段。

　　價值投資法的第一原則是逢低買進證券，就如同買化妝品或新車一樣。消費習慣與投資習慣並無二致，應該把它們視爲一體。不論是購買超市的商品、英特爾的股票、銀塊、債券或當地公共事業的優先股（preferred stock），都應該儘可能低價買進，使每一塊錢的投資價值最大化。當然，評估消費商品的價值很困難。沒有幾個顧客能算出一瓶洗髮精或一輛汽車的眞正價值，這些商品有無形的優點，在許多方面，它們爲我們的生活提供了金錢無法衡量的便利。然而，普通股（common stock）的價值可以非常準確地計算出來。使用正確的工具，投資人能夠以每股幾美分的差額，決定一家公司的眞正價值，這使得投資人比消費者多了一個獨特的優點。因爲股票市場的價格隨時都在不理性的改變，所以投資人能掌握到無數重複的機會，以低價買進公司的股票。

　　華爾街的「大拍賣」所指爲何？這個問題相當簡單，只要你能以低於1美元的價格，買到價值1美元的公司資產或收益就對了。當你買進的股價遠低於1美元，你的潛在投資報酬率就越高，虧損的風險也就越小。相對地，你不應支付超過1美元的價格，買進基礎價值1美元的股票。例如，如果公司每股價值50美元，然而股價卻是60美元，那麼根本就不要理會它。除非該股價跌落至50美元，否則就不考慮購買，而且要跌破50美元，越低越好。在後面的章節我們會證明，根據歷史經驗，以低廉的價格買進公司股票才能賺進大盤上漲的獲利。其理由很簡單，就定義而言，被低估的情況總會有結束的時候，市場早晚會發現錯誤，並把低估的股價提高至公平價格，且通常都會更高。**逢低買進的理由很簡單：增加**

潛在利潤。40美元買進奇異電器的利潤一定比50美元買進時要高。找出獲利與否取決於買進股票時，而不在於賣出股票時。賣出只是完成整個買賣過程，並證實你先前的研究是正確的。

原則二：塑造價值的概念

投資人所面對最重要的一項工作是如何評估廉賣的資產。不論是要購買佛羅里達的公寓、愛爾特（Erte）的作品或艾克森石油（Exxon），你必須先對資產的價值有概念。大部分的股票投資人都會承認自己沒有一套評估的方法。這些年來與上百位投資人晤談後，我敢說很少人在購買股票前會去評估公司的價值。有些投資人決定完全仰賴線圖與技術指標交易；有些人會買股票是因爲他們在報紙上讀到它，或在電視上聽到分析師推薦；有些人買股票僅是因爲公司宣布股票分割、提高股利或股價創52週新高。還有些投資人十分坦白地說，買進股票只是因爲不好意思拒絕他們的經紀人。

不幸的是，大部分投資人花在購物單與整理花園的時間，恐怕要比能成就或摧毀其財務安全的選股時間還要長。投資要成功必先做好功課。廿世紀偉大的投資人並非以平凡的技術圖表與憑空臆測來累積財富，他們潛心研究投資標的，其成就最主要還是得歸功於分析的工作。在持有公司的股票之前，他們必然會去了解有關這家公司的一切，包括其經營的產業環境與公司潛力，最後再根據評估結果，訂出願意買進該股票的最高價格。如果不這麼做，則形同把投機引進交易過程。投資人不論投入1,000美元或5,000萬美元，如

果不勤勉努力，結果就會跟擲骰子沒什麼兩樣。儘管買進經紀人所建議或剛分割的股票，偶爾也能大撈一筆，但是這種獲利只能算是運氣好，而不能稱為技術高明。

當鑑價人員決定資產價值時，他們必須為這個價值與方法提出辯護，有時還得上法庭。差勁的評估一定會遭到有利害相關的第三方攻擊，如家族成員、股東、債權人或該標的公司的律師等。個別投資人不需要負責這麼嚴謹的分析，沒有人會質疑你的決定：是否在65美元買進卡特皮勒（Caterpillar）的股票、公司發行新債時賣掉持股、等到股價跌破50美元再買回來。但是你必須向自己證明投資決定是適當的，並能為自己的方法辯護。

評估公司可以很嚴格、也可以很輕鬆，端視你的情況而定。如果是分析師要評估新上市公司的價值，他一定得嚴謹地研究該公司營業的每一個細微差異，但投資人在尋找長期投資標的時，只要花幾個小時，即可適切地評估其優點，相信你將可以在短時間內知道公司是否符合買進的標準。據說巴菲特能在20分鐘內即可得知他所研究的公司是否值得買進。他所使用的投資方法（請見十五章）相當嚴格，平均每100家公司中有99家在短時間內就被淘汰出局。但若他瞄準了幾個潛在的投資機會，巴菲特可能會花上幾天到幾個禮拜的時間研究，試圖確認先前的直覺。

巴菲特使用的方法廣為世界上大多數成功的投資人所採用。他們會全盤評估一家公司，並在買進前就已評估好股票的價值。這些偉大的投資人不會盲目投資，也不用臆測來處理投資問題。買進前先評估公司有下列三項優點：

　　(1)**能使交易保持一致性**。鮮少投資人會在買股票時設下
嚴格的買賣門檻，也因此他們的交易決策是開放的，這容易
導致不良的決策與損失。如果不考慮價值而買進股票，你將
可能暴露在許多風險之下，其中之一即是以過高的價格買進
公司股票。

　　(2)**有助於保護自己的投資策略**。對投資人而言，打心底
了解買進股票的原因非常重要。那些無法向自己證明正當買
進的人，一定會不理性地進場買賣。他們習慣提前殺出持
股，或忽略潛在問題而長期抱宇持股。更糟糕的是，他們未
能從錯誤中學習，在買進其他公司時還是不斷地重蹈覆轍。

　　(3)**讓你先行決定投資報酬率的標準**。如果沒有先行決定
預期獲利，就應該避免買股票。不要僅因股票在未來幾年可
能上漲就買進，而是因未來兩年可能漲50%，五年能漲
100%，或十五年能漲1000%。一旦設定了這類目標，就要
儘可能堅持到底。如果決定了該公司的公平價格，就比較容
易計算出潛在的投資報酬率。例如，如果你確信該股價被高
估了50%，你就不應該期望未來幾年能有戰勝大盤的獲利。
反而可能給你帶來虧損。

　　採用價值投資法並非就萬無一失，而且有時你根本就錯
估了公司的股價。然而，這個方法通常可防止你搶進被高
估，但潛在投資報酬率已不高的股票。聰明的投資人應該記
得柯林頓政府的財政部長魯賓（Robert Rubin）說過的話：

時機好時，人們在評估證券價值時並不會太嚴苛（證券價值評估）……。不論最後的結果是什麼，投資股票嚴苛一點總是適當的。

──引自「Rubin Urges Rigor in Evaluating Market」一文，《華爾街日報》（Wall Street Journal），1998年5月6日，Section A2。

原則三：利用「安全邊際」避免損失

你無法避免週期性的虧損，但是價值投資法讓你把虧損降到最低點。我會在第二章說明，只要能使虧損最小化，即可獲得戰勝市場的報酬率。事實上各種研究證明，在相對於市場水平的低價買進股票，長期而言皆能獲得優異的報酬率。但是價格多低才算便宜，並沒有標準答案。如果你對自己的評估方法有絕對的信心，只要股價低於你所認定的公平價值即可買進。但為了安全起見，給自己一個緩衝價格，而且區間越大越好。葛拉漢於1949年著文時稱呼它為投資人的「安全邊際」（margin of safety）。

在古老的傳說中，智者最後把人類歷史濃縮成簡單的一句話：「這個也將通過考驗。」面對穩健投資的祕訣精煉成四個字的挑戰，我們大膽提出「安全邊際」，這句格言貫穿當前討論的所有投資政策，這些政策通常都很直接，有時則稍微間接一點。

──引自葛拉漢所著《智慧型股票投資人》（The Intelligent Investor），Harper & Row，1973年，原作第277頁。

如果你認定公司每股價值為25美元，你也不應該在價格跌到24美元時搶進股票，這種策略唯有在你的評估完全正確時才管用。你應該給自己預留夠寬的錯誤邊際，以彌補分析錯誤，或者稍後的資訊證明了公司價值比你原先確定的還要低，市場也有可能尚未完成配股，在你買進後可能還會再下跌幾元。獲利最大化的關鍵在於善加利用投資人對公司的漠視，並等待股票大幅跌破公平價值藉以保護自己。葛拉漢曾指出，在事實浮現後，投資人很容易為自己買進的股票找到合理的藉口，即使付出過高的價錢。但是這些理由通常都很主觀，充分反映了絕不認錯的心態，關鍵在於你要為自己可能犯的錯誤預留足夠的空間。

　或許，大多數的投機客在試手氣時都相信他們會獲利，因此他們可以宣稱在獲利上預留了安全邊際。每個人都認為時間對他們買進股票有利，或者他的技術優於一般大眾，甚或他的顧問或系統十分可靠，但是這類說法卻無法令人信服。他們所仰賴的是主觀判斷，並未獲得有利證據支持，也缺乏確實的理論根據。如果有人以自己認定的漲跌走勢拿錢下注，我們相當懷疑他有任何可稱得上安全邊際的保護。相對地，投資人所相信的安全邊際……，其根植於簡單、明確且得自統計資料的算術推論。

　　　　　　　　　　　——引自《智慧型股票投資人》，原作第283頁。

原則四：採取「待售」觀點

　　葛拉漢曾說，將投資活動當成是做生意時，是最有智慧的，亦即投資是沒有激情，只有嚴格地遵守健全的法則。我向來建議投資人與客戶把投資當成是角色扮演的遊戲。他們扮演企業主的角色，試圖決定公司是否真如報價一樣值錢。假如你真富有到足以買下整個可口可樂、麥當勞、大通銀行（Chase Manhattan Bank）等企業，你願意花多少錢買下整家公司？你會用什麼標準來評估這些企業？<u>他們的股票是超過價格還是超過價值？我們傾向於太過關注個股股價，反而忽略了公司整體的市場價值是否合理。</u>

　　在1998年7月，奇異電器每股售價約96美元，當時少有投資人會挑剔這個價格，任何券商的分析只要提到奇異電器，都會根據其盈餘預測而建議於該價位買進。但是他們的分析忽略了非常重要的一點。奇異電器每股96美元似乎蠻合理的，但是奇異電器所有普通股的市價達3,100億美元，只要支付這個價格就可以買下整家公司。奇異電器的價值是否真的超過全球125個國家的年經濟產出？相較之下，在1998年3,100億美元能買下美國6家最大銀行的所有股票。總體而言，這些銀行每年的利潤是奇異電器的2倍。如果說，支付3,100億美元買下一家公司很荒誕，那麼擁有100股的奇異電器也是一樣荒誕。

　　套用葛拉漢的話：

　　　這是十分令人難以置信的事實，華爾街從來不曾問道

「這家公司價值多少錢？」然而，在考慮買進股票時，這才是第一個應要釐清的問題。如果商人被要求以1萬美元買下某家公司5%的股權，那麼他心中就該盤算買下整家公司需要20倍的價錢，也就是說提議價值為20萬美元，此外還必須考量以20萬美元買進這家公司是否合理。

——引自葛拉漢與陶德（David Dodd）合著之《證券分析》（*Security Analysis*），McGraw-Hill，1997年，原作第493頁。

　　用此方法來評估一家公司，有助於研擬出分析公司表現的適當觀點。如果你擁有一家公司，你就擁有該公司每年全數的稅後盈餘與現金流量，但這些就是你的所有，因為市場不買賣未上市公司的股票，你必須依賴公司長期為你賺得的收益來評估其價值。你自然不會以公司股票的單日隨機波動來評估其價值。

原則五：堅持到底

　　一百多年來，有關投資的書籍一直警告投資人不要做短線投資。書中給個人的忠告通常是，買進後長期抱牢是最好的策略。它們教導投資人不要理會每季營收、每日頭條新聞，應著眼於大局。廿世紀之初，許多作者警告投資人，不要搶進高估的銀行股票，但無人理會。1920年代末期，投資人把忠告拋諸腦後，把股價寄望在公司未來的預期營收。同樣的模式重複發生於1968年、1973年、1987年。

　　在我從事此行的這些年來，我親眼目睹保守的投資人把錢投入熱門的生物科技股，只因少數基金經理人對其相當著

迷。我也見過投資人把理智拋在一旁買進股票，僅僅因為公司宣布股票分割，這在1997年與1998年猶如家常便飯，有時更僅是公司達到獲利目標，投資人即搶進。我也見過年邁的投資人從退休存款中拿出10萬美元甚或更多錢，買進一些他們連公司名稱都唸不出來的股票，有時甚至對公司產品都完全沒有概念。也有跟我晤談過的工廠工人是根據每日成交量形態買賣股票，還有人隨身配戴股票機，免得在市場大單敲進時下錯賭注。

他們都嚐到了華爾街的萬年迷魂酒。只要小酌一口，所有的理智都將消失殆盡。金融業喜歡推出新方法、新「系統」、新解釋，迫使你參與這場騷動。但是**唯一證明有效的「系統」則是同時考慮股價與公司表現**，事實上也應該如此。就短期而言，任何新聞事件會促使股票的價值起伏不定；長期而言，股票上漲是由於公司的價值上升。研究一再證明，只要算出公司真正的價值並在該價格下買進，你的長期績效將會戰勝市場。以價值為基礎的方法，其迷人之處在於一致性，在真實價值之下買進公司股票，不論利率高低、經濟成長或衰退、美元強勢或弱勢都一樣有效。不論分析師、空頭、套利者喜歡公司也沒有差別。就如同巴森（Roger Babson）曾經說過：時間會證明或推翻每個方法的有效性。

> 許多系統都在運轉一段時間後才失效。唯一值得一提再提的方法必須是永久可靠的，不論公司業績是好是壞、也不論市場是對還是錯。

──引自巴森所著《*Business Barometers and Investment*》，Harper & Brothers，1951年，原作第123頁。

如果價值投資法這麼成功，爲什麼大家不運用它呢？或許就是因爲它太簡單了。如果華爾街接受了價值選股的優越性，成千上萬名支領高薪的經濟學家、分析師、策略師、基金經理人與經紀人恐怕通通都要失業了，因爲他們的存在有賴於買方的服從。一旦有一天你醒來了，決定要自己投資，也因而賺更多錢，他們的迷魂酒就會失去效用。另一方面，我們應該感到慶幸，價值投資法並未受到廣泛的採納。如果大家都接受了，它就不再是個適當且有用的策略。一個成功的方法一旦能影響華爾街，並被收錄於交易課程中，它便不再管用。這些年來許多所謂的必勝策略都失去功效，導因於它們成爲大衆績效的一部分。

以道瓊股利策略（Dow dividend strategy），即買進道瓊工業股票中收益最高股票的策略，在1990年代中期媒體投注了空前的注意力後，隨即失效。數以萬計的投資人與許多共同基金依此流行策略改變投資組合，結果他們把高收益的道瓊股票股價推得更高，最後稀釋掉自己的潛在利潤。該策略的創始人歐希根（Michael O'Higgins）後來更摒棄它，他認爲由於該策略大受歡迎，已經無法再提供迷人的利潤。

原則六：反向操作

在華爾街賺進大筆財富的策略，既不是被動地抱牢股票、也不是依技術線圖成天搶進殺出。巴菲特、加百列、坦

伯頓、索羅斯等投資大師都是善於利用價格被低估的資產，緊抱到直至其他投資人發覺自己的錯誤爲止。他們從別人愚蠢的拋售中獲利，以遠低於眞實價值的價格大量購進股票。1950年代，巴菲特以乏人問津且3倍至4倍本益比的股價大進大出，賺進一筆小財。傳奇基金經理人內夫在華爾街拋售克萊斯勒與花旗銀行時大量買進。索羅斯在1992年認定英鎊會大跌，結果在一夜間幾乎賺進10億美元。林區（Peter Lynch）讓麥哲倫基金（Magellan Fund）成爲傳奇，他買進的是同行不屑一顧且不討喜的消費性產品的股票。

要成爲成功的價值型投資人，不論世人怎麼看待，你必須要能堅持看法。你必須堅守對一家公司的立場與看法。我曾經買進過一家名爲Continental Homes Holding Co.的小建築公司股票，當時根本沒人想買。我在市場開盤時買進2,000股，然後等了近兩個小時才看到下一筆僅僅100股的交易閃過螢幕，你可以想像我當時應該是多麼的不安，在全球60億的人口中，我是唯一願意投資這家公司的人，容易緊張的投資人可能立刻就把股票賣掉了，但我卻因爲沒有人有興趣而感到相當高興。沒有人注意到這家公司意味著，我可以隨時依照我設定的價格買進更多的股票。我做過功課並評估這家公司眞的是物美價廉，我估計這家公司每股將超過30美元，目前股價僅爲16美元。果眞六個月內該股就飆過了36美元，很諷刺的是，華爾街從未注意過這家公司，直到股價漲過了30美元，又再度高估時情況才改觀。

只要稍微花點心思，每天都可以找到這類機會。在美國1萬家上市公司中至少有2,000家被分析師忽略。沒有預估收

益、單日成交量又低，而且幾乎沒有基金經理人會去研究這類公司，他們的股價被低估的可能性非常大。較大的公司如果一時失去投資人「關愛的眼神」，偶爾也會變得很便宜。製藥股如Abbott Laboratories、默克等曾在1994年以本益比12倍交易，這是因爲之前幾個月投資人過於關注短期新聞事件，瘋狂殺出持股，而忘了這些公司獲利快速的事實。在1994年Callaway Golf的本益比爲11倍，是由於當時投資人太擔心高爾夫市場會達飽和狀態。

　　盲目追隨群眾的慘痛後果就如同墓誌銘一樣，烙印在金融界的每日記錄上。高爾史密斯（James Goldsmith）曾說，「如果你看到花車才想到加入遊行行列，就已經太遲了。」如果你在1996年的釀酒狂熱時期（microbrewery craze，編注：美國最新一波自釀啤酒的投資熱潮）參與投資，那麼往後的三年間你會慘遭虧損。如果你聽從分析師的建議，在1995年忽略掉主要的零售業股，那麼在1996年至1997年間你會錯失該產業最大的一段行情。數以百萬計的盲從投資人在1995年囤積了許多網路股與半導體股，結果卻眼睜睜地看著退休的美夢在數週間粉碎。在1997年年中，華爾街最優秀的分析師們帶領著大眾投入鑽油公司，當時大部分公司本益比已達40倍。三個月後隨著原油價格崩盤，連分析師也不敢建議買進這些本益比已降至剩15倍的公司股票。

　　然而，反向操作的投資人不是機械式地逆勢而爲，爲反對而反對比暗流還要危險。市場對公司股價判斷正確與錯誤的機率一樣高，因此你唯一能與群眾反向操作的狀況爲(1)市場對事件的心理反應似乎已到極端；(2)財務資料確認大家都

錯了。缺乏證據支持時，千萬不要與市場對立。

原則七：忽略市場

　　若以金融業與媒體以資訊轟炸投資人的角度來看，投資人一天沒有進出10次就算是奇蹟了。然而，他們發布的資訊大部分都毫無用處，除非你所從事的是當日沖銷。成功的投資人一定要有耐心。他們關心的焦點是公司長期的潛力，而不是下個月或下一季會發生什麼事。本書提供最好的建議，或許就是不要聽信經紀人、經濟學家、分析師、市場策略師與新聞播報員的話，因為這些所謂的「專家」只會蒙蔽你的決策力。如果你發現市場中有低估價值的情況，買進就對了，不必因為當前的市場局勢而猶豫不決。你應該學會分辨真正的資訊與雜訊，而不是把精神耗在美元、利率、通膨、市場「脈動」、最新失業率報告、或是道瓊工業平均指數200日移動平均線上，這些事件與一家公司是否具備令人難以抗拒的價值毫無關係。決定價值最有力的要素在於眾人唾手可得的財務報表，公司在市場上的長期表現，比經濟學家與分析師所能告知的更具參考價值。

　　同樣地，市場行情與公司真正的價值毫不相干。唯一決定價值的是公司的獲利表現，而不是市場期望給這個表現定價的方法。不論標準普爾500指數即將上漲或是陷於修正的陣痛，都不應影響你買賣的決定。太多的投資人因為找進場時機，結果反而迷失了自己，並因為所謂的市場專家建議不要買進，而錯失買進好公司的時機。更糟的是，他們依照每日跌幅來決定買賣，他們以每股20美元買進公司的股票，如

果股價跌到18美元就賣出，他們心想自己犯了錯誤，但他們唯一的罪過是剛好在賣壓出現前買進——不早也不晚。總之只要公司的價值仍然比你所買進的價格高，你應該忽略其他人的反應。

　　本書接下來的章節將更深入探討這些法則。

價值投資法

如何以價值投資戰勝市場

第二章

價值投資法的歷史

「我們一開始就假設股票市場永遠是錯的，所以如果你模仿華爾街人士的做法，你註定會表現不佳。」

——索羅斯，引自Robert Slaster所著《*The Life, Times, and Trading Secrets*》，Irwin，1996年，原作第83頁。

　　許多投資人不幸掉入了華爾街的陷阱。如果他們能稍微了解到，在選股與長期獲利的觀念上已經被灌輸了錯誤的訊息，將會群起抵制目前所使用的交易方法。

　　讓投資人減少獲利的錯誤觀念是「10%法則」，亦即股票每年平均會上漲10%，這個觀點廣受眾人採納。從統計數據來看，這個理論似乎成立。畢竟，如果過去七十年的資料顯示出一致的模式，我們可以合理地認定往後七十年也會出現同樣的結果。不幸的是，事實並非如此，因為股票市場既不合理也無邏輯可言，它不會遵守既定的模式，也很少符合預測。1929年，投資大眾就是被這個簡單的「10%法則」所誤導，當時市場已接近歷史新高，華爾街急忙搬出一堆數據誘使人們長期投資。宣傳單上印著此類的規勸字眼：「忘了價值評估吧！」「只要抱牢手上股票，經過二、三十年的複利成長，你的退休金就有著落了!」湊巧的是，市場也剛好花了這麼長的時間才反彈到1929年的高點。相反地，在1970年代末期，投資人對買進股票充滿質疑，沒有人歌頌買進抱牢的投資方法，更沒有人願意投入金錢長達二、三十年之

久。

　　事實上，今年金融市場發生的事與明年沒有關連；過去十年發生的事與未來十年也不會相干。你不能預期市場會亦步亦趨地追隨一些陳腐的公式，如果你相信股票未來的獲利無法以任何準確的方法預測，那麼你將免於二流的獲利。因為盲目追隨錯誤的統計數據而不關心公司本身的表現，投資人註定不會有良好的獲利。許多投資人刻意建立精巧的投資組合，擺明了要追求每年10%的獲利。為什麼投資人會將獲利目標設定在10%呢？因為那是市場專家告訴我們可以預期的報酬率。**但是10%法則是個有瑕疵的假設，長期下來將會不知不覺地傷害投資人。為達成目標，投資人常會犯下三大錯誤：過度分散風險、忽略分析與選股的重要性、無法適當地觀察其投資組合。**

　　這三大錯誤是導致投資人無法獲得足夠利潤的原因。如果過度分散風險，你會降低買進股票的標準，相對地會增加風險。擁有龐大投資組合的投資人通常會亂買股票，他們可能先建立一個有5支績優股的投資組合，然後降低標準，買進25支品質較差的股票。為了達成目標，他們不斷購進股票，而不考慮安全、風險、價格與潛在利潤，這樣一味地買進，自然會產生時間壓力。投資人因持有25支以上的股票，而陷入不幸的兩難局面：每年必須投入數百小時追蹤這些公司；基於權宜之計，必須不去理會這些股票，以及可能對公司造成負面衝擊的資訊。

　　為了奠定成功投資的基礎，首先你應該放棄10%法則。這個法則只是證券業發明的行銷花招與數學神話，目的是要

讓資金不斷地流入市場。景氣好的時候,它可用來支持「定時定額投資法」(dollar-cost averaging)與不當地把股價追高到無理天價的論調。甚至用來教導投資人不必理會價格與價值,例如,1990年代的主流研究宣稱,即使投資人一年只在市場的年度高點投資一次,同樣能享有豐厚的獲利。當然,這種說法是在市場連漲好幾年後才能成立,也唯有如此,這種策略才能吸引投資新手。那些在1929年、1968年、1972年高檔買進股票的投資人,最後只能吟唱悲歌。

把過去與未來的獲利聯想在一起是個錯誤的想法,而且相當危險。標準普爾500指數年上漲率雖為10%,但並不表示未來數十年間也都會有10%的利潤。利潤可能是5%、可能是18%,也可能連續好幾年出現虧損,然後才又反彈回升,唯一能證明股票可以一年上漲10%的例子就只有美國市場。事實上,全世界的股票市場發展,時間還未長到足以有意義地分析其獲利狀況,所以我們就以廿世紀的美國經驗,總結出市場的獲利概況。這種假設就好比許多科學家不管權不權威,均一致假設:因為人類有頭、心臟、手與腳,所以外星人應該也是如此。僅採取一個參考點會使我們看待未知的觀點受到扭曲;再者,每年10%的獲利是假設投資人購買標準普爾500指數的股票,然後緊抱著這些股票數十年,將所有股利再投資於這些股票,還必須隨時修正投資組合,使其個股所占的比重與指數中個股所占的比重相等,然而此舉卻不實際,也因此導致所有相關研究失去意義。事實上,大部分投資人的年獲利都大幅背離指數,即使他們試圖建立「市場中立投資組合」(market-neutral portfolios)也於事無

補。本書第十四章將有詳細說明。

　　好消息是，一旦投資人摒棄10%法則，他們在設定獲利目標時即不再受限。本書目的即是要說服你，不論市場一年上漲10%、2%或20%都一樣能辦到，戰勝大盤是可能的。

　　戰勝市場的重要性是毋庸置疑的。即使你的獲利僅僅超越市場一點點，由於複利效應，長期效果將十分驚人（見表2-1）。假設市場真的一年上漲10%，投資人若從1萬美元開始投資，且年獲利12%，那麼二十年後，他賺的錢會比緊盯著市場的人多43%；三十年後，會多出72%。如果這位投資人所達成的年獲利超過12%，獲利更高：若年獲利14%，三十年後會多出192%；如果能達到16%，三十年後會高出391%。創造這些驚人獲利的兩大力量是時間與獲利增長率。只要能持續戰勝市場，即使只是一點點，都有助於短期獲利，長期下來，獲利即可大幅擴增，這點即是巴菲特成功的主因。例如，三十年前巴菲特設定的目標為：每年要戰勝道瓊工業平均指數10%的點數，他不但辦到了，而且還使得他的稅後利潤大幅領先市場。

　　表2-1同時也顯示了落後市場的虧損與超越市場的獲利同樣實在。若年獲利8%，三十年後該投資組合會落後標準普爾500指數73%。過去二、三十年來持有大量債券或收益型股票的投資人，將會發現自己屬於這個族群。雖然他們每年的收益還足以抵銷通貨膨脹（第五章將會詳細討論這個觀點），但已大幅落後指數，完全來不及縮小差距。

　　事實上，只要幾個錯誤就會讓你的投資組合無法達到出色的獲利。抱持表現不佳的股票太久，或太早出脫績優股，

表2-1　戰勝市場的複利優勢（起始投資金額為1萬美元）

年度	年收益				(單位：美元)
	8%	10%	12%	14%	16%
1	10,800	11,000	11,200	11,400	11,600
5	14,693	16,105	17,623	19,254	21,003
10	21,589	25,937	31,058	37,072	44,114
15	31,722	41,772	54,736	71,379	92,655
20	46,610	67,275	96,463	137,435	194,608
25	68,485	108,347	170,001	264,619	408,742
30	100,627	174,494	299,599	509,502	858,499
35	147,853	281,024	527,996	981,002	1,803,141

↖ 假設的市場獲利率

都會使你的獲利落後好幾年。投資組合太龐大就難以享有
10%以上的獲利。投資組合太小（5支股票以下），在選股上
必須逼近完美，5支股票中只要有1支慘遭滑鐵盧，即可能導
致你落後市場。

印證價值投資法的研究

很幸運地，市場也僅有一個方法能夠有效地提供戰勝大
盤的獲利——價值投資法，讓我們再看看一些更可信的證
據。價值投資法並沒有標準定義，因此其優點也一直難以量
化。例如價值基金經理人（譯注：指以價值投資法為操盤策
略的基金經理人）在評估公司時，一般皆仰賴不同的財務數
據組合，有關價值投資法優點的研究因而集中在多數經理人
所仰賴的指標比率上：本益比、股價帳面價值比（price-to-
book, P/B）、價格銷售比（price-to-sales, P/S）與股利收益率

（dividend yield）。這些比率的研究結果顯示，使用價值投資法有重要與明顯的優點（見第九章有關股利及第十二章價格比率的深入探討）。

葛拉漢的淨流動資產法

　　葛拉漢是最早以分析一般公司特質來分析股票獲利的人之一。在1930年代初期，他發展出所謂的「淨流動資產法」（net current asset approach）。這個方法要求買進的股票價格必須低於該公司流動資產（營運資產減去負債）的66%。例如，一家公司的流動資產為每股20美元，流動負債為每股15美元，那麼淨流動資產為每股5美元（20-15=5）。如果該股價低於5美元的66%，亦即低於每股3.3美元，葛拉漢就會買進這家公司的股票。此後二十年，葛拉漢一直使用這個方法管理私人戶頭的資金。他的研究顯示，在三十年間以這個方法買進股價低於淨流動資產的股票，每年的獲利約為20%，遠遠超越大盤。

　　五十年後，紐約州立大學財經副教授歐本愛默（Henry Oppenheimer）於1986年，重新檢視葛拉漢的原始理論，並發現它仍適用於現代。歐本愛默發現，如果買進股價為淨流動資產66%的股票，自1971年至1983年獲利為29.4%。相較之下，紐約與美國證交所（NYSE-AMEX）的股票指數在同期間每年只上漲11.5%。歐本愛默假設投資人每年依這個比率買進股票，並於一年後賣出。為何股價與資產負債表上的流動資產之間的神奇關係能夠成立？在後續的研究中，位於紐約的崔第布朗公司發現，公司以低於流動性資產的比率出

售股票，其股價容易出現比市場實際估計其公司售價或流動
價值「更大的折價」。換句話說，市場已經把該股票的股價
打壓到比拍賣公司資產還低的價位，這對於一家尚在經營的
公司是不切實際的評估。在這種情況下，股價指日可待。

三一公司1995年的研究

　　另一家價值型導向的主要資金管理公司三一投資管理公
司（Trinity Investment Management）則發現，股票如果具備
低本益比、低股價帳面價值比、高股利收益率等特性，不但
較能持續戰勝市場平均值，甚至遙遙領先。在一次研究中，
他們創造了一個假設的投資組合，內含標準普爾500指數中
本益比最低的30%的公司，並追蹤其長達十四年的獲利表
現。每季該投資組合會重新洗牌；排除高本益比的股票，另
代之以一群新的低本益比股票。該投資組合在這段期間的平
均年獲利為17.5%，而標準普爾500指數為13.3%。若這十四
年間投資1萬美元於標準普爾500指數，將可獲利5萬7,441美
元；如果以同等金額投資低本益比的投資組合，獲利則可達
9萬5,616美元。

　　第二個研究是標準普爾500指數中股價帳面價值比最低
的30%的股票。結果獲利更好：十四年間每年獲利率為
18.1%，而指數為13.3%。

　　接著，三一公司建立內含標準普爾500指數中股利收益
率最低的30%股票的投資組合。這次購買的是每季股利收益
率最高的30%的股票，並追蹤其至1997年12月止，長達十四
年的獲利表現，結果獲利達18.3%，比市場多了5個百分

點。於是三一公司綜合：本益比、股價帳面價值比、股利收益率三項要素建立投資組合，亦即運用這三項比率的組合來挑選標準普爾500股票，結果又再創新高。根據這些比率挑選的標準普爾500股票，於1980年至1994年間股價平均上漲20.1%，每年戰勝市場6.8個百分點（見圖2-1）。

　　如果能有這樣的獲利結果，為何基金經理人不用這些比率多買些股票呢？或許，大部分的基金經理人永遠也不會承認選股可以簡化到這麼單純的概念，否則無異是承認他們口中的「高級情報」，只不過是不具任何附加價值的商品；另一個原因可能是，基金經理人被迫必須立即有所表現，所以必須選擇能夠在當下即產生獲利的股票。相反地，選擇價值

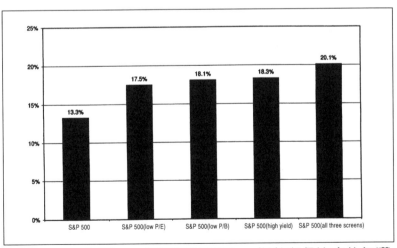

圖2-1　1980年至1994年間標準普爾500指數與各比率的年獲利率

資料來源：投資管理與研究協會（Association for Investment Management and Research）

股則必須有耐心，儘管價值投資法已經證實其長期的優越
性，但是有些時候，例如，在多頭泡沫市場時，它的緩慢成
果令人難以接受，因為在多頭市場，能獲得全場關注的是成
長股；第三個原因可能是，能夠符合三一投資管理公司選股
標準的股票，傾向於集中在少數幾個產業。如果投資人在
1996年或1997年選擇了低本益比、低股價帳面價值比，且高
股利收益率的個股，他們的投資組合將涵蓋保險與銀行股、
石油與瓦斯合夥企業、房地產投資信託（real estate
investment trusts）與電力公用事業的股票。鮮有基金經理人
能夠說服其投資人，安心地擁有這麼集中的投資組合。

　　三一公司把同樣的研究應用在股票市場的其他類股上，
例如，小型股、中型股與其他非標準普爾500的公司，並比
較二十六年持股期間的獲利。結果也是一樣：價值型導向的
股票連續戰勝市場獲利。我在圖2-1與表2-2中歸納這個研究
結果。

　　三一公司的總裁凱德伍德（Stanford Calderwood）進一
步對這種差異做出解釋。過去七十年來，股利大約占投資人
年獲利的一半。由於許多價值策略強調股利，所以以價值型導
向經理人比較不必承擔巨大壓力去追求資本利得（capital
gains，編注：股票價差）以提高年獲利率。經理人若希望
提高年獲利而不借助股利，則只能更加依賴熱絡的市場與聰
明的選股。如果市場一年上揚9%，價值型經理人購買的股
票獲利率為4.5%，他只需要每股平均再有4.5%的成長即可
達到目標。若基金經理人避開了發放股利的股票，他所賺取
的資本利得平均必須高出價值型經理人的2倍。再者，成長

表2-2　價值股指數與成長股指數的比較（1969年至1994年）

(單位：%)

	標準500	價值股	成長股	差距
標準普爾500	10.1	11.4	9.2	2.2
1000股指數	10.1	11.4	8.7	2.7
大型股	10.1	10.4	8.8	1.6
中型股	10.1	12.1	8.4	3.7
小型股	10.1	13.3	6.4	6.9

資料來源：AMIR,1995,Proceedings

型投資人由於必須依賴估計與預測，所以很可能損及他們的
獲利；而價值型投資人卻不必面對這個問題。

　　價值型經理人鮮少依賴不確定的未來。相反地，成長型
經理人所使用的資訊主要是根據預測，證據顯示這些預測並
不怎麼可靠……。價值投資法的焦點在於已知的基本面，它
所尋求的並非未來的獲利，而是當前的價值：低於市場的股
價帳面價值比、本益比與高於市場的股利收益率。價值股的
主導要素是有合理正確性記錄的實在數據……。成長型投資
人關心的是有利的預期：預估短期與長期的每股獲利大幅成
長，他們也依賴對於市場與整體大盤局面的預測……。學術
文獻中包含各種研究，顯示收益預測的不準確。

──引自凱德伍德所著「The Positive Bias for Value Investors in U.S. Equities」

一文，*Association for Investment Management and Research Proceedings*，

1995年，第4頁至13頁。

　　有些人認為價值型投資人表現優於成長型投資人的原因

在於心理因素，因為價值型投資人不安的程度較低，且股票本身有「回復到平均水準」（revert to the mean）的傾向。Sanford Bernstein的總裁山鐸斯（Lewis Sanders）曾於1995年的投資管理與研究協會（Association for Investment Management and Research）會中提出他的論點。他概述三個有利於價值型投資人的心理因素。

(1)**過分高估確定性**：投資人「十分鍾情於確定的事」。如果投資人發現某金融證券提供可預期的獲利，他們傾向於不斷地過度買進與過度支付股票。然而，獲利通常無法確定，只不過投資人自己這麼認定罷了。

(2)**過度反應巨大但不可能的事件**：如同人們蜂擁買進樂透彩券，殊不知其所提供的巨額中獎機率微乎其微，投資人也會魚貫買進正常人無法想像的獲利資產。1991年與1997年的生化科技狂熱、1996年與1998年的網路狂潮、與1996年的釀酒廠狂熱等都是駭人聽聞的例證。價值型投資人會避免這一類的情況，也因而躲過後續出現的崩盤。

(3)**厭惡虧損**：虧損的痛苦通常超過獲利的喜悅，因此，如果投資人認為可能會遭受虧損，他們通常不會投資。這可解釋何以投資人只在股票上漲時買進，因為價格上漲是正確的，並使他們覺得自己是群眾的一份子。換句話說，如果某支股票最近的走勢讓投資人虧損，基於心理因素，大眾多半會避免投資這家公司。然而，獲利最佳的投資通常都來自已遭眾人唾棄的標的。

——引自山鐸斯所著「The Advantage to Value Investing」一文，*Association*

for Investment Management and Research Proceedings，1995年，第28頁至34
頁。

　　山鐸斯宣稱這種漏洞行為可以藉由「回復到平均水準」
的過程來彌補。這一金融用語描述資產價格有返回其基礎價
值的傾向。簡單地說，就是「好事變壞；壞事變好」。一支
已經沒有人感興趣的股票，最後反而可能變成獲利強勁的金
雞母。同樣地，個股或產業被追高到難以支撐的水準，已註
定至少崩跌到其真實價值。由於價值型投資人容易在底部買
入，而成長型投資人容易在頭部買入，因此，價值投資較適
合長期投資。

卓曼：購買類股中的低價股

　　1996年，卓曼價值管理公司（Dreman Value
Management）總裁暨馳名二十年的市場策略師卓曼（David
Dreman），嘗試了全然不同的做法。他進行一項研究，測試
如果投資人購買各類股中被嚴重低估的股票，是否依然能夠
獲得戰勝市場的獲利。先前的研究範圍涵蓋整個市場，研究
發現買進最低財務比率的股票可以戰勝市場。卓曼發現在其
他類股中也有同樣的現象。如果你買進本益比最低的零售商
類股，其獲利會遠超過最高股價的零售商類股所能達成的獲
利。卓曼測量1500家公司、44種類股、二十五年時間的獲利
表現（見表2-3）。類股中本益比最低的20%的公司，其獲利
比較容易大幅超越最高本益比的公司，並戰勝市場。到1996
年12月31日為止的二十七年間，本益比最低的20%的公司，

表2-3　卓曼對低本益比股票的研究（1970年至1995年之年獲利率）

（單位：%）

	包含工業	整體市場	空頭市場季盈餘
最低本益比	18.0	18.8	-6.3
最高本益比	12.4	12.5	-8.6
市場平均值	15.1	15.1	-7.2

資料來源：《富比士》（*Forbes*, 1996年9月23日）

平均年獲利率為17.7%，相較之下，市場的平均年獲利率為
15.3%。相反地，如果你買進的是類股中本益比最高的公
司，那麼你的年獲利僅有12.2%。17.7%與12.2%間的複利差
異是非常驚人的，投資人從1萬美元開始，如果購買低本益
比的股票，二十七年後可以累積大約57萬2,000美元。如果
購買高本益比的股票，以複利12.4%計算，只能使1萬美元
變成28萬9,000美元而已。

　　同樣重要的是，卓曼也發現了持有低本益比股票在市況
蕭條時的內在優點。在下跌時，本益比最低的股票平均下跌
6.3%。相較之下，高本益比的股票平均下跌8.6%，多跌了
37%。根據卓曼的觀點，盈虧的底線是：

> 　　低本益比的策略可以像運用於整體市場一樣用於各類
> 股，……除了單純地買進市場中最便宜的二成股票之外，你
> 也可以買進各類股中的低本益比股票，以分散風險。這兩種
> 做法各有所長：突發的意外將對你有利而不至於傷害你。
> ——引自卓曼所著「A New Approach to Low-P/E Investing」一文，《富比
> 士》，1996年9月23日，第241頁。

　　的確，卓曼指出，投資低本益比股票的間接優點是，你可以分散投資於各類股，並且依然有信心戰勝大盤。

歐沙那希與「有效的方法」

　　如果數十年來的文獻一致擁戴價值投資法都還不能說服華爾街人士，那麼基金經理人歐沙那希（James O'Shaughnessy）於1997年所發表的作品總算辦到了。歐沙那希不辭辛勞地分析上百家公司在1950年至1994年間的表現，希望能找出真正能持續戰勝市場獲利的財務因素。由於分析的範圍長達四十四年，歐沙那希把成長股與價值股表現優於大盤的幾個時期連接起來，藉以消除研究時潛在的偏見。例如，成長股在1960年代與1980年代末期的表現出奇的好，而價值股則在1970年代與1980年代初期表現奇佳。歐沙那希的目的並非要證明哪一個方法較優越，而是他意外發現一個寓意深遠的結果。

　　如同以前其他研究人員，歐沙那希發現買進低本益比、低股價帳面價值比、低價格銷售比的股票（價值型基金經理人最常採用的三項比率），獲利必能戰勝市場，只不過他是把此長期優勢量化的第一人。

　　歐沙那希的研究還有其他震撼效應，完全推翻了效率市場（efficient market）的概念（見第三章）。效率市場主張沒有任何一個個人或投資的策略能夠長期戰勝市場，相反地，歐沙那希寫道：

　　市場並沒有遵循隨機理論〔即效率市場理論（efficient

market theory）〕，證據顯示，市場遵循的是有重大進展⋯
⋯。市場不斷明確地回饋特定屬性的股票（如低價格銷售比
的股票），也不斷明確地懲罰擁有其他屬性的股票（如高價
格銷售比的股票）。

——引自歐沙那希所著《華爾街致勝祕訣》（*What Works on Wall Street*），
McGraw-Hill，1997年，原作第5頁。

　　歐沙那希首先在買進股票時以本益比來測試預期獲利。
他假定投資人每年買進具有最高與最低本益比的50支股票，
並且隨著價值的改變調整投資組合，他發現低本益比的股票
與整體市場的獲利表現幾乎沒有差異。但如果是購買大型股
時，低本益比股票的表現則有相當大的不同。1952年至1994
年間，大型股的平均年獲利爲12.6%，而低本益比的大型股
獲利則達15.5%。若以複利計算，四十三年下來，2.9個百分
點的差異可以讓投資組合擴增3倍。相反地，若買進50支具
最高本益比的大型股，其年獲利率高達11.4%。
　　若依股價帳面價值比、股價現金流量比、價格銷售比等
比率來選股，獲利更佳。若以最低股價帳面比、最低股價現
金流量比、最低價格銷售比買進股票，投資人通常能大幅戰
勝市場——通常都是2個百分點或更高（見表2-4）。歐沙那希
發現差異最大的時候是在公司股價呈低價格銷售比時買進。
一個由最低價格銷售比的50家公司所組成的投資組合，在四
十三年間，每年年獲利率爲18.9%；相較之下，若不考慮價
格銷售比，是14.6%。如果我們以1萬美元爲本金，四十三
年的複利，買進低價格銷售比公司的股票來看看四十三年來

表2-4　1萬美元買進低價格銷售比股票的複利結果

(單位：美元)

年	所有股票為14.6%	低價格銷售比股票為18.9%
1	11,460	11,890
5	19,766	23,763
10	39,070	56,470
15	77,227	134,192
20	152,648	318,887
25	301,728	757,786
30	596,401	1,800,759
35	1,178,858	4,279,223
40	2,330,154	10,168,905
41	2,670,357	12,090,828
42	3,060,229	14,375,994
43	3,507,023	17,093,057

資料來源：《華爾街致勝祕訣》

複利累積下來的獲利優勢（見表2-5）。歐沙那希發現這種明顯的差異是全面性的，不論研究的是價格銷售比、股價帳面價值比、或是股價現金流量比等都是一樣。大體而言，低比率導致高獲利（見表2-5），於高比率時買進會帶來低獲利。

1994年至1997年多頭市場：成長股倍受關注，但價值股大獲全勝

我們不禁質疑，三一公司、卓曼、歐沙那希與其他人研究發現的獲利表現是否不尋常，或是市況比較單純時才會產生結果。儘管壓倒性的證據證明長期下來戰勝大盤是有可能的，可是許多研究人員至今仍無法相信。對他們而言，過去

表2-5　各項比率與獲利的比較（1952年至1994年之平均年獲利）

(單位：%)

所有股票	14.6
最低股價帳面價值比的50支股票	17.5
最高股價帳面價值比的50支股票	11.9
最低股價帳面價值比的50支大型股	16.3
最高股價帳面價值比的50支大型股	12.3
最低股價現金流量比的50支股票	17.1
最高股價現金流量比的50支股票	10.8
最低股價現金流量比的50支大型股	16.5
最高股價現金流量比的50支大型股	12.0
最低價格銷售比的50支股票	18.9
最高價格銷售比的50支股票	8.2
最低價格銷售比的50支大型股	15.7
最高價格銷售比的50支大型股	11.0

資料來源：《華爾街致勝祕訣》

所有無效率（亦即長期而言可以戰勝市場的現象）都已消失。現在有數以百萬計的投資人盯著市場，每個人都可以透過電腦在幾秒內取得公司的資訊，也就不再可能獲得非凡的獲利。然而，我可以篤定的說，卓曼與歐沙那希所發現的結果依然存在。為了證明該套方法依然有效，我測試了股票在史上最強勁的多頭市場中，即1994年11月至1997年中期這段期間，並發現了十分類似歐沙那希自1950年代初期以來所發現的結果。

　　1990年代中期，數百篇文章預言價值投資法的末日即將降臨，並鼓吹成長學派與動能學派的投資法。然而，1994年年底到1997年年中這段時間表現最好的股票是，股價在最低本益比、股價帳面價值比與價格銷售比的股票（見圖2-2）。

1994年12月1日，即共和黨贏得國會控制權後三週，我開始
篩選標準普爾500股票，同時股票市場亦開始為期三年的多
頭走勢。我持續追蹤這些公司到1997年6月1日為止的表現，
在這31個月期間，指數上漲幅度高達85.3%。這段期間，市
場上獲利最多的是以價值投資法買進的成長股，而非以高本
益比買進的成長股。在1994年11月具有最低本益比的標準普
爾500股票，在獲利上遙遙領先其他股票。本益比在7倍以下
的股票，這段期間的平均獲利為228.3%，相較於整個指數
的平均獲利率只有85.3%。本益比在7倍至10倍之間的股
票，平均獲利率為100.4%。然而，如果投資人買進高本益
比的股票，獲利即大幅下滑。1994年12月1日本益比超過30
倍的標準普爾500公司，在接下來的31個月間，平均獲利只
達57.9%。在一般的市況下，這種獲利表現可以算是很突
出；但是若從1994年至1997年間，這只能算是二流的表現，
因為投資人支付太高的價格購買公司股票，獲利不佳是自找
的。

　　在同一段時間，測試大型股的股價帳面價值比時，仍然
獲得同樣的結果。1994年12月1日，以低於淨值（股價帳面
價值比比率小於1.00）買進的標準普爾500股票，至1997年6
月1日平均獲利152.1%，幾乎為指數獲利的2倍。若以高股
價帳面價值比買進的話，獲利將大幅滑落；而股價帳面價值
比介於2.00與2.49之間的股票則不在此列。這個區間的股票
除包含許多科技公司，如英特爾、思科系統等正處於收益成
長爆炸期的公司，也包含了許多的產業領導公司，由於提列
重整費用，它們的帳面價值被刻意地壓低了，等於是提高股

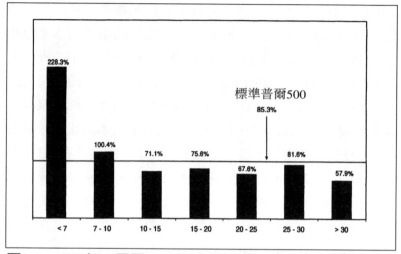

圖2-2　1994年12月至1997年6月間標準普爾500股票的表現
（不同本益比的獲利比較）

價帳面價值比（見第十一章有關帳面價值比率的詳細解
釋）。

　　1994年至1997年間，價格銷售比與獲利間的關聯性不
大。事實上，高價格銷售比的股票反而超越整體指數的表
現，唯一可能的解釋是，高科技公司的股價強勁上揚，而這
些公司的股價永遠都是高價格銷售比。然而，在1994年底具
有最低價格銷售比的股票依然達到近100%的平均獲利，戰
勝指數14%。

　　事實上，我們從這個實驗得到一個結論：以折價買進成
長股絕對划算。在1994年至1997年間，確保戰勝市場最好的
方式是，儘可能以最低本益比、最低價格銷售比、最低股價
帳面價值比買進股票。反對人士可能會指出導致價值型股票

表現較好的其他原因。回想1994年，金融股重挫後，形成一個大底，並隨著利率下降展開驚人的多頭走勢。許多金融公司如大通銀行、摩根銀行（J. P. Morgan）、美林（Merrill Lynch）、富國銀行、CIGNA、第一芝加哥（First Chicago）與數十家區域銀行，在1994年的本益比都在10倍以下。到了1997年中，本益比多已增加了1倍以上，例如，區域性銀行的本益比通常是20倍。利率下降後，銀行收益開始狂飆，投資人順勢將這些公司的股價不斷推升。同樣地，許多景氣循環股在1994年時，股價本益比也在10倍以下，不過蕭條的恐懼揮之不去，有些甚至持續到1997年。很明顯的，這些股票受到預期偏見的影響。

　　回顧幾類漲勢最凌厲的股票，我們可以肯定的說，市場再度強化了價值投資法的核心理論：不要理會預測，應在大眾摒棄好股票時買進。如果投資大眾沒有在1994年不顧一切的拋售持股，銀行股與諸如杜邦、卡特皮勒與福特等景氣循環股很可能就不會在1995年至1997年間飆漲。福特與其他重工業股票在1994年被殺出的原因是，投資人害怕一場從未出現的蕭條即將來臨。隨著經濟持續成長，大眾才了解到他們不應該一股腦兒投資汽車類股，導致股價迭創新高。銀行股在1994年初期慘跌的原因是聯邦準備理事會（Fed）數度調高利率、倍受矚目的聯邦預算赤字（最後縮小了）、通貨膨脹上揚（只是曇花一現）以及預期經濟成長減緩（從未發生）。

傳聞中的證據不可忽視

　　我們終於有了價值型投資人的投資記錄來證明這個方法的優越性。許多廿世紀偉大的基金經理人與今天表現最優異的基金經理人皆來自價值投資陣營，這個現象絕非巧合。幾乎所有能夠持續戰勝市場的基金經理人所使用的方法，皆衍生自六十五年前葛拉漢所擘畫的藍圖。

　　1984年，巴菲特應邀至哥倫比亞大學演講，慶祝葛拉漢與陶德合著的《證券分析》出版十五週年。主題是：「金融市場是否真如學界所宣稱的是效率市場？」多年來學術界一直把巴菲特與其他價值型投資人歸類為「異類」，也就是說，他們之所以致富純粹是因為機率而非智力。對於那些對巴菲特驟下定論的學者而言，巴菲特不過是1,000萬個擲銅板的人當中，唯一一個連續擲出15次人頭的幸運者。巴菲特駁斥了這種看法，他問道：如果他的成功純粹只是機率，那麼這些學者應如何解釋最成功的投資人都會學習葛拉漢的價值投資法這項事實？巴菲特強調，這個現象絕非是統計上的巧合：

　　　　在這群我認為最成功的投資人當中，其共同智慧都傳承自葛拉漢。但當他們離開智慧殿堂後，運用了不同的方法嘗試自己的運氣，他們到不同的地方買賣不同的股票與公司，然而他們共同的績效，卻不能只以單純的機率來解釋……。受葛拉漢與陶德兩人智慧教化的投資人所使用的共同方法是：他們尋求公司價值與市場價格之間的差異……。用不著

説，我們的葛拉漢－陶德學派的投資人不會討論金融資產定
價模型的貝它值（β）；或是證券獲利的共變異數
（covariance），因爲他們對這些主題不感興趣。事實上，大
部分人還不知道該如何定義這些術語，這些投資人只關心兩
個變數：價格與價值。

　　　　　　　　──引自《智慧型股票投資人》，原作第293頁至294頁。

　　事實上，偉大投資人與一般人不同的是，他們願意避開
華爾街強加於社會大眾的教條與理論。有趣的是，許多偉大
的價值型投資人並非來自紐約市。他們也不認爲需要住在紐
約或其他金融中心。他們來自美國各地的中型市鎮，企圖與
華爾街抗衡，並在幾百英哩外學得耐心這項特質。

普萊斯的攻擊性價值投資法

　　自1974年畢業於奧克拉荷馬大學後，普萊斯即於海恩
（Max Heine）所成立的海恩股票型基金（Heine's Mutual
Shares fund）公司謀得一職。兩人發展出一套完整挖掘價值
被低估公司的能力，並以收購被清算拍賣的公司，快速獲
利。數年後，普萊斯的選股方向漸漸轉向具有營運能力的大
型股，但是他依然鎖定被大幅低估的公司。普萊斯的作風相
當冷酷無情，由於同時管理好幾個基金，他會在個別公司建
立大量的部位，然後強迫管理階層進行他認爲能推升股價的
改變。1995年由於他的幕後操控，大通銀行和華友銀行
（Chemical Bank）因而被迫合併。他稍後對Sunbeam與道瓊
的管理階層也採取類似具侵略性、但最終是有利的做法。

　　當他撤換公司的高級經理人後，股價隨即上漲，在其基金規模不大時，普萊斯將焦點集中在小型的、被低估的公司與垃圾債券（junk bonds）。然而1990年代中期，隨著資金湧進他所成立的一系列基金，他開始將更多的資源轉進成交量更大的大型股，如通用汽車、Sunbeam、摩里斯、道瓊以及McDonnell Douglas。從1990年至1997年的八年間，他的旗艦基金──共同股票Z（Mutual Shares Z）基金的績效，幾乎超越了所有的基金經理人（見表2-6）。

表2-6　首席價值基金經理人的操作績效

（單位：％）

基金名稱	1990	1991	1992	1993	1994	1995	1996	1997
普萊斯	-9.8	21.0	21.3	21.0	4.6	29.1	20.8	26.4
加百列	-5.8	18.1	14.9	21.8	-0.2	24.9	13.4	38.1
雪弗	-10.1	40.9	18.7	24.0	-4.3	34.2	23.2	29.3
若內＆康尼夫	-3.8	40.0	9.4	10.8	3.3	41.4	21.7	42.3
內夫	-15.5	28.6	16.5	19.4	-0.1	30.2	─	─
標準普爾500	-3.1	30.5	7.6	10.1	1.3	37.5	23.0	33.4

資料來源：晨星公司（Morningstar Inc.）

內夫的「哀愁價值」法（Woebegone Approach）

　　內夫曾領導目前已成為先鋒集團（Vanguard family）一部分的溫莎基金（Windsor fund）長達三十一年，並使該基金在他於1995年12月退休前成為表現最優異的基金之一。在這三十一年間，溫莎基金戰勝標準普爾500指數達21次，其

平均年獲利率為13.7%，而指數僅達10.6%。內夫不修邊幅的作風反映出他出身俄亥俄州的背景，他同時輕視華爾街像拼命三郎似的賣股票方法，他把資金集中於在他聲稱的「乏味與哀愁」的公司上，也就是沒人注意，經理人不疼、媒體不愛的公司。內夫在托勒多大學（Toledo）求學時，學習並接受了葛拉漢的方法，此後即不曾背離大師的教誨。承如葛拉漢，內夫會尋求確定的利潤，買進公司股利高於市場平均的股票，這個策略反映了他的保守，並使他較不依賴多頭市場與資本利得來維持優秀的獲利。

內夫任職基金經理人期間，基金總體獲利約有40%是來自股利。師承葛拉漢，內夫也很重視公司的資產負債表（如債務水平、流動性、資產報酬率），而且不論市況或公司成長率如何，他都不願意買進高本益比的股票。有時候他也會掌握到市場低點，如在1980年代，當汽車、航空與銀行股窮途潦倒時他即是大筆買進。內夫擁有過人的耐性，如果市場費時多年才能提升公司的隱藏價值，他通常會抱持該公司的股票不放，及至市場將公司股票推升到公平的價格，他才賣出持股。

加百列的「分離價值」法

位於紐約的加百列資產管理公司（Gabelli Asset Management）創辦人加百列是位坦率的人，也是業界最精明的企業評估員。這項特質源於他早期曾任職汽車零件與廣播界的產業分析師。廣播依然是他的專業領域，加百列不排斥旗下的基金買進媒體、廣播與具有利基市場的電話服務公

司。成長於紐約北部的Bronx地區，加百列是個腳踏實地的分析師，以未來現金流量作為評估公司的基礎，然後再決定未來幾年該股票是否能漲到符合其現金流量價值的水平。他的作風結合了幾項價值投資法，也格外重視管理階層的素質與其他無形的因素。

加百列專精於分離分析法（break-up analysis approach）。他以公司主要部門的單獨售價作為評估公司價值的基礎，試圖找出能在兩年內獲利50%的公司股票，也習慣抱牢持股至少兩年，讓市場有時間能重訂公司股價。葛拉漢與其他早期價值型投資人極度依賴年度報告，並懂得避開謠言，而加百列的勤勉則更是出名，在投資前他會盡其所能地蒐集公司或產業的資訊。

雪弗的「相對價值」法（Relative Value Approach）

成長於印第安那州、身為雪弗資本管理公司（Schafer Capital Management）創辦人與斯壯雪弗價值基金（Strong Schafer Value fund）經理人的雪弗（David Schafer），遵循紀律嚴格的策略，在1990年代創下令人稱羨的操作績效。雪弗習慣把焦點集中在大型股，而且相信小而美的投資組合。他的基金特色是大型股的持有數量不會超過30支至35支，且每支都占有相同的比重。他的成功秘訣一直是自律以及找出最成功的公司、精選最具成長前景公司的能力。

雪弗的基本策略是，尋找收益成長超過標準普爾500指數但本益比卻低於指數的公司。如果指數水平是本益比20倍，而指數成份股的收益是以10%的速度成長，雪弗即在指

數成份股中尋找本益比低於20倍且收益成長至少10%的公司。這個策略若成功，其獲利即能戰勝指數。

若內與水杉基金

　　若內（William Ruane）從1970年開始，與康尼夫（Richard Cuniff）共掌水杉基金（Sequoia Fund）。若內運用的價值投資法與同行多數人相同，均類似巴菲特的投資形式。當時巴菲特剛剛結束投資合夥公司，但想為其客戶推薦一支基金，他們倆人於是在巴菲特的指示下創立水杉基金。事實上，若內與康尼夫在他們的基金中堆放了許多與巴菲特為波克夏所購買的相同的股票。基金的績效證明了他們的忠心是明智之舉，到1997年12月為止的十五年期間，水杉基金的複合年獲利率為19.5%，幾乎超越了標準普爾500指數2個百分點。

　　若內與康尼夫習慣持有股票約四至五年，使稅賦負擔降到最低，並讓它們有足夠時間上漲。大部分情況下，該基金持有的股票通常不會超過20支，而且每支股票大概都會持有好幾年。該基金1997年持股比例較高的有：波克夏、聯邦房貸公司（Federal Home Loan Mortgage）、富國銀行、迪士尼、嬌生、哈雷機車、Fifth Third Bancorp及Region's Financial Corp.等。從這個名單可以看出，若內與康尼夫所持有的是擁有許多加盟店的大型股。該基金優異的表現吸引了太多的關注與資金，結果到1982年共累積了3億5,000萬美元的管理資產，使若內與康尼夫的水杉基金不得不停止接受新投資人。

史勞斯的「斯巴達式投資」法（Spartan Approach）

紐約的基金經理人史勞斯（Walter Schloss）兼具葛拉漢清教徒式的分析方式與巴菲特斯巴達式的作風，他締造了四十年來在所有投資人中最成功的操作績效。從曼哈頓的一間小辦公室起家，現年81歲的史勞斯與他的兒子愛德溫（Edwin），自1950年代以來持續戰勝市場，他們所使用的只是最基本的交易工具：年報。這些年報是最佳的例證，它們可以證明如果能夠規避風險而不讓資訊誤導我們的判斷，小額投資人也能戰勝市場。史勞斯十分堅守葛拉漢的法則，買進股價低於帳面價值的公司股票，並持有股票到市場發現錯誤為止。史勞斯認為投資成功的關鍵在於，適當地評估公司資產，因為各公司能透過會計調整輕易地操縱獲利。如同葛拉漢，史勞斯不相信獲利預估或管理階層的指導，在投資之前，他會避免與公司連絡。

儘管1970年代是有史以來市場最不景氣的時期，史勞斯驚人的操作績效仍使他成為廿世紀最傑出的基金經理人之一。直到1997年為止，史勞斯的複合年複利率為20%，而市場為11%。史勞斯父子以合夥方式經營基金，收取獲利的25%作為管理費，但在賠錢的時候是不收費的。表2-7顯示不含管理費的年度績效。

服膺葛拉漢的崔第布朗

自1958年葛拉漢的門徒內波（Tom Knapp）離開導師，加入布朗家族的投資公司以來，位於紐約的崔第布朗合夥人

們，即一直履行葛拉漢的方法。崔第布朗依然是徹底貫徹葛拉漢嚴格的自律法則，買進股價低於公司淨流動資產與帳面

表2-7　華特與愛德溫史勞斯股份有限公司（Walter & Edwin Schloss Ltd.）

（單位：％）

年度	獲利率	標準普爾500	差距	年度	獲利率	標準普爾500	差距
1956	5.1	6.6	-1.5	1977	25.8	-7.2	33.0
1957	-4.7	-10.8	6.1	1978	36.6	6.6	30.0
1958	42.1	43.4	-1.3	1979	29.8	18.4	11.4
1959	17.5	12.0	5.5	1980	23.3	32.4	-9.1
1960	7.0	0.5	6.5	1981	18.4	-4.9	23.3
1961	21.6	26.9	-5.3	1982	24.1	21.4	2.7
1962	8.3	-8.7	17.0	1983	38.4	22.5	15.9
1963	15.1	22.8	-7.7	1984	6.3	6.3	0.0
1964	17.1	16.5	0.6	1985	19.5	32.2	-12.7
1965	26.8	12.5	14.4	1986	11.9	18.5	-6.6
1966	0.5	-10.1	10.6	1987	20.2	5.2	15.0
1967	25.8	24.0	1.8	1988	29.8	16.8	13.0
1968	26.6	11.1	15.5	1989	2.2	31.5	-29.3
1969	-9.0	-8.5	-0.5	1990	-12.8	-3.2	-9.6
1970	-8.2	4.0	-12.2	1991	31.1	30.4	0.7
1971	25.5	14.3	11.2	1992	9.2	7.7	1.5
1972	11.6	19.0	-7.4	1993	20.2	9.9	10.3
1973	-8.0	-14.7	6.7	1994	11.4	1.3	10.1
1974	-6.2	-26.5	20.3	1995	21.2	37.5	-16.3
1975	42.7	37.2	5.5	1996	16.6	23.0	-6.4
1976	29.4	23.8	5.6	1997	22.6	33.4	-10.8

資料來源：華特與愛德溫史勞斯有限公司

價值的股票。這家公司習慣緊盯著被低估的小型股，並特別喜歡跟從內線人士。如同葛拉漢，崔第布朗的合夥人們不喜歡買進高本益比的股票，他們想找的股票是盈餘報酬率（本益比的倒數）優於公司債收益率的股票。使用這種「安全邊際」法，崔第布朗自1970年代中葉以來一直保持優異的操作績效。如果1975年以1萬美元投資他們的股票組合，到了1995年能成長到36萬美元；若投資標準普爾500指數則只達15萬8,000美元。在1993年12月，合夥人成立公開上市的開放型基金——Tweedy, Browne American Value。成立至今才五年，該基金已成為少數能緊抓著狂熱市場脈動的公司。

白蘭地斯與現代葛拉漢

聖地牙哥的基金經理人白蘭地斯（Charles Brandes），自1974年起即一直堅守葛拉漢與陶德的價值評估法則，展現傲人的操作績效。白蘭地斯本身也是位知名作家，他擷取的目標是股票市價大幅低於其內在價值的公司。他和葛拉漢一樣，白蘭地斯在搜尋公司時也尋找大幅的安全邊際，也願意持有股票三年甚或更久，以便讓股票充分發揮漲升的潛力。他強調必須持有具備低股價帳面價值比、價格銷售比、本益比的股票，且盈餘報酬率必須比公司債收益率高。與其他價值型導向經理人不同的是，白蘭地斯在買進股票時即會設定賣出目標，並且相信一旦股票漲回到公司的內在價值就應該賣出。在1990年代中葉以成長為導向的股市中，白蘭地斯與其他許多價值型導向經理人一樣難以跟上市場腳步。即使如此，若在1980年以1萬美元投資他的全球股票基金（Global

Equity account），到1997年底將可獲得近24萬1,000美元；而同樣的資金投資在標準普爾500指數則只有17萬3,000美元（見表2-8）。

表2-8　白蘭地斯──全球股票基金　　　　　　　（單位：％）

年度	獲利率	標準普爾500	差距
1980	34.3	32.5	1.8
1981	13.6	-4.9	18.5
1982	29.9	21.5	8.4
1983	39.9	22.7	17.2
1984	7.1	6.3	0.8
1985	35.6	31.8	3.8
1986	20.9	18.7	2.2
1987	-2.5	5.3	-7.8
1988	26.0	16.6	9.4
1989	13.1	31.7	-18.7
1990	-11.8	-3.1	-8.7
1991	37.1	30.5	6.6
1992	12.2	7.6	4.6
1993	39.7	10.1	29.6
1994	-0.2	1.3	-1.5
1995	20.8	37.5	-16.7
1996	22.4	23.0	-0.6
1997	27.6	33.4	-5.8

資料來源：Brandes Investment Partners L.P.

巴菲特的「價值成長」法

站在山頂頂端的是來自內布拉斯加州，曾在1950年代為

葛拉漢工作的巴菲特。他擁護價值投資法，並創下令人印象深刻的投資績效。巴菲特天生擅長評估資產價值，也善於發掘價格被錯估的股票，他在1957年開設投資合夥公司（private investment partnership），其所憑藉的是，自己投資100美元、家庭朋友集資10萬5,000美元、以及能大幅戰勝市場的信心。1969年，巴菲特宣稱他再也無法找到足夠的被低估股票，因而結束合夥公司，留下了十三年可能永無對手的選股傳奇。巴菲特連續十三年以極大的差距，戰勝所有主要市場指數。

我們會在第十五章詳談巴菲特的「價值成長法」（Growth at a Value Approach），他融合價值法與成長法，買進價值被低估的績優成長股，長期下來不但能夠戰勝通貨膨脹，而且還爲自己賺進350億美元的財富。早期創業時，他以本益比3倍至4倍買進工業股票。稍後，他以位於奧瑪哈市（Omaha）的波克夏爲掩護，買進足以控制公司的股票數量。擁有這些公司的所有權後，更提供巴菲特進一步投資所需的大量現金。隨著波克夏的持股價值成長，巴菲特改採抱牢策略，將全副精神集中於大型股，如美國運通銀行、富國銀行、迪士尼、吉列（Gillette）與可口可樂等。如果在1957年投資1萬美元於巴菲特原有的合夥公司，到1969年爲止大約可成長至28萬9,000美元。同樣的金額若投資於道瓊工業指數，僅能回收2萬5,000美元（見表2-9）。

表2-9 巴菲特合夥公司 (單位：%)

年度	獲利率	道瓊工業平均指數	差距
1957	10.4	-8.4	18.8
1958	40.9	38.5	2.4
1959	25.9	20.0	5.9
1960	22.8	-6.2	29.0
1961	45.9	22.4	23.5
1962	13.9	-7.6	21.5
1963	38.7	20.6	18.1
1964	27.8	18.7	9.1
1965	47.2	14.2	33.0
1966	20.4	-15.6	36.0
1967	35.9	19.3	16.6
1968	58.8	7.7	51.1
1969	6.8	-11.6	18.4

資料來源：巴菲特

價值投資法

第三章

戰勝不理性的市場

「如果市場總是有效率的，我將會流落街頭，沿街要飯。」

——巴菲特，引自《財星雜誌》(*Fortune*)，1995年4月3日，第69頁

　　在投資界，當你具備對抗主流的智慧，你的投資機會就會增加，不論這些看法是多麼地根深柢固。應用價值投資法時，必須有能力在群眾瘋狂買進時賣出；群眾瘋狂賣出時買進，甚至在事情越來越好時抱持懷疑的態度，即使是老練的投資人，要做到這一點都相當不容易。這就好比看到吃角子老虎一個小時內連爆10次大獎，或股票兩個月來大漲1倍，而限制你不要進場投資一樣。

　　本質上，價值投資法不只是一套方法，它也是一種人格特質，是由經驗、知識與渴望投資獲利所形成的心理狀態。單純的價值型投資人必是單純的價值搜尋者，他對好商品，不論是晚餐、肥皂、新車、房子或新衣，都不願支付超額的價格。

　　如何分辨價值型投資人與非價值型投資人的不同呢？從日常生活事件中即可顯示兩者的區別：

- 價值型投資人會去租一支3美元的錄影帶，而不會跑到戲院支付每張7.5美元，且需外加專利的電影票。
- 價值型投資人會等待豐田或福特新車折扣促銷時換車，而不會在大家都想要買時多付2,000美元。
- 價值型投資人會購買一盒3.5美元無品牌的麥片，而不會

買一盒4.99美元的品牌麥片。

- 價值型投資人會在春天時,以五折買進冬衣,而不會在冬天時跟著大家一樣衝到商店高價搶進。
- 價值型投資人不會購買標價30美元的比妮填充玩具(Beanie Baby),而會買進一樣能讓小孩很高興的一般玩具。

　　這些消費行為模式與投資有何關連?的確有關!上述各例中,價值型消費者會去尋找低價買進的機會,或去找價格較低的替代品,我們不應將這類行為視為貪小便宜。相反地,他們反映了不願意為商品支付超過「公平市價」(fair price)的期望。當然,公平市價這個概念難以捉摸又十分主觀,要設定公平市價,就必須在買進前判斷商品的價值。在決定租錄影帶而不去看電影時,消費者就必須決定好7.5美元太貴,而3.5美元是可以接受的。同樣地,消費者不會購買標價2萬2,000美元的Taurus汽車,但兩個月後價格變成2萬美元,他們認為這個價格相當合理。

　　事實上,上述例子都有其共通點:以低價買進好商品,或者買進同質的替代品,這比高價搶進同樣的東西還好。

股票市場是人們追求更高價格的地方

　　股票市場是個怪異的地方;是世界上唯一能讓投資人買到比合理價值更昂貴的東西,反而會讓他們覺得更有安全感的地方。他們從其他投資人的行為中尋求確定感,買進大家都想要的股票,他們被教導在技術面走強時買進股票,也就

是那些收盤價創新高、成交量大、或突破移動平均線的股票。股票市場也誘使他們只使用股價來衡量公司市值,對多數投資人而言,股價上揚代表公司內在價值較好;反之,股價下跌表示內在價值惡化。

股票市場是形成這些錯誤觀念的管道。股票市場的主要功能是做為中央市場,讓世界各地的人能到此購買金融商品。華爾街提供上千種金融商品,每日不斷變動價格,它就像一座巨型的股票跳蚤市場,需求十分迫切,沒有任何價格能維持數月以上。在一分鐘內,惠普電腦(Hewlett-Packard)股票每股60美元賣出,接著上漲至每股61美元;兩天後,每股可能變成65美元、64美元、或54美元。在股票市場上,價格是短暫無常的,而每個人不論是買方或賣方,都有機會設定願意交易的價位。市場上沒有庫存單位(SKUs)、沒有結帳區、也沒有到下週日截止的換季拍賣。商品僅根據前一個人所認定值得的價格買賣。

古時,「公開喊價」市場相當興盛,人們在大型戶外場地買賣魚類、香料、絲綢與動物。這類市場可以吸引買賣雙方到同一地方交換資訊並比較商品與價格,若就這點而言,它們的確相當「有效率」。但是這類市場向來不理性,也從來不會理性。價格是專斷的、受供需左右,也因買賣雙方對品質與風險的「觀點」不同而有不同,因買賣雙方事實上並未擁有相同的資訊,所以,他們會面臨經濟學家所謂的「不對稱資訊」(information asymmetry)困境。波斯地毯的賣方可能知道地毯早已供過於求,而且50哩外的倉庫還有一大堆存貨,不知情的買方可能會以過高的價格買到地毯。相反

地，1955 Mickey Mantle棒球卡的賣方可能不知道該卡的稀有性而僅以100美元賣出，但是精明的買方可能願意支付5,000美元。同樣地，買方可能願意溢價買進玉米，因為他們知道有豪雨預報，可能會摧毀該地區的作物。

許多人相信股票市場不會像昨日的香料市場一樣，股市是理性的、股價是有效率的，更不會有便宜貨存在。該理論認為，全球數百萬人都在研究股市，沒有股票的股價能高於或低於其真正價值：因為若是發生類似情形，投資人會很快發現其間的價差，並把股價推向合理價格。這個論點最早於五十多年前提出，此後即一再被提出討論。但是說得最動聽的，莫過於經濟學家暨諾貝爾獎得主薩繆爾遜（Paul Samuelson）：

> 如果聰明人不斷在市場尋求好價值，賣出他們認為已經被高估的股票，買進他們認為現在被低估的股票，這些智慧型投資人的行為將會使當前已有折價的股票，反映出其未來的展望。因此對被動的投資人而言，儘管他們本身不去尋找被高估或低估的股票，還是會面臨這種股價模式，即買進兩支股票的結果是相同的。對被動的投資人而言，隨意投資與採用不同的選股方式，其結果一樣好。
>
> ——引自墨基爾（Burton G. Malkiel）所著的《漫步華爾街》（*A Random Walk Down Wall Street*），W. W. Norton & Co.，1990年，原作第182頁。

薩繆爾遜主張投資人不可能持續從預估股票買賣的時機獲利，因為股價不可能長期被錯估。因此以價格與成交量資

料預估買賣股票時機的技術分析及基本分析通通都沒有用，無法協助投資人獲利。近年來的市場分析師推廣薩繆爾遜的論點，他們宣稱股市有完美的理性與效率，所有的股價都是公平的，反映出眾人對公司展望的共識。因為這些共識包含了公司的所有相關資訊，它的結論不可能會出錯，所以不論任何時候，股價會反映公司的內在價值。因此根據「效率市場理論」，像IBM這樣的股票不論是本益比20倍或12倍都無關緊要。這兩種情況下，IBM的股價都是買賣雙方理性互動所獲得的，理論上雙方都擁有足夠的資訊可以公平地評估IBM的價值。

這自然引發一個問題：公司的本益比有時是20倍，有時又是12倍，怎麼可能有公平價格呢？根據效率市場理論的說法，這種近乎隨機波動的股價水平，可以解釋成某些事件會增損IBM的內在價值：利率可能改變；經濟可能走下坡；電腦產業可能正經歷存貨失調；電腦需求可能不斷上升；IBM可能開除總裁等等。每則有關IBM新訊息及對IBM的衝擊都立刻被市場投資人所吸納，股價也因而改變。這些訊息綜合起來可能使IBM的內在價值在短短幾個月內大幅下滑。因此唯一合理的假設是，IBM股價下跌反映的是內在價值的崩潰。

效率市場理論也有其優點。就進行交易而言，股票市場，即交易所本身，倒是相當具有效率機制。投資人隨時都可以拿起電話，報價買進自己選擇的股票，不論你是規模達10億美元的退休基金經理人、學校老師、退休人員、甚或剛從第九球道撥行動電話打進號子的美國職業高爾夫球協會

（Professional Golfers' Association of America, PGA）會員。任何人皆可隨時參與買賣。

　　但是所謂的效率也僅止於此。相信市場是理性的就好比把韁繩交給一雙看不見的手，舉手投降並承認你無法戰勝市場。這好像是說，「不要白費功夫了，因爲大家都說生物老師不會給滿分的。」那是一般人的藉口，你必須承認，情緒與所有其他因素一樣能影響股市。多數時間股票市場是既不尋常、也不理性、更不公平。相反地，股市反映了數以千計投資人的隨機行爲，他們爲了達成個人獲利目標而做各種買賣決定。股價每更動一碼反映出威廉斯（John Burr Williams），在1938年所寫下的「邊際觀點」（marginal opinion），也就是說買賣雙方在某一刻所共同同意的，僅此而已。威廉斯主張，市場實際上是由數以百萬計的善變投資人所組成，因此不能把它視爲具備集體智慧的單一個體。

　　我們暫時假設市場上只有一支股票，而且除了投資人外沒有其他人買賣這家公司發行的股票。關於公司的眞實價值如何，每個人都非常珍視自己的意見；至於什麼價格才是眞正正確的，唯有時間才能證明一切。然而時間卻不會立刻公布答案，只會隨年慢慢地、逐字逐字地表現……。市場只能表達意見，不能陳述事實。今天的意見只能創造今天的價格；明天的意見創造明天的價格；鮮有股價能通過事件的考驗證明是完全正確的。

　　聰明人與傻瓜都在市場進行交易，但沒有任何一組人能自己設定價格。即使具壓倒性的多數人想法也沒多大影響；

因爲最後擁有股票的人可以單獨設定價格。

——引自威廉斯的所著《*The Theory of Investment Value*》，1938年再版，

Fraser Publishing Co., 1997年，原作第11頁至12頁。

在此之前四年（即1934年），葛拉漢也做過十分類似的暗示，他認爲市場價格是由供需心理所設定的：

很明顯地，證券市場制定價格的過程通常是不合邏輯或錯誤的，這些過程……。並非無意識或機械式的，而是牽涉心理層面；因爲這些過程是在投資人的心中進行。因此，市場的錯誤即是一群人或一組個人的錯誤。大部分的錯誤都能追溯到三個基本原因：誇大、過度簡化，或疏忽。

——引自《證券分析》原作第585頁。

毫無疑問地，股價發生錯誤的成因是教科書所無法解釋的。讓我們看看艾克森石油這支典型股票如何交易。投資人買進100股艾克森石油，是因他認爲該股已經差不多跌至谷底，而價格也很合理，他能達成交易是因爲某人被他的經紀人說服賣出100股的股票。艾克森石油的下一位買家，因在經紀人的帳戶中有多餘的現金而想多賺點股利，其交易對手是技術分析的市場老手，電腦顯示他的艾克森石油已是超買了。下一筆交易是一位父親，他必須賣出500股以支付女兒婚禮費用，買方是位寡婦，她剛在報章中讀到艾克森石油的新聞，留下深刻印象，所以下單買進500股。下一筆交易是5,000股的買單，一位小企業的老闆正在爲他員工的退休儲

蓄計畫401K進行風險分散，其交易對手是擁有6萬股艾克森
石油的共同基金，正試圖出脫部分持股，以降低其在能源股
上的風險。

　　投資人的利害、目標、限制、新聞管道與對事件的解
讀，就像每個人的指紋都不一樣。他們在六個半小時的營業
時間內進行不同交易，實際上，當天買賣艾克森石油只有
5%的人分析過該公司的前景，並且評估過該公司股票的價
值。剩下的95%僅使用些許的資訊作為行動的藉口，以掩飾
自己被情緒或財務需要所淹沒，這不能說是效率，而不過是
一個把股價漲跌交由情緒起伏任意擺佈的結果。在每日交易
上，供需的確能驅動價格。需求是由每位投資人特有的心理
力量所驅動，資訊只是下單的藉口。

　　在最糟的情況下，這種公開叫價系統的結果會引發集體
性的混亂、恐慌、與真正的價格無效率。我們可以看看一家
位於聖路易斯，為油井製造管路的公司Maverick Tube在
1997年的遭遇。Maverick的股票在九個月內從6美元漲到50
美元，然後在1998年中期，又跌回每股10美元的價位（見圖
3-1），然而該公司的獲利與淨值並未增加9倍，隨後的股價
狂跌也反映在其基本面上。這樣的波動率是合理、理性的
嗎？公司有可能在一月每股值6美元，九月時價值50美元，
而七個月後僅值10美元嗎？事實上絕非如此！我們可以說，
Maverick的公平市值落於兩個極端價格之間，但是振盪也不
應該會那麼大。如果大眾能夠理性地評估Maverick的股價，
股票可能會從每股5美元緩慢地漲到25美元，停留在這個價
格水平到第二年。然而，貪婪、恐懼、不理性與對公司展望

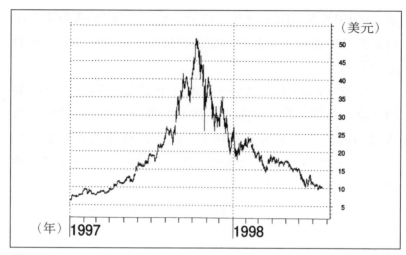

圖3-1　Maverick Tube的股價走勢圖

的不確定，卻讓這家公司的股價起伏不定。

　　1996年這樣的市場有效率嗎？可口可樂股價的本益比是40倍，而公司的獲利預期只能成長到17%。如果投資人接受可口可樂的評估方式，那麼他們應該要質疑，微軟的本益比40倍時，獲利已經成長到35%。在1991年的恐慌性拋售中，大通銀行的股票定價是否有效率？當時這支股票跌到12美元（本益比5倍），但在1997年卻漲到100美元以上，這樣有效率嗎？1993年市場瘋狂買進破產的LTV鋼鐵公司，投資人爭先恐後地把一家幾乎沒有價值的公司股票搶高到每股3美元，效率又在哪裡？由於股價離公司的內在價值實在太遠，LTV高階主管還必須發表公開聲明，警告投資人該股不具價值。

　　1995年與1996年，奇異電器的內在價值是否的確增加150%？從股價來看，的確如此。但是奇異電器的價格理性

嗎？只有效率市場理論的信徒才願意相信。在那段期間，奇異電器的收益上升32%，而股東權益上升38%，然而股票上漲的速度卻是公司市值增加速度的4倍。奇異電器上漲唯一合理的解釋是股價在上漲前被嚴重低估，只是剛好趕上了收益增加的趨勢而已。但是承認這個事實也等於接受在1995年以前，奇異電器股價是無效率的論點。

　　最著名的案例發生在1987年。在10月19號崩盤前後，股票市場的價格有效率嗎？是否美國公司的內在價值眞如股票市場所透露，於六個小時內大跌22%嗎？事實不然。在那悲劇性的一天，美國工商界什麼也沒改變。經濟正常地往前推進，顧客在零售店中一樣快樂地購物，而生產線的工人繼續以正常的速度生產。那天改變的是人們的觀點，人們認爲股價已經不合理了。

不理性循環

　　我們可以根據圖3-2來創造一個通用的不理性模型。我選擇的是典型的公司模式，股價以公司內在價值爲標準，上下來回震盪。我假設公司的內在價值在一段時間內會逐年緩慢且穩定成長。由圖3-2可以看出，股價很少剛好等於公司的內在價值。多數時候，依據投資人對事件的觀點，股價不是過度高估就是過度低估。假設這樣的關係存在於每支交易的股票，我們可以把這些價格區分成七個不同的階段：

　　階段一：受某些因素影響，股價落於公司內在價值之下，這些因素有的與公司有關，有的無關。在此階段，投資人擔心先前令人失望的獲利表現會再重演，或者整體股價下滑的

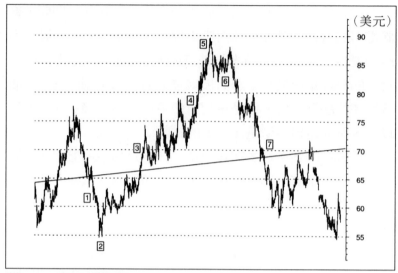

圖3-2　不理性循環

趨勢會使買盤躊躇不前。明顯地，股價並未反映事實。在每股60美元的價位，我們可以說股票反映了公司內在價值（約為65美元）減去反映投資人悲觀心態折扣額（5美元）。

　　階段二：在這個階段悲觀主義達到顛峰。儘管公司的內在價值上升，股價仍然大幅下挫。在這個階段，內在價值的折價最大。

　　階段三：隨著投資人觀點的改變，股價全面上揚。公司市值還在持續增加。但是現在股價爬升的速度比內在價值還要快。在某一點時達到均衡價格，但是股價卻高於公司的公平市價。

　　階段四：連續幾個月的漲勢與觀點的持續改善，越來越多的投資人湧向這支股票。每天上漲似乎更確認買進的決定是

正確的，日成交量看似很強勁。在這個階段，亟欲從熱門股上賺取20%或30%利潤的基金經理人也加入，買氣催生買氣，導致股價更進一步遠離內在價值。價格現在由兩個因素主導：內在價值與投資人重新恢復樂觀所造成的溢價。股價本益比似乎已經超越成長率，但卻一點也不獲投資人重視。然而才在幾個月前，投資人還不願意在本益比8倍時買進，但是現在本益比20倍不買卻好像傻瓜一樣。

　　階段五：漲勢已經達最後階段。每日價格波動得更為誇張，且股價距離內在價值實在太遠，所以買賣雙方必須向外尋求正當理由以當作行動的藉口。有些人相信由於利率較低，所以這個階段的股票價位是合理的；有些人則尋求購併後所產生的溢價。華爾街的證券公司與分析師，更是根據過度樂觀的假設性收益建議買進，大力助漲。在階段五，過去已經變得毫不相干，投資人根據預期未來收益，追高股價。

　　階段六：由於股價偏離公司的內在價值太遠，股價註定會崩跌。事實上，整體下滑趨勢已經開始，通常是由單一的新聞事件所引發，只是為時短暫。在下滑階段初期，許多人相信眼前的走勢只是修正罷了，並利用「小跌」增加持股部位。同時，分析師在剛下跌時會避重就輕地迴避不提，他們目睹股票暴跌，卻建議買進。緊接著是一段短期的多頭上漲。

　　階段七：賣壓白熱化。股價會加速下跌，投資人因而再度陷入悲觀。然而，他們依然不關心內在價值，似乎也不在意股價正變得越來越有吸引力。他們關心的只是獲利流失了，並想要避免認賠殺出股票的心理創傷。而實際上，有時股票

的交易價格低於其內在價值。

　　這些年來，我已經看過這個傑出的發展模式上百次了。有時候這種循環需要數年才能完成，有時只需要幾個月。循環期間，買進並抱牢股票的人相信自己買進持股是理性、合理的，而別人的行爲都是愚蠢的。最不尋常的是投資人從未因此學聰明，下次在另一支股票上還是會重蹈覆轍。他們相信價格是有效率的，所以在價格上揚時會試著買更多股票，而價格跌到公平市值時，反而持觀望態度。聰明的做法應該是只在階段一、階段二或階段三買進持股，並在股票高過公平市值時考慮賣出。

　　價格錯估最駭人的例子發生在景氣循環股上，例如花旗銀行、卡特皮勒、道氏化學（Dow Chemical）與通用汽車等。這些股票在景氣疲軟時常常會發生急跌，幾乎都會跌到內在價值之下。爲什麼呢？多半是因爲心生恐懼。投資人意識到事情還會更糟，害怕股票不斷下跌，但是熟悉歷史的投資人知道，景氣循環股獲利表現受經濟景氣影響。景氣好時，道氏化學的獲利可以達到每股8美元，而景氣蕭條時可能只有0.5美元，這是一個既定事實。投資人既然十分清楚這些獲利都會反彈回來，爲什麼還是每隔幾年就從這些股票一哄而散？如果市場真正有效率，投資人應該忽視短期的業績下挫，讓道氏與福特汽車的股價反映出平緩、長期的成長率，但投資人沒有做到這一點。有些投資人在經濟復甦時以本益比20倍搶進道氏；但當經濟開始下滑時，本益比6倍反而會令他們卻步；當蕭條真正來臨時，他們絕對不敢碰卡特

皮勒。然而歷史一再地告訴我們，那才是最應該買景氣循環股的時機。

　　深入討論這個議題後，我們可以十分確信股價沒有效率。如果股價有效率，舉例來說，那要如何解釋「小型股效應」（small-cap effect），也就是長期而言，小型股的表現通常比大型股好。又要如何解釋我們在第二章所提出，低本益比的股票表現持續超越高本益比的股票？如果股價效率存在，本益比對於未來股價表現應不具有任何影響，但實際上本益比確有其影響力。

　　如果金融市場真如某些學者所宣稱的那麼有效率，我們應該可以見到在基金經理人、信託公司職員及投資法人之中，戰勝市場者會與落後市場者的數目一樣多。由於市場是扮演衡量績效的標準，所以沒有任何專業人士能擁有優勢，即戰勝和落後市場的機率各半。然而實際上，長期而言大多數的專業人士都敗給了標準普爾500指數。例如，多年累計下來超過90％的基金經理人落後標準普爾500指數。明顯地，這些數據背後的深層含義，絕非僅是市場效率。早在1970年代末期，卓曼價值管理公司的總裁卓曼即發現了最有可能的答案。卓曼研究了自1929年以來專業人士的買賣習慣，發現投資法人落後市場似乎是因為「一窩蜂心理」（herd mentality）。他們傾向於跟隨市場而不是領導市場，不理會價格只是跟進同業購買熟悉的股票。他們忽略其他基金經理人也忽略的股票，只要大家都在買就跟著跳進去。卓曼提到，一窩蜂買進的力道最強時是在市場頭部附近，這通常會導致他們的災情比一般投資人還要慘重。

　　卓曼說，如果這些投資人註定要落後市場，市場效率的論點即不成立。此外，這代表著某些投資人能夠持續戰勝市場。

論資訊不勻稱（Information Asymmetry）

　　資訊是投資人的命脈。不論你的分析技術多麼的高明，你必須有及時、客觀、有用的資訊，才能在市場上獲得成功。效率市場假設每位市場投資人有平等的取得資訊管道，有能力準確地篩選資訊並正確地解讀資訊。但是如果資訊不勻稱，也就是說某些投資人擁有比別人更多、更好的資訊；或是說資訊不正確，那麼效率的概念就瓦解了。

　　若要簡述駁斥效率市場的論點，我們認為大部分呈現在我們眼前的資訊都已被嚴重竄改，而且對股價會有相當大的影響。因為大部分我們據以買賣的資訊皆含有某些形式的「詮釋」，所以很可能我們對該資訊解讀錯誤。我提出三個假定，進一步說明我的論點：

- **資訊並非隨手可得**。由於成本因素，多數投資人無法取得足夠資訊。即使是今天，數以百萬計的投資人已能夠透過網際網路取得以往被控管的資訊，仍舊無法取得在短期內會影響股價的資訊。投資人無法定期拜訪公司，與同業公會、供應商、經銷商交談，或參與管理階層的電傳視訊會議。
- **每個人對資訊的解讀不盡相同**。我們往往依據自己的觀點來解讀資訊。先前埃索石油的例子顯示，投資人根據自己

的財務需求、目標、限制、新聞管道與對事件的解讀進行買賣。就如同天氣一樣，我們對資訊也習慣採取相對的、現行的觀點。如果春天時連著好幾週的氣溫都是華氏30度，出現華氏60度的那一天就會讓人覺得溫暖宜人；若在夏天，每天華氏80度後緊接著一天華氏60度，可能就會讓人覺得寒冷。同樣地，一支上漲到60美元的股票通常看來會比下跌到60美元的股票還值得買進。事實上，投資人應該對這兩種情況一視同仁。

• **投資人的資訊通常來自意圖左右資訊的人**。在塑造投資觀點與投資決策上，我們絕對不能低估華爾街、媒體與新聞事件所扮演的角色。所有金融業所釋放的消息，以及過濾過的資訊，都有可能使股價無效率。華爾街扭曲資訊的方法很多，例如：公布股價目標、預估獲利、散播購併公司的謠言、以薄弱的理由調升或調降公司的投資等級等等。

　　媒體爭取訂戶會導致記者捏造新聞、在股價大漲波段結束後，大幅報導熱門股、或大量撰寫如「現在可以買進的十大基金」等文章。大多數的投資人通常經由媒體獲得二手的市場資訊，因此他們很容易暴露在新聞故事的觀點與偏見中。即使只是寫作文章時所採用的語氣，記者也能嚴重地扭曲資訊。誤導性的標題或是意圖煽動微不足道的新聞事件，都能瓦解股票的供需關係。回顧一下1995年媒體所激起的狂潮，當時英特爾發現了奔騰晶片（Pentium chip）有小瑕疵。故事最早是在網路引爆，有些試算表的使用者彼此抱怨，他們有一些電腦運算數值不正確。當記者發現了這個紛

爭後，奔騰晶片的故事很快就變成了該週的新聞危機。英特爾花了相當多的時間抵禦大眾的批評，其股票也即刻隨之大跌。這則新聞來得快去得也一樣快，但是成千的投資人早已賣掉持股，造成英特爾股票市值暴跌60億美元以上。此時，由於媒體大幅報導投資人對英特爾的前景由樂觀轉趨悲觀，而這個觀點對英特爾長期基本面的展望毫無重要性可言。英特爾迅速回收該晶片，從收益中扣除這筆季開支，整個事件便宣告落幕。其後兩年，該股股價上漲3倍。

習慣根據資訊買賣的投資人特別容易受到資訊解讀偏見左右。我最喜歡的例子發生在1997年1月22日，當時各大媒體都試圖解讀聯邦準備理事會主席葛林斯潘（Alan Greenspan）在參議院預算委員會上（The Senate Budget Committee）的談話，第二天的新聞報導顯示，通貨膨脹可能上漲，也可能持平；經濟可能穩定成長，也可能有過熱的危險；記者的報導可能試圖改變你的觀點，也可能根本不知該報導些什麼。

請參考下列五則報導葛林斯潘當天聲明的新聞標題：
- 《華爾街日報》報導，「聯邦準備理事會主席預見薪資上揚」。文章中提到，葛林斯潘暗示他會調高利率。
- 路透社（Reuters）：「葛林斯潘對經濟感到樂觀，並發出薪資警告」。根據這篇電報，葛林斯潘對經濟成長速度感到滿意，而且「並未暗示」聯邦準備理事會準備調高利率。
- 《紐約時報》（*The New York Times*）：「葛林斯潘對經濟

感到滿意。但他對薪資增加發出警告」。「其聲明激勵市
場」。

- 美聯社（Associated Press）：「葛林斯潘發出通貨膨脹警
  告。」
- CNN財經新聞網：「聯邦準備理事會雖然滿意，但也很
  為難。」

　　如果你無法在有線電視上收聽葛林斯潘未被詮釋過的全
文聲明，你對他證詞的解讀將會根據當天你剛好看到的新
聞。如果有一天早上你拿起報紙來看到頭條寫著，「聯邦準
備理事會主席暗示要調升利率」。為了保護對利率走勢反映
敏感的股票，你可能會賣出持股。但是如果該份報紙在報導
同一則新聞時，使用下列標題「聯邦準備理事會對當前利率
感到滿意」，你可能會鬆了一口氣並且什麼也不做。

　　你應該知道，在1997年1月22日的新聞出現在你眼前之
前，已經至少被過濾4次以上。首先，記者會解讀葛林斯潘
的說法，並把聲明濃縮成易於閱讀的幾個重點。然後，記者
還必須根據聲明結束後，葛林斯潘與參議員的交換意見，提
出客觀的看法。如果沒有參議員就利率問題質詢葛林斯潘，
記者可能會認為這個議題沒有新聞價值而輕描淡寫。接著，
記者可能會徵詢專家的意見，由於截稿的壓力，他可能沒有
時間聯繫相信利率會下跌的專家。最後，文稿在編輯會議上
還會被過濾一次，新聞編輯與文字編輯會根據他們對重要性
的看法重新編排文稿。他們聲明從文稿中挑出新聞標題，通
常用六個字以內，總結葛林斯潘所說的聲明。

善加利用無效率

　　資訊加工廠可能會嚴重地扭曲我們的觀點,並使我們做出導致價格無效率的行為。但這也可以是你的優勢,因為有太多的投資人,包括許多「專業人士」,相信效率市場,認為本益比50倍的股價還是公平市值,而且市場是無法被打敗。只要價值型投資人還是占無足輕重的少數,從這種錯誤邏輯獲利的機會還會有很多。你最大的獲利來源在於抵制傳統智慧、小心檢視你的資訊、等待投資人錯估公司價格。引用葛拉漢的話,「市場通常會錯得離譜,有些時候謹慎勇敢的投資人反而能善加利用這種獨具特色的錯誤。」

價值投資法

買進大家都知道的股票：預測根本無效

第四章

「做預測很困難——尤其是預測未來。」

——高德威（Samuel Goldwyn，1882年至1974年，美國電影製作人）

　　每年有成千上萬的財經系學生從一流的商學院畢業，他們都學到同樣的神祕公式、同樣的買賣策略、同樣的評估法則與同樣的預測模型，難怪鮮少有人能超越自己的行為，且長期戰勝市場，他們甚至還愚蠢地要戰勝對方。這些畢業生就是今日市場上的策略師、分析師與基金經理人。他們像是麥克魯漢（Marshall McLuhan，編注：加拿大傳播學者麥可魯漢認為現今社會分工精細，各行業間少有聯繫，彼此難以相互了解。）所說的魚，完全不知道自己活在水裡。牠們在水族箱裡游動，全然與外在的世界隔離，牠們相信玻璃外的人們需要牠們的幫助。然而，牠們才是受困的一群。

　　亞里斯多德（Aristotle）曾寫道，人類天生具有預知未來的渴望。他指出，或許沒有其他的渴望被探索得這麼多，亞里斯多德所描述的也許正是華爾街。金融業之所以存在是為了募集資金促進美國工業繁榮，但其主要任務在於提出預測，剝削了我們想知道明天的渴望。如果你了解經紀人、基金經理人、分析師、投資銀行家、財經媒體與經濟學家的基本功能，你就不會成為他們遊戲中的獵物。

　　許多支領高薪的策略師、經濟學家花費整天的時間尋找明日的獲利股、預測利率、經濟或公司獲利的走勢、預估聯

邦準備理事會未來的利率動向。更多的技術分析師在電腦上繪製股價走勢圖，試圖預測明天的線圖突破點，還有些人使用複雜的模型預測往後六至十二個月中，表現最佳的是哪一個產業或經濟區塊。其後，成千上萬的經紀人將這些賣弄學問的預測，包裝後大肆推銷，引誘你購買。同樣有成千上萬的行銷部隊推銷未來的市場觀點，強迫公司與職員建立401K退休計畫、年金與大學信託，甚或把手上所有金錢投入共同基金。

　　簡言之，華爾街存在的目的就是要賣東西給你，其發布的所有金融資訊，不論是券商建議、價格目標、市場預測、獲利估計或績效，都已被扭曲，以滿足發行人的目的。華爾街提供投資人一連串統計數據，但大部分與你無關。大體而言，投資人不應輕信眼前的數據，除非是自己做的預測，否則絕對不要根據未來預測買股票。費雪在1958年提出：

　　　我相信預測商業趨勢的經濟學，可以被視為中世紀煉金術時代的科學。當時的化學就如同現在的商業預測，基礎法則才剛剛從一堆神祕的符咒中浮現出來……。財經界持續不斷地投注心力，試圖從隨機或不完整的事實序列中，預測經濟的未來，令人不禁要問如果把這麼龐大的心力，放些在較有用處的事情上，到底能獲得多大的成就。

　　——引自費雪所著的《非常潛力股》（*Common Stocks and Uncommon Profits*），1958年再版，John Wiley & Sons, Inc., 1996年，原作第62頁至63頁。

　　預測公司獲利或預測經濟與股票市場的方向，就跟預測

天氣一樣，根本無法獲致準確性。預測明日的氣溫比較簡單，只要以今日的氣溫做為參考，例如今日氣溫為華氏75度，明日就不太可能出現華氏50度或100度。明日的氣溫很可能落於今日華氏75度左右的區間內，公司獲利也是同樣的情形，去除季節性因素後，下一季的銷售額與獲利很可能與本季差不多。當你預測明日可能發生的事件，只需將可能影響結果的變數獨立出來。但若想擴大預測時，則可能導致越來越多的變數影響結果。你可以相當高準確性預測明日的天氣，卻無法以相同的準確度預測下週的氣溫與降雨，更遑論下個月的天氣。天氣與股票市場這類系統反映上百萬個變數，而變數間還會不斷地改變與交互影響。

圖4-1中顯示預測未來的可能結果，我們試圖預測的時間越遙遠，誤差就會越像拋物線一樣快速增加。不論預測未來股價、獲利、銷售額或是經濟趨勢，除了少數的例子外，這個現象大致成立。

如果預測不是無限期的，或許還可能行得通。由於時間會持續往前推移，而變數也不會停止改變，所以大部分的預測都沒有解答。只要一季過去，分析師立即修正他們的模型，並試圖預測下一季的獲利。他們試圖確定「下一階段的獲利」或「五年獲利成長率」，卻形同追逐移動目標一樣徒勞無功。少數能準確預測公司未來獲利的分析師，許多時候純粹只是幸運而已：所幸並未發生蕭條；利率沒有調升或調降；公司最高執行長未死於空難；公司並未取得（或失去）主要合約；聯邦官員未對進口貨課徵關稅；美元價值並未波動；該公司未發行更多的股票、增加長期債務或買回股票；

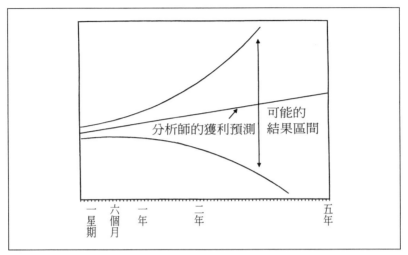

圖4-1　時間對於獲利預測的影響

公司未推出更暢銷或更差的產品；公司未使用會計手法膨脹獲利……。

　　「專家」的市場預測績效真是慘不忍睹。90%的經濟學家沒有預測到1990年的不景氣，1929年主要的市場策略師也未能預測到二十世紀最慘烈的崩盤，及因而引發的大蕭條。大型的投資機構預測墨西哥股市的多頭市場來臨，緊接著該國政府即放任披索貶值，並引發股價狂瀉。實際上，沒有人預測到利率會從1991年起連續七年走跌。1994年至1998年間，資深市場分析師曾多次錯估空頭市場降臨的時間。鮮少分析師預見1970年代末期的超高通貨膨脹。當華爾街終於意識到通貨膨脹的上升趨勢時，它預期通貨膨脹還會繼續上升，並向投資人打包票，黃金會漲到每盎斯2,000美元、石油每桶會達100美元。同期，在大部分的經濟學家都已經對

搖搖欲墜的美國鋼鐵產業不抱持希望之際,鋼鐵業卻在1990
年代止跌反彈,再度成為全世界最有效率、最賺錢的產業。

　　分析師的觀點或許值得懷疑。雖然券商每年花費上億美
元研究上市公司的表現與發表獲利預測,但是許多研究顯
示,在最不景氣的情況下,他們的預測會帶有偏見或瑕疵。
最好的情況是,預測對終端使用者沒有任何附加價值。在一
份十分詳細的1996年研究中,卓曼價值管理公司總裁卓曼先
生,檢視了1973年至1996年間9萬4,251美元的獲利預測。他
發現分析師有一百三十分之一的機率,連續四季以低於5%
的誤差預估到公司的季獲利,他們只有二十萬之一的機率能
準確預估獲利。有些研究則發現,分析師常會提出過度樂觀
的建議。不過分析師也可能傾向會忽略或忘記公司差勁的表
現,以便與公司維持適當的關係,尤其是聘請分析師協助該
企業承銷股票公開上市的公司。他們的獲利預測通常會超出
甚多,而且他們所選的股票在往後幾季通常會落後市場。

　　1995年,數千名投資人都栽在廿世紀最拙劣的預測——
美光科技公司（Micron Technology）,一家電腦隨機存取記
憶體製造廠商。在1994年與1995年,美光是美國最熱門的股
票之一,股價從9美元的低價飆漲到95美元。推動這股熱潮
的是一群經驗老到的分析師,他們幾近瘋狂、樂觀的獲利預
估,事後證明是錯得離譜。從1993年開始,美光銷售額增加
了60%,其獲利也開始加速提升。每股盈餘從1992年的0.03
美元增加到1993年的0.52美元,再到1994年的1.92美元。
1995年獲利更創下3.95美元的歷史新高,不到一年的時間,
其銷售額成長了1倍。

　　當時分析師們犯了一個典型而致命的錯誤：他們直接以最近的成長率直接推斷未來的成長率。分析師不斷地提高獲利預測，即使股價已逼近每股90美元，仍然建議投資人買進。少數分析師甚至還預估一、兩年內，美光每股能賺17美元。不幸的是，不過幾個月的光景就從雲端跌落。韓國與台灣的晶片廠垂涎美光與其他廠商所享有的巨大毛利率，紛紛擴大產能因而使晶片市場供過於求，隨機存取晶片的價格在1996年下跌了75%，1997年再下滑40%。雖然美光的銷售額不斷的上升，淨收入卻呈直線墜落。到了1997年初，同一批根據未來美好的預測，帶領著投資人買進美光的分析師，紛紛把他們的獲利預測降低到每股2美元或更低，最後美光股價在17美元落底。

　　從適當角度觀察這類例子，過度樂觀的預測根本不切實際。回想1960年代中期，分析師們熱情推薦IBM股票。他們的前提是該公司的年獲利成長16%，且會持續上揚。這種膨脹過度的假設把投資大眾推向藍色巨人（Big Blue，即IBM），並因此把該股股價推上九重天。很明顯地，沒有人會自找麻煩去檢驗這些分析師的算術。在1967年，IBM的銷售額是53億4,500萬美元，淨收益是6億5,100萬美元。假如IBM的成長速度真如分析師所預期，在1997年IBM的銷售額額將達到4,589億美元，占全美經濟產值的6%，而獲利達559億美元，是微軟1997年獲利的16倍。在這三十年間某個時點，IBM的獲利偏離了分析師們的預估，該公司1997年的銷售額與獲利僅分別達到三十年前所預計的17%與10%而已。

　　另一個駭人聽聞的例證是甲骨文公司（Oracle），一家擁有60億美元資金的資料庫軟體廠商。在1990年代，由於年獲利成長達30%，該公司成爲科技分析師們的最愛。它被分析師大肆渲染成「絕不能錯過的股票」，甲骨文的股價從1992年分割調整後的價格5美元起漲，到1997年8月達到42美元。在高點時，幾乎達本益比45倍，人們相信獲利成長會持續強勁。1997年12月8日，甲骨文宣布其當季獲利成長率降低到4%，對華爾街有如晴天霹靂。當日甲骨文股價下跌了29%。就在甲骨文宣布獲利慘跌的前三天，分析師們還在調升他們對該公司的看法，更有分析師斷定至少未來五年，甲骨文能以30%的獲利速度成長。

　　甲骨文事件的部分過失應由分析師承擔，而許多以分析師馬首是瞻的基金經理人與投資人也有過錯。在甲骨文大跌前幾週，美林證券公布一份相當具有啓發性的研究。該研究請共同基金與退休基金經理人等投資法人列出他們買賣股票最重要的準則，其中過半數表示他們是根據公司獲利買賣股票。如果公司未達分析師的獲利目標，他們就賣出持股；如果高出該目標，就買進股票。48%的基金經理人都依賴分析師的預測做買賣決策，這一點也不會令人感到意外。

　　基本上，美林證券研究描述的正是許多股票的興亡史。分析師是在壓力下發布有利於公司的建議，通常無法發現問題的癥結，所以會讓投資人買到本質有問題的股票。鮮少投資人知道絕大多數的分析師都十分忙碌，他們追蹤太多的公司以致無法仔細地檢視，他們的報酬來自博取公司的好感以爭取承銷業務，精準的預測不是他們的工作內容。

　　緊接著，成群的基金經理人為了提出最佳季績效報告，便以分析師偏頗的獲利預測做為依據，搶進搶出股票，以便求取短線獲利。他們每天被不為投資人所知的壓力折磨著。一般基金經理人的持股多到難以監控，而且每個月投資人不斷地寄來401K退休計畫的支票，他們還會被迫追高買進熱門股。由於每季必須提出優良績效，因而被迫先買進然後再行評估。通常一開始，許多基金經理人採用買進抱牢的合理策略，但最後卻墮落到只緊盯著報價螢幕、猜賭企業短期獲利以追求蠅頭小利。他們若不這麼做，即可能會落後同業或大盤指數，結果養成了群眾心理與快速不理性地進出股票，而他們所根據的可能是實際的或謠傳的季獲利報告。最後，基金經理人賴以決策的基礎是分析師的個人臆測，而這些臆測還得仰賴上市公司的提示。由於公司本身早已摸清了整個儀式，為了不讓華爾街失望，他們會訴諸會計伎倆，在表面上維持獲利的可預測性。參與這個過程的各家公司也樂見長期策略的成功，以便維持與券商、基金集團良好的關係，這個資訊關鍵途徑（critical path）至此完成一個循環。執行長預估幾個月後的獲利以餵養饑渴的分析師，好讓他們指引基金經理人進行數十億美元的大賭注。錯誤的預測也因此不斷衍生。

　　即使分析師的估計有80%的錯誤，對於參與遊戲的各方並無重大影響。沒有人願意被發現死抱著同業賣出的股票，也沒有人願意錯失能戰勝獲利預估的波段行情。這是一個巨大的自我斷言、漲升導向的體系，只要像基本面這類的細節不要破壞整個成果即可，1926年的股市崩盤也是由類似活動

所引發。隨著股價越漲越高，交易員也越短視近利。獲利預估調升即搶進，無法達成季目標的公司就殺出，股價不斷高漲，以致於買進的股票在基本面上再也無法自圓其說。

投資人一定要避免追隨這種潮流，因為他們通往無底的漩渦。一旦使用短期獲利來支持投資，接下來就會變成在預測中隨波逐流，投資隨即結束而轉變成投機。如果獲利目標本身轉變成目的，投資人就看不清楚價格與價值的關係，因此願意隨時以任何價格買進公司股票。

預估獲利是一回事（這也是華爾街不斷在做的），而預估公司的真實價值或公司的價值如何隨著資訊改變而改變，這又是另外一回事，華爾街幾乎從未這麼做過。例如，公司宣布合併時，投資人通常不會先檢驗合併交易是否會增加公司的價值，就跳進去買股票。他們反而會依賴分析師對該併購案的背書，或管理階層對購併案的樂觀展望，一旦無法從分析師獲得任何有意義的指引，投機客與趨勢操作者立即控制了整個局面，他們照自己覺得合理的方式解讀資訊，在幾個小時內賣出或買進數十萬股的股票。大眾可能看到股價急速上漲，就以為市場已正確地解讀了這個結果，也跟隨這股潮流走。巴森（Roger W. Babson）在1951年時為這種愚蠢行為寫下最佳的註腳：

> 成功的投資主要不是來自預測，而是在對的時刻做對的事，以及隨時謹慎地保護好自己的方針。想賺取更多的利潤應該指揮企業與投資在好時機中追求穩定獲利，同時避開恐慌的損失；而不僅是嘗試預測繁榮或恐慌，然後相信該預測

會實現，並完全依此推行。

——引自巴森所著《*Business Barometers and Investment*》，Harper & Brothers，1951年，原作第ix頁至x頁。

不要依賴公司；他們預測事情的能力不比別人好

上市公司絕對不是無辜的旁觀者。他們也跟每個人一樣學會了如何玩這場遊戲。他們利用會計規則圖利自己；在收益與成本上動手腳，確保季報符合華爾街的預期。或者，他們會利用公司重組的費用降低成本以提高毛利率。某些公司的季報不佳，有時也會利用重組費用掩飾他們差勁的表現，並給華爾街正在大掃除的印象。有些在報告結果出爐前，還刻意哄騙分析師降低他們的獲利預估，然後再以強勁的獲利讓華爾街大吃一驚，以讓股價多推升幾塊美元。這類的詭計層出不窮，也是投資人不應該緊盯著短期結果的原因之一。

有時公司錯估了需求，等於搬石頭砸自己的腳。例如耐吉（NIKE），一家年營業額90億美元的運動鞋與運動服廠商，在1997年年底由於亞洲經濟跌入蕭條，即被高達5億美元的鞋子庫存所拖累。就在經濟崩盤之前，亞洲市場對耐吉的產品極度瘋狂；日本的銷售額年成長率即達75%至90%。在1997年秋季亞洲貨幣貶值時，進口產品的價格也跟著飆漲，亞洲消費者親身體驗到他們貨幣購買力的衰退。一夕之間，耐吉鞋價對於實質所得下降的人而言，上漲了25%至30%。耐吉沒有預期到貨幣貶值，還增加生產，讓更多的鞋子在日本販售。耐吉執行長奈特（Philip Knight）在電話會

議中解釋，「在完美的世界，我們在日本的生意應該不會那麼興隆。事後看來，日本的銷售額上升80%時，就出現了一些警訊。但我們預估消費需求還會增加5%至10%，一年前我們就加訂60%的鞋子，結果取消的訂單相當龐大。」

這引發了一個疑問：儘管有上百位銷售額、行銷與配銷人員在世界各地收集情報，公司都還無法準確地預估收益與獲利，那麼坐在紐約、波士頓或芝加哥辦公桌後面的分析師能做得更好嗎？我們不能完全把耐吉銷售額下滑的問題歸咎於無法預期的經濟危機。耐吉會自作自受導因於適度依賴樂觀的銷售額預測。亞洲時機好時，耐吉的行銷人員與經濟學家預估的好日子會持續下去。

Fluor是一家年營業額80億美元的建築公司，1997年也遭受相同的命運，當時其大膽的全球擴張，卻因為海外經濟不景氣而跌入谷底。截至1997年為止，Fluor在全球近50個國家都有工程在進行，該公司的建築合約包羅萬象，有石化工廠、銅礦場、新運動場與公司總部。Fluor坦承，它在錯誤的時機過度投入亞洲市場。首先有兩個發電廠計畫的成本嚴重超支，公司被迫降低收益，結果造成股票重挫。接著亞洲貨幣大跌，先前資金氾濫的國家發現自己沒有足夠的強勢貨幣可以完成基礎建設工程。Fluor的季收益大跌，公司不得已只好關閉國外的分公司、解雇員工並在獲利中提報重組費用以為因應。IBM在1995年則遭逢相反的難題。當時IBM嚴重低估個人電腦的消費需求，因而未能透過其銷售額管道在聖誕假期供應足夠的個人電腦。據報導，因為預測錯誤，IBM至少損失10億美元以上。

　　財經作家撰寫許多預測實例，摧毀許多原本謹慎的公司。建築公司對經濟信心滿滿，他們額外買進大片土地，並在經濟走緩時搶建「投機性」房子。那帕谷地（Napa Valley，譯注：美國著名的葡萄酒產地）的葡萄園主開耕山坡地，在葡萄酒需求下滑時增加耕地面積。半導體廠商兩年花了15億美元興建工廠，在產業見頂時開始上線生產。石油公司大幅增加鑽油活動建新油管，卻眼見原油價格開始下滑。零售商與連鎖餐廳加速擴充店面並花光了寶貴的現金，社會大眾卻開始對他們的商品與概念感到厭倦，就像二流的政客雖然輸得跟民調預測的一樣難看，但在投票前還相信自己勝出的機會很大，許多公司也一樣無法面對市場的現實。同樣地，他們也不具備應有的能力，足以適應市場多變的需求與慾望。他們的缺點十分人性化：他們把現在發生的事情直接推衍到未來，只是投資人對此所付出的代價是十分高昂的。

　　我的目的不是要指責管理階層所犯的錯誤，而是要闡述一個事實：即使擁有內線訊息，準確的商業預測也幾乎是不可能的，所以不應該用預測做價值評估的重點。基金經理人加百列曾經大膽提出，「買現況而非買預期」（引自Charles Whitfield所著「Wisdom from the Mount: Gabelli Speaks to a Packed House」，《*The Bottom Line*》，取自加百列資產管理網站，1997年4月17日。）

　　市場走勢沒有可靠、短期或長期可言，它是一種隨機運動。所有的市場，不論是運動鞋、電腦、汽車、芭比娃娃、行李箱、醫療、股票或債券等，都是由完全不可預測的力量

所主導。市場的每日波動反映所有投資人的整體行爲，亦即
買賣雙方各自表現並且全然依照個人的需求與慾望而行動。
如果消費者基於某種理由在某一季中，特別渴望擁有一件
Jordache行李箱或一輛Cherokee吉普車，銷售額就會走強，
然而下一季卻又是另一回事。

　　要仰賴未來或不可預期的事，等於在不能控制的事情上
下賭注。執著於這種不明智的投資，容易招致最高風險。

價值投資法

如何以價值投資戰勝市場

第五章

了解債券與股票的關係以及盈餘報酬率

「對抗通貨膨脹的下下策，即是以高漲的價格買進某種能『避險』的東西」。

——引自勞伊柏（Gerald Loeb）所著《*The Battle for Stock Market Profits*》，Simon & Schuster，1971年，原作第138頁。

　　根據赫特（Peter Hart）所做的民調，截至1997年爲止，43%的美國家庭直接或間接投資於股票市場。大部分家庭間接參與，他們透過共同基金、401K退休計畫或個人退休帳戶等爲其他人投資。少數人直接買賣股票以期能直接掌握自己的命運。想必美國人是在1990年代突然對股票投資產生迫切感，因爲才五年以前，投資於股票市場的家庭還不及20%，沒有單一原因能解釋何以美國人在1990年代蜂擁進入華爾街。對許多人而言，股票投資不論現在與未來都是複雜的遊戲，就像是Baccarat或Keno（皆賭博遊戲名）一樣，都能提供心智挑戰的樂趣。也有人視投資如獵鹿，終極目標在於獲得最大的戰利品，在市場上，目標自然鎖定金山銀山。還有上百萬的人視股票市場爲金融救世主，是累積退休財富的高速公路。也有人湧進市場以爲能輕鬆致富。

　　社會學家可能會認爲投資並無明確的目的，只能證明在高度競爭、適者生存的社會結構中的個人勇氣。事實上沒有人會反對，許多人買賣股票的目的在於建立帝國的樂趣，就好像有人收集一大堆既不開也不賣的古董車一樣；如迪士尼

卡通故事中的小氣貴族史古吉鴨（Scrooge McDuck，編注：史古吉鴨是全世界最富有的鴨子，為唐老鴨作者Carl Barks的另一作品）一樣，漫無目的地累積財富儼然成為目的。

對經濟學家而言，投資是所有繁榮國家所不可或缺的。社會利用投資募集研究與發展計畫的資金，最後可以提升生產力並且把社會中的財富分配給大多數人。至少在理論上，投資可視為良性的整體循環。如果我們在銀行存入1,000美元，銀行可能把1,000美元轉借給想擴充生產設備的企業家。這1,000美元的貸款可能用來購買新設備，以降低生產價格並增加50%的銷售額，銷售額增加使得該公司能夠開闢第二個銷售據點，並雇用六名新員工，接著，這些員工再把薪資支票存進銀行繼續流通。在經濟體內投資越多的資金，產量就越多，也會變得更有效率，最後將有更多的資金可以用在未來的擴張中。投資不是一場零和遊戲；只要資金能自由流動並運用在生產目的上，所有的投資人都能獲利。

當然，個人不需要為自己在這種大經濟循環中的角色擔憂，只需為自保而奮鬥。你必須保護自己所擁有的資產，讓資產複利增值的速度能夠補償自然貶值。不論你的資產報酬率如何，一定要能戰勝每年價值折損的速度，唯有保持獲利率高於貶值速度，才能長期保持或提高生活水準。如果你的資產能提供每年獲利5%，而你的資產價值每年自然貶值4%，你將可以每年提升淨值或生活水平1%。很明顯地，你必須選對資產組合才能超越貶值的速度。如果你所有可投資的資產都鎖定在汽車上，將眼睜睜地看著自己的淨值縮水，

因為每年汽車的價值會虧損10%至20%，而且還沒有增值的
潛力。如果你把資金投資在房地產，情況就會大幅改善。房
價通常每年上漲1%至5%，一般來說還足以跟上通貨膨脹的
腳步。

諸如汽車、房子、股票與債券等資產會因「通貨膨脹」
而貶值，使你的資產價值也因而年復一年的貶值。如果你投
資的年報酬率無法戰勝通貨膨脹的速度，淨值就會折損（永
遠消失）。即使你的資產價值上升，生活水準也會下降，這
是因為資產增值的速度不足以抵消整體價格上漲的速度。因
此債券與股票關係的第一條定理是：「我們投資的主要目的
是為了要保護資產價值免受通貨膨脹的影響。」

通貨膨脹真的是投資人所面對的最大災難，是財富的隱
形稅賦，是你無法控制的。例如，你無法控制聯邦準備理事
會增加貨幣供給的速度，或是聯邦政府借貸的額度；你也無
法影響外國政府的花費與貨幣政策。但是如果有國家貨幣貶
值、刻意壓低薪資、或在境內鼓勵外國投資，你將會受到衝
擊。

通貨膨脹對投資的影響不容忽視。如果獲利增加的速度
跟不上物價，物價上漲可能會對你的投資組合造成嚴重的後
果。例如，物價上漲4%，而你把錢存在銀行帳戶賺取3.5%
的利息，你的購買力正在降低，這就好比政府對你的獲利課
徵163%的稅率。請仔細地想想，下列兩種情況並沒有什麼
分別：在沒有通貨膨脹下獲利3.5%，然後繳交163%的稅，
以及在4%的通貨膨脹率下，獲利率達3.5%，然後繳交28%
的稅。你的稅後結果都是一樣的。當通貨膨脹存在時，情況

就好比政府提高了你的稅率，通貨膨脹的速率越快，你的隱形稅賦也越重。

市場策略師曾經假定通貨膨脹能幫助投資人，因為有了通貨膨脹，公司才能隨意提高價值，並提報較佳的銷售與獲利，這種想法早已被揚棄。今天更多的投資人是以通貨膨脹所真正代表的意義來看待它。通貨膨脹是一股競爭的力量，會把聰明的投資人逐出股票市場，推向能以漲價抵銷通貨膨脹的票券，也就是債券。如果你沒用心挑對股票，又未能釐清股票與債券間的關係，你的購買力可能會受到嚴重損失。例如，有許多投資人在1960年代中期開始購買股票，他們便體驗到年獲利趕不上通貨膨脹速度的痛苦（見圖5-1）。如果有人在1965年買進標準普爾500股票，直到1983年也就是十八年後，才開始取得通貨膨脹調整後（inflation-adjusted）的獲利，在十八年間，如果買進九十天期的國庫券（Treasure bills）並不斷的展延，獲利會更好。這種情況的發生是因為1970年代通貨膨脹上揚，且股票上漲跟不上通貨膨脹的速度。

由於通貨膨脹的風險持續存在，因此股票必須要與債券競爭，如果研究股市多年的波動，這點就會變得特別明顯。當通貨膨脹持續上揚時，債券收益會上升，股票本益比會下降。當通貨膨脹下跌時，債券收益會下降，股票會上漲。然而長期下來，股票還是規避通貨膨脹風險的最佳工具。股票以極大的差距戰勝通貨膨脹的年增率。同樣地，股票在經通貨膨脹調整後的獲利，依然大幅領先債券、房地產、儲蓄帳戶與汽車。賓州大學華頓商學院（the Wharton School of the

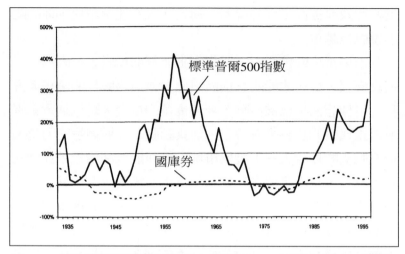

圖5-1　經通貨膨脹調整後的十年獲利──標準普爾500指數

University of Pennsylvania）的財經教授西格爾（Jeremy Siegel），提出十分具說服力的論點支持股票投資。西格爾不辭辛勞地繪製了自1802年至1992年間的通貨膨脹與股票和債券的獲利圖，結果發現一個驚人的事實：長期以來，股票持續以每年6.7個百分點的差距戰勝通貨膨脹，儘管我們的經濟歷經幾次大轉變，運用資金與勞務的方式也歷經根本性的變革，但這個關係仍然成立。因此如果投資人想要確保其投資的實質價值，就必須投資股票。西格爾提出，沒有其他資產類別所提供的長期獲利，能像普通股票一樣引人注目，或能戰勝通貨膨脹。

　　股票獲利可抵銷通貨膨脹應該是意料中的事。因為股票代表實際資產的獲利──這種資產的價值應與勞務和資本有

關，合理的預期是，它們的獲利不會受到通貨膨脹的影響，這點更不容置疑……。長期而言，貨幣供給擴增才是通貨膨脹加速的根源，而且還對輸入與輸出價格有相同的影響。

——引自西格爾所著《散戶投資正典》（*Stocks for the Long Run*），McGraw - Hill，1994年，原作第157頁。

債券與股票關係

在西格爾的研究中，股票、通貨膨脹與債券之間，並非如表面上毫不相干。事實上，這三股勢力彼此相互影響。當通貨膨脹上升時，利率上升，債券價格下跌；當通貨膨脹下降時，情況則相反。通常股票的反應與債券收益及利率漲跌相似。長期而言，股票與債券價格對同一資訊的反應很類似。金融市場間不可能會彼此矛盾，它們對同質性的新聞會有相似的反應。在投資人預期通貨緊縮的同時，債券市場不可能會預期通貨膨脹。

股票與債券間真正的關係在於它們的「息票」（coupon），亦即每筆投資所能預期的年獲利。債券的息票十分簡單明瞭，它就是發行公司的承諾，願意根據債券面值（par value）以一定比例每年支付給你的金額。如果公司發行面值1,000美元，息票收益率（coupon yield）為6.5%的債券，該公司即承諾在債券到期前每年支付債券所有人65美元（1,000美元的6.5%）的票息。在往後幾年，不論該債券以不同價格多次換手，每年65美元的票息都是固定的。如果奇異電器發行十年期、息票收益率6.5%、於2008年到期的債

券，任何願意持有該債券一年的買家都可以獲得奇異電器支付的65美元。

因爲息票每年支付的金額不變，投資人願意買奇異債券取決於三要素：(1)債券到期前的預期通貨膨脹率；(2)同期的政府債券現行收益率；(3)債券持有人對奇異公司財務穩定程度所預期的「風險溢價」（risk premium）。前兩者是並行不悖的，預期的通貨膨脹率會反映在政府債券的價格上。如果債券交易人員預期通貨膨脹上揚，比如往後十年每年上漲4%，十年期政府債券至少應該要有4%的收益率。最可能的情況是，在考慮所有無法預見的風險後所反映的價格，收益率可能會接近6%。奇異電器十年期債券的收益率會反映兩點：一爲無風險的政府十年期債券（此例爲6%）；二爲奇異不履行債務的風險溢價。因此奇異電器的債券收益率就可能如同我們先前假設的6.5%。

投資人先支付1,000美元買進債券，每年可從息票利率獲得65美元。在第十年時，該投資人可以面值1,000美元再把債券賣回給奇異。這位投資人的獲利如右表：

如果利率不變，奇異債券的價格也不會變動。爲什麼呢？因爲年息票利率的獲利65美元是固定的，也因爲侵蝕獲利的通貨膨脹風險，既沒有增加也沒有減少。所以債券能提供完全的通貨膨脹保護——「前提是在債券十年的有效期限，利率沒有上漲」，如果利率上揚，必須補償新投資人折損的購買力。他們會要求債券售價必須低於面值1,000美元。如果價格跌到975美元，新投資人不只每年能從息票獲得65美元，還有機會在2008年把債券賣回給奇異時賺進25美

年度	年息票獲利 (美元)	累計獲利率 (美元)
1999	65	6.5
2000	65	13.0
2001	65	18.5
2002	65	26.0
2003	65	32.5
2004	65	39.0
2005	65	45.5
2006	65	52.0
2007	65	58.5
2008	65	65.0

元。所以現在該債券到期的年收益率就會超過6.5%。同樣
地，如果利率下跌，會導致債券價格漲過1,000美元。投資
人希望掌握的機會是持有收益率超過通貨膨脹率的債券，他
們會推升價格使該債券的到期收益率低於6.5%。

　　普通股票也有一定的息票收益形式：公司每年所產生的
收益。不論公司每年的獲利多少，一定會在某一時刻歸還給
你，因此年收益的功能就類似息票一樣，兩者主要的差別在
於這筆收益是在稍後支付。如同債券到期有收益率一樣，股
票也有「盈餘報酬率」（earnings yield），讓你可以比較債
券、利率與通貨膨脹。就這點而言，同樣的關係可以用來判
斷債券相對於股票的吸引力，你的首要目標即是找到年盈餘
息票能戰勝通貨膨脹的公司；次要目標則是鎖住能戰勝政府
債券現行收益的公司預期盈餘。如果你無法找到獲利能戰勝
債券的公司，為了謹慎起見，你應該把資金投資在債券上，
直到股價的投資報酬率再度有吸引力為止。

　　如果我們研究的公司很少或幾乎沒有獲利成長，我們即可在真實世界看到這個關係如何運作。如果某家公司的年獲利都沒有改變，而市場也預期其未來成長為零。該公司的價值將只取決於兩項要素：(1)政府債券當前的獲利率；(2)代表該公司任何固有風險的溢價。例如，該公司的年獲利為每股1美元，且維持不變。那麼該公司股票的功能就會像債券一樣。在為這支股票定價時，投資人只需要知道當前長期政府債券的收益率，然後投資人必須再納入一個考量，或面臨該公司可能無法每股賺1美元的「風險」。風險越高，該股票收益也要相對越高，亦即股價要越低。如果三十年期國庫券收益率為7%，該股價必須達到每股14.28美元，才能有相同7%的收益（譯注：1美元÷0.07=14.28美元）。假設該公司確有風險，市場會希望該公司的股價每股低於14.28美元。當股價為13美元時，每股獲利1美元即代表著收益率為7.69%。當股價為14美元時，該股的盈餘報酬率為7.14%。如果利率不改變且該公司繼續每股獲利1美元，我們可以預見這支股票的價格會被凍結。

　　只要每年該公司能為股東每股賺進1美元，則公司收益、政府債券收益與股價間的直接關係即可永遠成立。然而，政府債券的收益率上漲或下跌會發生什麼事呢？股票會像政府債券一樣，利率上揚時，股價會下跌；利率下跌時，股價會上揚（譯注：利率上揚時，債券價格下跌，反之亦然）。如果三十年期債券的利率漲至8%，上述假設的股價一定會跌到每股12.5美元，如此其年收益才能達到8%（1美元÷12.5美元=0.08）。如果利率跌到6%，我們可以預期該股價

格會漲到每股16.67美元（1美元÷16.67美元=0.06）。

　　為什麼會出現這種現象呢？因為在上例中我們選擇一家獲利非常穩定的公司，本質上公司獲利等同於股東可以依靠的息票獲利。如果公司把每股1美元的獲利當成股利發放，那麼該公司的股票就等於是披著股票外衣的債券。讓我們來看看實際的案例——Pittsburgh & West Virginia Railroad的普通股票。這家公司是房地產投資信託公司，它在俄亥俄、西維吉尼亞與賓夕法尼亞等州擁有112英哩的鐵路，並把鐵路租給Norfolk & Western公司，租期為九十九年，並收取固定的年租金。因為公司年復一年持有相同的資產並收取固定的資產使用費，所以Pittsburgh & West Virginia公司每年的營業額都是相同，剛好低於100萬美元，每年淨收入約80萬美元，而每股獲利持續為0.55美元。該公司也把每年的獲利當成股利全數發放，結果該公司的淨值並未增加，1997年年底為每股6美元。如果投資人在7美元買進這支股票，並在十年後賣出，他的獲利預計如下：

年度	股價 （美元）	每股盈餘 （美元）	帳面價值 （美元）	股利 （美元）	累計獲利 （美元）	以股價7美元 買進的獲利率(%)
1998	7	0.55	6	0.55	0.55	7.9
1999		0.55	6	0.55	1.10	15.7
2000		0.55	6	0.55	1.65	23.6
2001		0.55	6	0.55	2.20	31.4
2002		0.55	6	0.55	2.75	39.3
2003		0.55	6	0.55	3.30	47.1
2004		0.55	6	0.55	3.85	55.0
2005		0.55	6	0.55	4.40	62.9
2006		0.55	6	0.55	4.95	70.7
2007		0.55	6	0.55	5.50	78.6
2007	7				12.50	178.6

如果你買進十年期、年息票利率7.9%、價格7美元的債券，你應該可以獲得相同的獲利，果然幾年下來，Pittsburgh & West Virginia公司的股價幾乎沒有波動。這源於兩個因素：獲利固定且公司淨值沒有增加。因為把所有獲利當成股利發放，Pittsburgh & West Virginia公司沒有再投資資金，以提升股東權益的價值，所以其股票的漲跌完全基於利率上下波動的關係。在1991年至1993年底間利率持續下跌，結果在這段期間其股價爬升了近48%，在1994年，因利率攀升該股也隨之下跌。其後三年間，國庫券收益率在6%至8%間來回震盪，該股亦進入盤整。在1997年底，利率跌破6%，Pittsburgh & West Virginia公司的股票也開始走多頭。

Pittsburgh & West Virginia公司的股價波動模式有助於調化投資的中心議題：「股票只是息票利率較無法預測的債券」。

電力公用事業可取代債券

就股票與債券關係而言，電力公用事業提供了極佳的研究案例。傳統上，公用事業的大部分獲利會以股利形式發放，而它們的成長率幾乎是持平的，因此公用事業股票與債券有許多相同的特性，它們能提供可預期的獲利，並且將以股利形式發放，而不會被管理階層留置下來。近年來，公用事業的股價走勢與利率變化成反比，也很可能會繼續維持。當利率上揚，公用事業的股價將會下跌，不論長期（一年或更長）或短期（幾天或幾週），這種關係都能成立。研究人員分析電力公用事業股票的每日價格走勢，發現利率通常是

價格波動的主要誘因。圖5-2顯示1990年至1998年間這種關係是如何運作的。公用事業股價與利率之間所存在強烈的關連性，導因於債券與股票的關係。如果公用事業的獲利像其他部門一樣較難以預期，因為其年息票利率難以預期，公用事業股價波動也會更不規則。

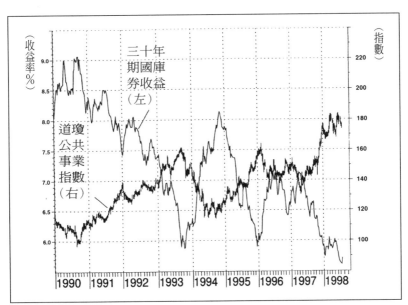

圖5-2　電力公用事業與三十年期國庫券的比較

盈餘報酬率定理

本章一開始即指出，基本上股票是債券的替代品。為了推衍這個論點，現在讓我們來看看盈餘與獲利的關係。成功投資的主要原則就是改善你原始投入資金的投資報酬率，當你買進「盈餘報酬率」隨時間成長的公司，就能達成目標。

公司的盈餘報酬率就是公司盈餘除以目前股價，如果公司盈
餘爲每股2美元而股價40美元，則報酬率爲5%。也就是說，
公司一整年爲你賺進的收益爲你原始投資金額的5%。經驗
老到的投資人馬上就可以認出，盈餘報酬率只不過是衆所周
知的本益比之倒數，而其關連性亦同。投資時你應該要儘可
能買進盈餘報酬率最高的股票，或本益比最低的股票。只要
能做到這點，即可確保未來的獲利能戰勝通貨膨脹。

　　如果公司盈餘增加，你原始投入金額的投資報酬率（盈
餘報酬率）也會增加，股價最後也會趕上盈餘成長率。可預
期的盈餘流量成長會導致股價上揚，這是因爲盈餘成長與股
價增加是高度相關的。例如，公司股價爲20美元，且每股爲
投資人賺1美元，其盈餘年成長率爲25%。把年度盈餘換成
「息票」後，我們即可像評估奇異電器債券一樣的評估這支
股票：

年度	每股盈餘（美元）	以股價20美元買進的息票收益率（%）
1998	1.00	5.0
1999	1.25	6.3
2000	1.56	7.8
2001	1.95	9.8
2002	2.44	12.2
2003	3.05	15.3
2004	3.81	19.1
2005	4.77	23.9
2006	5.96	29.8
2007	7.45	37.3
2008	9.31	46.6

　　到2008年，該公司的年度盈餘爲你原始投入金額46.6%的獲利。此息票收益遠超過任何假設中可能發生的通貨膨脹，一旦與債券收益相比就更顯得格外吸引人。如果你在1998年買進息票利率5%的債券，到了2008年它的收益依然還是5%，該股股價如1998年平均爲本益比20倍，在這個合理的假設之下，該股票在2008年的售價爲186.2美元，獲利爲原始投資額20美元的831%，年度盈餘在這段時間也成長了831%。

　　再看看另一個實例，紐可（Nucor）鋼鐵廠在1998年中，其股價跌到每股40美元以下，提供了吸引人的盈餘報酬率。毫無疑問地，紐可在鋼鐵業有最佳的獲利績效。自從1960年代中期以來，其銷售額與盈餘是以17%的複利成長。在1966年其營運重點擺在鋼製接頭，從未賠過錢。在鋼鐵業這種資本密集的景氣循環產業，紐可的成績傲人。這種三十年毫不間斷的成長軌跡，是評估紐可價值的寶貴基礎，因爲你可以藉此對未來的盈餘做出合理假設。例如，我們可以肯定地假設，紐可可以繼續以17%的速率增加盈餘，更可以篤定的說，紐可每年至少增加10%的盈餘，而且幾乎有100%的機率，紐可的盈餘至少每年能增加5%。

　　假設紐可繼續以年增率12%成長。下頁的列表爲紐可的盈餘流量與原始投資金額40美元所作的比較：

年度	每股盈餘（美元）	以股價40美元買進的獲利率（%）
1997	3.35	8.4
1998	3.75	9.4
1999	4.20	10.5
2000	4.71	11.8
2001	5.27	13.2
2002	5.90	14.8
2003	6.61	16.5
2004	7.41	18.5
2005	8.29	20.7
2006	9.29	23.2
2007	10.40	26.0

　　紐可吸引人的原因應該很明顯。當紐可每股跌到40美元時，長期國庫券的收益率僅為5.7%，因此紐可的收益立即就有超過政府債券2.7%的溢價（譯注：8.4%-5.7%=2.7%）。儘管出現這種程度的溢價，但對於追求高額與立即報酬的投資人，這種溢價還是不怎麼吸引人。根據表格顯示，紐可的息票收益會持續增加，然而政府債券的息票利率不變。擁有紐可實質價值並不在於它平凡的收益，而是在於隨著紐可盈餘成長而不斷增加的息票收益率。在第一年，紐可盈餘可以提出每股3.35美元的盈餘，也就是你資金8.4%的獲利；第二年，預計的盈餘為每股3.75美元，即盈餘報酬率9.4%。如果利率仍為5.7%，紐可的盈餘報酬率即是以3.7個百分點的差距戰勝國庫券；截至2007年，紐可的盈餘將為40美元的原始投資提供26%的獲利率。

　　儘管這樣的盈餘流量令人相當印象深刻，然而下列任一

情況皆可使投資人進一步提升獲利。

(1)**紐可的成長率超過**12%。如果盈餘年成長率爲15%，在
1998年紐可獲利爲每股3.85美元，即投資40美元盈餘報酬
率的9.6%。此時，紐可的盈餘已經以390個基點戰勝國庫
券，而且這個差距會持續拉開。至2007年，紐可每股獲利
爲13.56美元，爲原始投資金額盈餘報酬率的33.9%。債券
收益率在十年內能接近33%的機會有多少呢？
(2)**投資人買進該公司股票的價位低於**40美元。如果投資人後
來把紐可的股價壓低到35美元；此時相較於債券，該公司
的股票就有極度的吸引力，讓長線投資人難以抗拒。即使
假設成長率爲12%，息票收益流量還是一樣驚人。除非美
國經濟陷入長期的金融困境，否則從第一年起往後每一
年，紐可的長期收益就可以大幅差距戰勝通貨膨脹。這個
事實促使紐可有機會成爲你在1998年所能買到的最佳「債
券型股票」（bond-stocks）。

　　當然，僅有盈餘成長並無法保證獲利能戰勝債券。能讓
紐可吸引人的是相對便宜的40美元價格，或1997年時11倍的
本益比。如果投資人以本益比20倍或67美元買進紐可，那麼
假設的年盈餘報酬成長率12%就不再那麼吸引人了：（見下
頁列表）
　　誰敢以20倍本益比買進紐可呢？在1997年底當該股股價
短暫衝過60美元時，許多投資人的確奮勇買進，但不過幾個
月的光景，這群趨勢追隨者在這筆投資即損失33%。事後看

年度	每股盈餘（美元）	以股價67美元買進的獲利率（％）
1997	3.35	5.0
1998	3.75	5.6
1999	4.20	6.3
2000	4.71	7.0
2001	5.27	7.9
2002	5.90	8.8
2003	6.61	9.9
2004	7.41	11.1
2005	8.29	12.4
2006	9.29	13.9
2007	10.40	15.5

來，他們以60美元買進風險較高的息票收益率，這也是他們以遠高於紐可當前盈餘的溢價買進股票的懲罰。從表格中可以明顯看出，在2007年紐可的盈餘雖然可能會戰勝通貨膨脹，但卻還不足以讓你高枕無憂。還記得你假設盈餘成長率為12%，並且相信紐可能達成該獲利率，也很有可能紐可的成長率再也無法達到12%，雖然根據紐可三十年來的穩定績效，這種情況實在不太可能發生，因為你所仰賴的假設有可能是錯的，而且可能會與在60美元買進股票的人一樣，為紐可的盈餘支付太高的價格，因此可以犯錯的空間縮小了。此外，在往後幾年利率還可能上揚，一旦成為事實，不僅會削弱紐可的股價，還有可能縮小紐可的盈餘報酬率與政府債券收益率間的差距。如果公司成長率降低而利率升高兩種情況同時發生，紐可的收益率將會低於政府債券。面對這種情況，較為謹慎的投資人應該去買債券，因為債券的定價已反

映了通貨膨脹。

比較股票與債券的六項法則

讓我們再次簡述這些要點：

(1)**投資人的首要目標在尋找獲利能戰勝通貨膨脹的股票。**已有兩百年歷史的股市證明，可以戰勝通貨膨脹的方法就是股票。

(2)**政府債券價格已經預先反映通貨膨脹，你的第二目標就是戰勝政府債券的零風險利潤。**如果你所選的股票獲利無法戰勝債券，把錢投資於債券反而較爲理想。

(3)**比較股票潛在獲利與債券獲利的適當方法，在於比較它們個別的息票利率，也就是每年能爲你賺進的金額。**評估債券的獲利爲年息票利率；評估股票的獲利即爲該公司每年能爲你賺進的預期盈餘。

(4)**如果有可能，你應該買進的股票爲當前盈餘報酬率（當前盈餘除以股價）接近或高於長期債券的收益率。**如果利率爲6%，你需要的盈餘報酬率必須接近6%；亦即該公司的本益比應該小於或等於17倍（譯注：使用6%的倒數計算，即100÷6=16.66）。如果利率爲8%，你應該尋找本益比小於或等於12.5倍的公司股價（8%的倒數，100÷8=12.5）。

(5)**盈餘報酬率低於債券收益率唯一可以接受的情況是公司正在成長，而且其產生的盈餘報酬率預計可以很快地超越債券收益率。**高成長率可以彌補低盈餘報酬率，該公司的息

票收益率應該在幾年內即可優於債券。如果你必須等候五
年或更久，盈餘才追上債券收益，很可能你已經爲該公司
股票支付過高的價格。

(6)**若想以極大差距戰勝債券收益率，最好的方法就是儘可能
在最便宜的價位買進成長股。**你應該要善加利用盈餘成長
的複利效應，它可以爲你的原始投資帶來越來越高的獲利
率。

這種複利效應使得擁有成長股的報酬十分可觀。持續的
盈餘成長可促使投資獲利不斷的增加。長期下來股價即會節
節升高。如果某人在1988年買進摩里斯（以分割調整後價格
7美元買進），十年間的獲利如何：

能爲摩里斯帶來這麼高息票獲利的，當然是它相對較低
的價值，7美元或是本益比9.5倍。如果投資人在14美元錯買
摩里斯股票，息票獲利則只有一半而已。

毫無意外地，巴菲特的波克夏公司的投資組合中，包含

年度	每股盈餘（美元）	以股價7美元買進的獲利率（%）
1988	0.74	10.6
1989	1.01	14.4
1990	1.28	18.3
1991	1.51	21.6
1992	1.82	26.0
1993	1.35	19.3
1994	1.82	26.0
1995	2.17	31.0
1996	2.56	36.6
1997	3.00	42.9

相當多消費產業的成長股。許多作家與分析師都臆測，巴菲特一定做了相當詳細的財務報表分析，才找到獲利股。但是各種跡象顯示，巴菲特最愛的股票還是具穩定、成長的盈餘流量，加上能勝過債券收益的息票利率。就以甘尼特（Gannett）報紙出版公司的盈餘流量為例，巴菲特在1994年以約24美元（分割調整後）的價格買進持股，或是說以本益比16倍買進了甘尼特公司4.9%的股票。當時，三十年期債券的收益率為7.8%。相較於三十年期政府債券，巴菲特的獲利相當不凡（見表5-1）。事實上因為甘尼特的盈餘報酬率很快便可超越債券收益率，所以巴菲特願意溢價買進甘尼特的股票。進一步而言，當時的分析師預測甘尼特盈餘的年成長率幾達13%。因此，甘尼特為巴菲特提供了令人側目的盈餘流量，尤其是在1997年底債券收益率跌到6%更是如此。

　　毫無意外地，在巴菲特買進後的三年內，甘尼特的股價上漲超過150%。到了1998年初時，像甘尼特這類的新聞類股股價，本益比高達20倍至25倍。此時巴菲特已兩頭獲利，一方面是來自甘尼特盈餘改善，這點可從研究該公司的歷史盈餘記錄看出端倪；另一方面是因市場已經願意為這些盈餘支付更高的溢價。

當債券成為股票的另一種選擇時

　　運用上述的方法，投資人即可決定股票的潛在獲利是否優於債券。一般而言，如果股票的盈餘報酬率大於或等於債券收益率，股票更具吸引力。相對地，如果債券的收益率遠超過股票的平均盈餘報酬率，債券則最具吸引力。例如在

表5-1　1994年至2002年間，甘尼特實際與預期的盈餘報酬率

（單位：%）

年度	每股盈餘 （美元）	24美元的獲利	三十年期債券收益率	差距
1994	1.62	6.8	7.8	-1.0
1995	1.71	7.1	6.9	0.2
1996	1.96	8.2	6.5	1.7
1997	2.48	10.3	6.5	3.8
1998	2.78	11.6	6.0	5.6
1999	3.14	13.1	6.0	7.1
2000	3.54	14.8	6.0	8.8
2001	3.99	16.6	6.0	10.6
2002	4.50	18.8	6.0	12.8

1998年中，三十年期政府債券收益率約爲5.7%。標準普爾500公司的平均股價爲本益比30倍，即收益率爲3.3%。因1998年初，公司盈餘成長率正在下滑，相較之下，債券比股票要有吸引力。以公司盈餘的成長速度而言，可能要花上好幾年，盈餘報酬率才能趕上並超越債券收益率。因此，投資人應該採取謹慎的方針避開大多數的普通股，只買盈餘比較好的股票。

運用這個關係的另一個方法是，把公司未來幾年的可能盈餘拿來與三個月期國庫券（風險最低的一種投資）在同期間的獲利做比較。只要這麼做你就能發現，公司的價值水平與預估成長率是否合乎實際，或者僅是依賴未來才有可能實現的樂觀假設。

讓我們以微軟與藥品零售商Walgreen兩股爲例，這兩支

股票在1997年至1998年間的股價有遠超過其盈餘的溢價。在1998年7月，雖然盈餘年成長率預計只有22%，但微軟的股價卻高達本益比71倍。同樣地，Walgreen股價的本益比為46倍，是其盈餘成長率13%的3.5倍。若以高價買進這兩家公司的股票，投資人必須確定它們的獲利能戰勝國庫券。然而如果市場不善變，想要在1998年達成此目標，對微軟與Walgreen而言都是不可能的。這兩支股票漲幅已屬離譜，投資人只能冀望還有足夠的投資人願意進場搶進股票以推升價格。否則，兩家公司的盈餘流量根本不可能在可接受的短期間內，回饋給投資人。

假設你有兩種選擇，一個是買進微軟117美元的股票（1998年7月分割調整後的價格），另一個是買進117美元的國庫券（利息5.25%而且可以每年展延）。你可以持有任一投資五年。至第五年底，你賣出累積總額151.11美元的國庫券，獲利34.11美元。如果微軟的股票要戰勝國庫券的獲利，在第五年底其股價必須要高於151.11美元。如果你沒有考慮到微軟的盈餘流量，這個目標看起來似乎很容易達成。如果微軟的盈餘成長率真如專家所預期，即使緊抱股票五年，其盈餘報酬率還是遠低於債券的收益率。

另一個檢視這兩種選擇的方式是，可以看微軟股價在幾倍的本益比時可以戰勝國庫券，也就是比較國庫券的收益（本例為151.11美元），與微軟在第五年年底的預期盈餘（每股3.56美元）。唯有在第五年年底股價超過151.11美元，微軟股價的獲利才會戰勝國庫券。以第五年預期盈餘3.56美元而言，要戰勝債券收益，微軟的股價在2002年必須達到本益比

微軟的盈餘報酬率

年度	每股盈餘（美元）	以股價117美元買進的獲利率(%)
1998	1.61	1.4
1999	1.96	1.7
2000	2.39	2.0
2001	2.92	2.5
2002	3.56	3.0

42倍（譯注：151.11美元÷3.56美元=42.44）。在這五年期間，微軟的股價必須要有高於盈餘的「超額溢價」，才能保證獲利得以戰勝債券。發生的機率有多大呢？投資人是否可以期望他人在未來五年繼續推升股價呢？答案是否定的。但投資人為微軟的盈餘支付高額股價，那卻是基本邏輯。所以投資人不該把希望與獲利寄託在機率上，賭其他投資人會把股價推升到基本面無法支撐的水平。

就此例而言，根本就不應該在117美元的價位買進微軟的股票，因為微軟的盈餘有好幾年的時間都無法超越1998年的債券收益。如果這支股票要戰勝國庫券，分析師的盈餘預測就必須要實現。你要儘可能避開這種預測的陷阱。持平而論，微軟有長期的高成長歷史，因此不論何時這家公司都是很吸引人的買進標的。但是因為相對於公司成長率，這支股票的價格過高，投資人所承擔的風險在於，意料之外的因素隨時會吞噬未來的盈餘流量。

回顧Walgreen的估價也是一個極端。在1994年中到1998年7月期間，這支股票飆漲超過4倍，而盈餘年成長平均只達13%。在零售業中，Walgreen的成長記錄是最穩健的公司之

一。幾年來，盈餘成長率一直維持在11%至14%之間。市場向來是獎勵穩健成長的公司，並把股價越推越高。在1994年初，該股股價為本益比12倍時，投資人還避之唯恐不及。四年後，本益比46倍的Walgreen股票，他們卻搶得不亦樂乎。對搶到高檔（48美元）的投資人而言，他們所承襲的息票收益率如下表：

　　假設Walgreen的盈收每年成長13%，投資人必須等九年（直到2006年），該公司的預期盈收才會等於1998年當時的債券收益率。屆時，Walgreen才開始出現能戰勝債券的收益。當然，包含空頭市場，都可能在這五年內發生並顛覆我們的

Walgreen的盈餘報酬率

年度	每股盈餘（美元）	以股價48美元買進的獲利率(%)
1998	1.00	2.1
1999	1.13	2.4
2000	1.28	2.7
2001	1.44	3.0
2002	1.63	3.4
2003	1.84	3.8

假設。一旦市場走空，Walgreen的股票可能會跌至本益比13倍的歷史平均值，使得盈餘流量受創，並降低該股表現戰勝債券的機會。

　　如果使用我們在微軟案例中相同的分析法，Walgreen的股價必須持續高估好幾年，才能確保投資人有戰勝債券的機會。假設你買進每股48美元的Walgreen，或是年利率5.25%可展延、價值48美元的短期國庫券。五年以後，短期國庫券

的價值會成長到62美元。如果Walgreen的股票要戰勝短期國
庫券,在第五年年底(即2003年),股價必須漲到62美元以
上。屆時若如我們先前預測的,Walgreen預期盈餘將會達到
每股1.63美元。也就是說在第五年,Walgreen的股價必須至
少有38倍的本益比方能戰勝短期國庫券。換言之,未來五年
其股價必須持續被高估,然而可能性卻相當薄弱,而促成的
關鍵,如持續的多頭市場,是你所不希望仰賴的。

債券收益率與股價間的關係

至此,我已強調比較盈餘報酬率與債券收益率的重要
性。大體而言,股票的吸引力在於盈餘報酬率會上揚至接近
或超過債券收益率,而且公司的成長率能確保未來有戰勝債
券的獲利。這導致一個總結性的問題:根據債券收益率,投
資人買進普通股票應該支付的價格為何?這個問題端視公司
的成長率而定。我先前所討論的,如果公司有相當突出的成
長率,則可以非常低的盈餘報酬率買進(譯注:即高本益
比),因為盈餘報酬率很快地即可超越債券收益率。為了安
全起見,投資人應該尋找盈餘流量能在兩年至三年內戰勝債
券收益率的股票。表5-2中依照這個法則做摘要,就債券收
益率與公司成長率的不同,列出你應該買進的最高本益比
(盈餘報酬率的倒數)。如果情況允許,試著在低於建議的本
益比下買進股票。

表5-2　可以買進的最高本益比

債券收益率	持平	公司可持續的成長率		
		10%	20%	30%
4.50%	22.2	26.9	32.0	45.4
4.75%	21.1	25.5	30.3	43.1
5.00%	20.0	24.2	28.8	40.9
5.25%	19.0	23.0	27.4	39.0
5.50%	18.2	22.0	26.2	37.2
5.75%	17.4	21.0	25.0	35.6
6.00%	16.7	20.2	24.0	34.1
6.25%	16.0	19.4	23.0	32.7
6.50%	15.4	18.6	22.2	31.5
6.75%	14.8	17.9	21.3	30.3
7.00%	14.3	17.3	20.6	29.2
7.25%	13.8	16.7	19.9	28.2
7.50%	13.3	16.1	19.2	27.3
7.75%	12.9	15.6	18.6	26.4
8.00%	12.5	15.1	18.0	25.6
8.25%	12.1	14.7	17.5	24.8
8.50%	11.8	14.2	16.9	24.1
8.75%	11.4	13.8	16.5	23.4
9.00%	11.1	13.4	16.0	22.7
9.25%	10.8	13.1	15.6	22.1
9.50%	10.5	12.7	15.2	21.5
9.75%	10.3	12.4	14.8	21.0
10.00%	10.0	12.1	14.4	20.5
10.25%	9.8	11.8	14.0	20.0
10.50%	9.5	11.5	13.7	19.5

（表接下頁）

債券收益率	持平	10%	20%	30%
10.75%	9.3	11.3	13.4	19.0
11.00%	9.1	11.0	13.1	18.6
11.25%	8.9	10.8	12.8	18.2
11.50%	8.7	10.5	12.5	17.8
11.75%	8.5	10.3	12.3	17.4
12.00%	8.3	10.1	12.0	17.0
12.25%	8.2	9.9	11.8	16.7
12.50%	8.0	9.7	11.5	16.4
12.75%	7.8	9.5	11.3	16.0
13.00%	7.7	9.3	11.1	15.7
13.25%	7.5	9.1	10.9	15.4
13.50%	7.4	9.0	10.7	15.1
13.75%	7.3	8.8	10.5	14.9
14.00%	7.1	8.6	10.3	14.6
14.25%	7.0	8.5	10.1	14.4
14.50%	6.9	8.3	9.9	14.1

第六章

採用買進抱牢的方法改善收益

價值投資法

如何以價值投資戰勝市場

「當一個國家的資本發展變成賭場的副產品後，資本發展的工作很可能無法完成。」

——凱因斯（John Maynard Keynes）

　　價值投資若要成功，你絕不能讓外在因素介入你的買賣決策。買賣的兩大首要原則是(1)買賣頻率不要過高；(2)持有股票的期間應長到足以讓股票反映其真正價值。

　　要多久才足夠呢？這並沒有絕對的答案。幾位偉大的價值型投資人各有全然不同的看法，在持股法則上也自成一格。表6-1顯示在1990年代期間，幾位價值型基金經理人的平均持股期。例如，加百列在兩年內獲利50%才會考慮賣出。近年來他所領導的加百列資產基金，周轉率平均約為18%，亦即他平均持股約為五年半。普萊斯的共同股票Z則比加百列更積極，這十年來，他的持股平均時間為21個月。正如加百列，普萊斯喜歡不計獲利持有股票至少兩年，以使增值潛力能獲得最大成果。

　　相較之下，巴菲特則對這種缺乏耐性的行為嗤之以鼻。身為長線投資人，他習慣「永久」持有股票。巴菲特計畫抱著他的核心持股（即他所謂「不可避免」的股票，如可口可樂、吉列等）直到進棺材為止，屆時這些股票即轉換成信託。巴菲特的方法有其相對的特殊性，並不適用於大多數的投資人，巴菲特直接持有公司，使他享有控制公司活動與財

表6-1　**價值型基金的資產周轉率**　　　　　　　（單位：%）

基金	經理人	1991	1992	1993	1994	1995	1996	1997	平均持股期間(年)
Babson Value	Nick Whitridge	31	17	26	14	6	11	17	5.7
加百列資產管理基金	加百列	20	14	16	19	26	15	22	5.3
核心價值基金	納葛維茲	79	76	51	35	31	31	55	2.0
梅森價值基金	William Miller III	39	39	22	26	20	20	11	4.0
共同股票Z	普萊斯	48	41	49	67	79	58	50	1.8
Oakmark	Robert Sanborn	—	34	18	29	18	24	NA	4.1
水杉基金	若內	36	28	24	32	15	23	8	4.2
斯壯雪弗價值基金	雪弗	55	53	33	28	33	18	23	2.9
Yacktman	Donald Yacktman	—	—	61	49	55	59	69	1.7

資料來源：晨星公司（Morningstar, Inc.）

務政策的特權。他可以從這些公司收取盈餘與股利，不必擔心股市的變化。

　　但是巴菲特並非每次都是買進抱牢的投資人，我會在第十五章闡述這點，他的方法隨著個人際遇而改變。巴菲特掌握超過300億美元的淨值，他再也不能像在1950年代與1960年代一般，依靠買賣小型股及價值被低估的公司獲利。時至今日，這類股票對波克夏的貢獻已微乎其微，所以巴菲特必

須略過許多一時之選的小型股。為了彌補這個缺失，他買進並持有特許權價值（franchise value)的大型股。由於鎖定的大型股太大無法全數買進，巴菲特的投資組合會任由市場擺佈，因而必須忍受股票價格的扭曲與反彈。但是他目前所擁有的股票種類，到下個世紀為止會比其他公司更能提供穩定獲利的可能性。長期而言，他達成獲利目標的機會十分被看好。

不論擁有的是小型股或大型股，巴菲特、加百列、普萊斯以及其他價值型投資人所採用的都是十分直接的遊戲方法──擁有公司直到它們無法提供令人滿意的投資獲利為止。不論基於本能或理性，許多因素都說明了，長期持有股票才是最佳的行動指標。抱牢股票最令人信服的理由是：投資人買賣過於頻繁會降低獲利。許多投資人並不了解，如果他們只是買賣股票而不是長期投資，那他們選擇股票與掌握進場時機的技巧都必須無懈可擊。如果無法掌握頭部與底部的時機，或至少大多數的交易必須有獲利，就無法戰勝市場，而獲利也可能會落後那些買進並抱牢的投資人。

大多數買賣債券、選擇權、期貨、商品的人都處於長期虧損狀態，這是因為他們進出過於太頻繁。他們在這類零和遊戲中非常賣力的競爭，結果金錢反而在不知不覺中流失。長期下來，他們獲利的交易可能等於虧損的交易，且會持續地把錢賠在手續費與買賣價差上。如同月球上的大氣一點一滴地流失；如果他們繼續進行同樣的遊戲，他們的投資組合最終也會冰消瓦解，這點很像輪盤。只要不出現「0」與「00」，賭徒永遠可以攤平。但是長期下來，賭場會慢慢吸乾

你的錢，一次一點一點的全部吸走。

如同賭輪盤，投資也是一種遊戲。借用分析師艾力士（Charles Ellis）所創的辭彙，這是一場「輸家」的遊戲。在1975年發表於《金融分析師日報》（*Financial Analysts Journal*）的一篇文章中，艾力士把投資比喻成激烈的競賽，場內成千上萬的投資人爭先恐後地搜尋少數「未被發掘」的股票，以期能戰勝市場。艾力士指出，任何激烈競爭的遊戲都會使參與者犯下無心之過，就如同高爾夫球或網球比賽一樣。他斷言，最成功的投資人並非是最精明的人，或是擁有最佳資源的人，或是在一支股票上賺最多錢的人。相反地，他們是那些在職場中最少犯錯的人。

> 大部分投資機構的經理人始終相信，或者至少相信，他們有能力且很快地再度「超越市場表現」，他們是既不能也不會戰勝市場……。活躍的經理人相信能戰勝市場是基於以下兩項假設：(1)股市的流動性是一項優勢；(2)法人投資是贏家的遊戲。我的理論可能令人不愉快：由於過去十年來的重大改變，這些基本假設已不再眞實。相反地，市場流動性是負債而非資產；法人的長期表現也會比市場差勁，因爲資金管理已經變成輸家的遊戲了。
>
> ——引自艾力士的「The Loser's Game」，《金融分析師日報》，1975年7/8月號，原作第95頁。

在輸家的遊戲中，例如高爾夫球，決定結果的是輸家的行爲。如果費爾多（Nick Faldo）贏得英國公開賽，他的成

功主要應該歸功於他的對手在為期四天的錦標賽中比他犯了更多的錯誤。這不是要抹煞費爾多在比賽中的表現，但是如果他以低於標準桿10桿贏得比賽，他應該感到十分幸運，因為沒有其他選手在該週剛好打出低於標準桿11桿。同樣地，到今天為止，投資世界本應會有許多像巴菲特一樣的人，但巴菲特能技壓群雄是因為四十年間他犯下的錯誤最少。他曾犯的都是「疏忽之過」（sins of omission），例如未能買進大漲的股票或太早賣出持股。輸家遊戲有點類似川普（Donald Trump，譯注：美國著名房地產大亨）曾經描繪的房地產投資：「下跌時做好保護措施，上漲時自然一切成就。」（川普所著《*The Art of Deal*》，Warner Books，1987年，原作第48頁。）

艾力士證明川普格言的正確性。他指出，頻繁的交易（高周轉率）以及勝利的慾望，必然會促使基金經理人遭逢低標準的獲利。他以一個簡單的公式表達他的想法：

$$應得的獲利 = \frac{（周轉率 \times 2X）+ Y +（Z \times 市場獲利）}{市場獲利}$$

其中X＝包含買賣價差在內的佣金成本平均值

　　　Y＝基金管理與保管費

　　　Z＝基金經理人希望達到的獲利率目標

舉個簡單的例子即能顯示艾力士的公式多麼有效。假設有位基金經理人的目標是每年戰勝標準普爾500指數5個百分點，而市場預期上揚10%。為了達成目標，該基金經理人平均每六個月買賣股票一次（周轉率為200%）。再加上3%的

佣金平均值與0.2%管理費，結果如下：

$$應得的獲利 = \frac{〔2.0 \times （2 \times 0.03）〕 + 0.002 + （1.05 \times 0.10）}{0.1}$$

$$= \frac{0.12 + 0.002 + 0.105}{0.1}$$

應得的獲利＝2.27

　　簡言之，如果該經理人想要以5%戰勝市場，他所獲得的淨獲利（不含交易成本）必須為市場的2.27倍（即高於市場127%）。如此頻繁的買賣，將使經理人不斷地增加交易成本，並且不知不覺加重負擔，因為市場每上漲1%，經理人的股票必須上漲2.27%方能戰勝市場，這還不包括交易費用。

　　如果經理人只想與標準普爾500的獲利相似呢？我們用1.00取代分子中的1.05。根據艾力士的公式，要戰勝市場平均每次買賣必須：

$$應得的獲利 = \frac{〔2.0 \times （2 \times 0.03）〕 + 0.002 + （1.0 \times 0.10）}{0.1}$$

$$= \frac{0.12 + 0.002 + 0.1}{0.1}$$

應得的獲利＝2.22

　　由上可見，降低期望並不能減少很多負擔，經理人的淨

獲利必須是市場漲幅的2.22倍（即高於市場122%）。因此，艾力士公式中主要的驅動要素是周轉率，周轉率越低，每筆交易所需獲利就越低。假設該經理人每年僅更動投資組合一次（周轉率為100%），要達成同樣的獲利目標，買進的股票平均漲幅只需要高於市場62%。

$$\text{應得的獲利} = \frac{[1.0 \times (2 \times 0.03)] + 0.002 + (1.0 \times 0.1)}{0.1}$$

$$= \frac{0.06 + 0.002 + 0.1}{0.1}$$

$$\text{應得的獲利} = 1.62$$

當我閱讀艾力士的文章並了解它的含意後，才恍然大悟，它正如聖保羅致羅馬的「使徒行傳」，在1508年對馬丁路德的影響一樣，當時馬丁路德發現所學與自己理性推論相抵觸。艾力士的公式令人懷疑支持股票買賣的文章、論文與評論，也令市場買賣時機、技術分析等領域黯然失色。時至今日，艾力士的研究依然有一個難以回答的問題：如果股票買賣是隱含著處罰與賠錢的行為，為什麼在這個領域仍有那麼多人試著想要掌握股票短期波動的買賣時機？這個問題的解釋在本書所能討論的範圍之外，但是我們可以斷言，這主要牽涉到群眾的貪婪心理，而非理性。

只要談到這個主題，我們必須要澄清一個概念，也就是技術分析、解讀價格波動，在價值投資法中並不扮演任何角色。身為價值型投資人與公司的部分持股者，你買賣股票的

基礎不應該建構在線圖、短期市場波動、或價格與成交量型態之上。你應該仔細檢視財務資訊，以決定公司的「公平價格」。公平價格的概念會從公司的報表中顯露出來，無法從股價變動中尋找脈絡。事實上，如果遵守技術分析僵硬的數學遊戲，即等於相信效率市場。而我們已經在第三章摒棄了這個理論。

　　後續的研究也證明了艾力士在二十四年前提出的看法。加州大學財經教授歐丁（Terrance Odean）與鮑伯（Brad Barber）於1998年所提出的重要研究證明，買賣股票過於頻繁將導致獲利不佳。歐丁與鮑伯研究了至1996年12月為止六年期間，7萬8,000個家庭的股票買賣行為，令人驚訝的是，他們發現一般投資人的選股還能跟得上市場。六年期間，一般家庭年獲利為17.7%，這比市場六年間獲利17.1%稍高些。然而，減去手續費與買賣價差後的淨獲利只剩15.6%。買賣股票越頻繁的家庭，年獲利就越低，這些家庭中買賣股票最頻繁的20%（以投資組合周轉率計算），平均年淨獲利只有10%，而最少買賣股票的家庭獲得的平均淨獲利為17.5%。換句話說，一般投資人同樣可以有相當好的獲利，只要不在市場上殺進殺出妄想賺更多的錢即可。事實上，投資人多半是想成功想瘋了，才會強迫自己犯下代價高昂的錯誤。年獲利10%與17%之間的差距是相當驚人的，如果你以複利計算一、二十年就可得知。他們的結論是：

　　　實驗證明：過度自信會導致過度的買賣……。唯有交易成本與交易頻率，方能合理解釋採樣期間這些家庭的差勁獲

利表現，投資組合則不影響獲利表現。

—— 引自歐丁與鮑伯的研究論文「The Common Stock Investment Performance of Individual Investors」，加州大學管理學院，1998年，原作第2頁。

1990年代末期，過度自信導致過度交易的情況變得十分明顯。在1997年，根據紐約證交所數據，所有投資組合的平均持有期約為17個月。六年前，投資人持有股票的平均時間為26個月，比之前長了一半的時間。看到這種情況，歐丁與鮑伯所獲得的結果就不再那麼令人驚訝。1998年，投資人更是自信滿滿，他們似乎把成就歸功於自己的選股能力，而不是多頭市場。他們逐漸相信，自己可以在股市殺進殺出，掌握完美的時機、頭部與底部，稍後可再買回他們鍾愛的股票並且獲利。但相反地，他們的獲利已經註定平凡無奇。

抱牢股票的原則

我們設定三項法則，來進一步討論持股時間的長短：

(1)**你的持股時間必須長到足以讓市場重新評價該股票**。因此，你不應該設定不切實際的持股時間表。期望任何股票能在短時間內大漲是荒謬的。如果你希望股票漲得越多，該股票相對於公司內在價值被低估的程度也必須越大。此外，你也絕不應該寄望其他投資人對股價被低估的看法會與你相同。如果他們的看法與你相同，這支股票也沒什麼價值，而價值投資法的有效性也不復存在。如果你要發掘一支潛力股票，首先必備的是你自己的耐心。

　　成功的選股就像科學一樣，是一種發現的過程。在市場中追逐趨勢的群眾認同你的觀念之前，可能會需要一段時間。只是你必須等待多久，就得視各家公司的情況而定了。哈雷機車（Harley-Davidson）在1996年中期開始從49美元滑落到33美元，幾乎下跌33％。但是它並未在低價徘徊太久，股價低估的情況幾乎是馬上就被發現。哈雷機車的走勢在1997年4月反彈回升，才3個月的時間即再創新高。在首度創新高時，股價爲本益比25倍；而在底部時，只要本益比17倍就可以買到股票。相較之下，Superior Industries這支股票在二十多美元（本益比13倍）盤整近兩年的時間，投資人才終於發現了該公司的內在價值，因而推升股價。

　　然而不論你要等多久，必備條件是這家公司必須能持續地爲你創造盈餘。在稍後幾章我會闡釋，你擁有公司的盈餘並且有資格分享它們。理論上，股價漲幅至少要等於每股獲利，這是在持股期間公司賺到並保留下來，也是投資人應該優先選擇有獲利能力公司的原因。

　　(2)只要股票能繼續保持或超越你預期的獲利，就應該繼續抱牢。價值投資法可以是開放式的。只要公司股價依然被低估就應該續抱股票，除非能找到其他更合適的價值低估股票。但是一旦股票開始上漲，價值型投資人通常都會面臨困難的決定：到底應該在股價趨於合理時馬上賣出，還是要讓獲利繼續下去？如果要續抱，那要再抱多久？就這點而言，價值型投資人最好不要畫地自限。讓獲利繼續下去是自然而謹慎的做法。唯有在下列情況下才考慮賣出持股：①股價已經漲到極度高估的價位；②其他更具吸引力的投資標的浮

現；③該公司已經把預期盈餘分給投資人，並且無法再維持當前的成長速度。

(3)**最起碼，你應假設你會持有該股票至少兩年。這通常是股票漲到公平價格所需的時間。**

何以持股時間越長越好？

如果股市的漲跌是一致的，或至少跟隨著銷售與盈餘成長波動，那麼就沒有必要理會市場的買賣時機，沒有必要做技術分析，也不需要訓練成千的分析師、市場策略師與基金經理人，過濾財經資訊與預測事件的方向。我們只要選擇在未來幾年有可能提供最佳盈餘流量的股票，然後一路長抱到底就好了。

但是市場行為從未如人們所預期。它可能是世界上最機動的組織。它以古怪的形態行進與反彈，讓人覺得猶如阿拉斯加蜿蜒的海岸線，而不像是制定價格的有效機制。這些價格波動（短期*趨勢*的反彈)，是市場時機投資學派的起源，由於相信這些波動能創造巨額利潤，所以許多人想要掌握市場或股票的買賣時機（見圖6-1）。假設兩支從10美元漲到25美元的股票，一支呈現不規則上漲趨勢；另一支以先漲4美元，後跌2美元的趨勢持續上揚。帳面上，以10美元買進任一支股票抱牢至25美元，都可以獲利15美元，或是150%。

「勝利點」法則

但是由於兩股的股價經過波動後，獲利遠超過15美元。事實上，股價越波動，戰勝從頭到尾兩點間獲利的機會就越

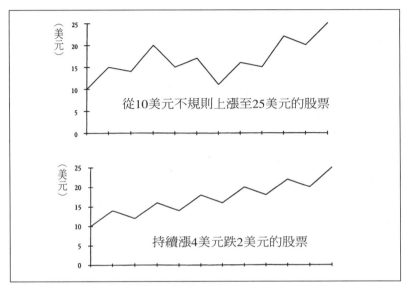

圖6-1　短線買賣時機的陷阱

不規則上漲的股票　　　　　　　　　　　　　　　　　（單位：美元）

策略	交易次數	手續費	稅後獲利	稅後利潤(%)
買進抱牢100股	2	24.75	1,008	102
準確掌握頭部與底部	12	155.99	2,780	281
錯失頭部與底部5%	12	117.41	1,529	154
錯失頭部與底部7.5%	12	102.52	1,075	109

持續上漲的股票　　　　　　　　　　　　　　　　　　（單位：美元）

策略	交易次數	手續費	稅後獲利	稅後利潤(%)
準確掌握頭部與底部	2	125.41	1,782	180
錯失頭部與底部2.5%	12	109.42	1,282	130
錯失頭部與底部5%	12	95.88	877	89

多。我稱這種機會為「勝利點」（winning points），它們的定義為：在個股波動幅度上所可能獲得的最大獲利。在上例中，雖然兩股總共上漲15點（譯注：個股一點為1美元），但是對於能在最高點與最低點準確掌握買賣時機的人，第一支股票所能創造的潛在獲利有30點。簡單的說，勝利點是所有漲幅的總和。圖6-1中第二支股票能產生23個勝利點的獲利（五波4點的漲幅與最後一波3點的漲幅）。因此10美元的投資一路隨著行情，漲到25美元，可以獲利23美元。如果這兩支股票的波動比原先假設的還要劇烈，勝利點可能還會更多。實際上，如果長期下來股票波動性夠的話，你的投資還有可能達成無限獲利。以通用汽車為例，從1988年至1997年中，股價一直在30美元至65美元間搖擺。投資人如果從頭到尾長抱的話可以獲利35美元，獲利約為年複利9%。但是因為通用汽車的股價在這段期間波動相當激烈，如果投資人能夠完全掌握短線漲幅且及時退出，他的資金能有4倍以上的成長。在10個個案中，短短幾個月通用汽車即上漲10美元或更多，然後再下跌（見圖6-2）。某段時間，通用汽車上漲超過30美元，然後又幾乎跌回原點。如果投資人能夠成功掌握每日買賣時機，他在通用汽車上的獲利至少會是長抱型投資人的8倍。

論高低點買賣時機

　　為什麼少有人能成功地掌握住市場買賣時機呢？因為他們根本辦不到。這些人試圖從短線機會創造事業，但如果無法妥善利用這些機會，犯的錯誤也會擴大。圖6-1顯示，如

圖6-2 通用汽車股價走勢圖

果有人試圖在股價頂點賣出，但卻未能精準地掌握時機，會
發生什麼事？很明顯地，不用多少錯誤即可斷送這位投資人
的獲利，買賣時機的優勢也隨之消失於無形。在上例中，投
資人若以每股10美元買進100股，又能精確掌握買賣時機，
則可獲利2,780美元或281%（假設買賣佣金為1%），輕鬆戰
勝長抱型投資人。

　　但是如果投資人無法準確掌握買賣時機時會發生什麼
事？如果在高低點各有5%的誤差，他們的獲利就可能降一
半。只要誤差達7.5%，他們的淨獲利即落後長抱型投資
人。7.5%的誤差並不大，以15美元的股票來說僅有1.13美
元。如果股票在15美元見頂，而你卻等到14.25美元才賣
出，加上佣金與買賣價差等因素，長抱型投資人的獲利將超

越你。事實上,如果是小型低價股,光計入買賣價差的比率即足以讓你錯過在最高價賣出的時機。

另外,若要獲利2,780美元,投資人必須把先前賣出股票的獲利全數再投資。因此,他們的買進價格會不斷地提高,損益兩平點也會跟著拉高,增加下跌風險,甚至在最後可能持股數反而減少。這個重點一定要記得。如果只在投資部分獲利,會降低你的整體獲利並使得戰勝長線部位的機會更加渺茫。

實例:1988年至1996年的道瓊工業指數

假設你在1988年1月買進道瓊工業指數,並持有到1996年8月。你買進的點數應為1,938.83,等到指數漲到4,640.84時,稅前獲利為139.4%,稅後獲利為94.5%。若掌握市場買賣時機,你能戰勝這個獲利嗎?理論上是可以的,因為道瓊指數有足夠的震盪幅度,價格反彈夠深,能產生足夠的勝利點。若略去每日的波動,僅從中期的市場趨勢來看,七年間道瓊指數產生了4,830個勝利點,約比市場上漲的絕對值多出78%。反彈產生了2,128個失敗點。若你能準確地掌握到頂點與低點的時機,扣除手續費與稅賦後,獲利可達186%,相較之下長抱型投資人只有94.5%(見圖6-3)。

但從圖6-3來看,事情並不單純。如果你的買賣錯失了5%,也就是見底後上漲5%才買進、見頂後下跌5%才賣出,你的獲利只會有92%,而長抱型投資人即可戰勝你的獲利。我並不知道有任何投資人能以5%的準確性命中頭部與底部。事實上,回顧一下就知道投資人很容易就會錯過頭部與

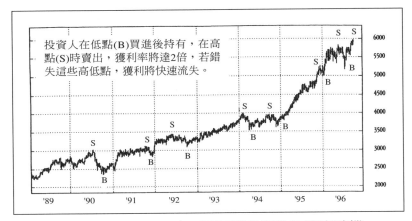

投資人在低點(B)買進後持有，在高點(S)時賣出，獲利率將達2倍，若錯失這些高低點，獲利將快速流失。

圖6-3　1988年1月至1996年8月間道瓊指數的買賣時機
（投資道瓊指數1,000美元；假設手續費1%，稅賦31%）

策略	交易次數	稅後獲利 （美元）	稅後利潤 （％）
買進抱牢	2	2,495	130.0
準確掌握頭部與底部	16	5,056	263.4
錯失頭部與底部2.5%	16	3,418	178.1
錯失頭部與底部5%	16	2,179	113.5

底部的5%。大部分的情況，投資人錯失市場頭部與底部的時間約爲一週左右。這時投資人就必須對市場波動迅速反應，然後自求多福了。

　　爲什麼買賣時機不對，侵蝕獲利會這麼快？原因在心理與動能。股票在接近極點時的漲跌比率是最快的，最佳的例子是1994年2月4日下跌96點的拋售。當天是聯邦準備理事會一連串升息之前的第一次宣布升息。市場在四天前已經見頂，但並未透露出任何賣壓籠罩的強烈訊息。這次2.5%的

下挫意外重創未能及時退場的時機派人士。另一個例子是1997年4月的市場快速反彈。當時道瓊指數幾乎重挫10%，然後又突然反彈回升兩個月內上漲20%，這類反彈是相當典型的例子。行情的動量來自快速衝刺，但是動能累積得太快時又會瓦解。市場時機派通常都會錯失這種機會，因為他們無法每次都掌握住高低點的買賣時機。

如先前所言，若能完美掌握1988年到1996年8月間道瓊指數的所有買賣時機，所能創造的勝利點即可達到4,830點。但是要怎麼知道何時買賣呢？應該要使用哪個指標呢？過去幾年，我嘗試過數十個常用的價量指標，結果發現在這七年間沒有一個指標能準確地指出指數的高低點。有些指標還相當離譜，最好還是與其他指標併用以增加獲利。這些技術指標所犯的錯誤如下：

- 大部分接受測試的指標分別在1995年及1996年放出賣出訊號，1996年的指數水準約為4,350點。因此，投資人將會錯失市場後續4,000點的漲幅。

- 大部分的價量指標都會讓你在1990年與1992年密集的買賣，這期間市場的震盪幅度很低，釋出許多買賣的假訊號。

- 任何根據股利報酬率買賣的人，也就是在標準普爾500股票的收益率低於3%即賣出持股的人），錯失的至少是往後三年的多頭行情與超過100%的利潤。

- 即使是根據嚴格的買賣標準（低價帳比、本益比、股利價格比），如果價值型投資人試圖估計市場的買賣時機，他很可能會留在場外觀望並錯過1990年代中期強勁的多頭行

情。

　　若比較基金經理人的成果，結論就會更清晰。儘管握有數百萬美元的研究經費，隨手可得每分鐘更新的資訊，每年依然有超過80%的股票基金經理人未能戰勝標準普爾500指數。許多人都依賴各式各樣的模型預測買賣時機。而且有些在業界頗受敬重的基本與技術分析師，自1991年起即鼓吹保持大量的現金部位，結果他們的客戶通通錯失這段世紀大行情。

　　駁斥市場時機理論最好的方法，就是把它視為無稽之談。我創造了七大「誡律」引領投資人跳過這種估計時機的陷阱。衷心期待你能把這些法則運用在持股上，你最後會發現訂定價值最好的方法是公司的行動，而不是市場。

市場買賣時機的七大誡律

(1)**首先應該界定你願意在市場投資的時間**。你的持股期間將決定採行抱牢股票還是進行買賣何者較為合理。你預設的持股期間越長，長抱的策略就越合理。

(2)**進場操作的期間，市場預期的震盪幅度一定要夠大，才有機會戰勝長抱策略**。否則，最好還是續抱股票。

(3)**市場的震盪幅度越高，「勝利點」就會越多**。因此，獲利的機會就越多，也越能勝過長抱股票的獲利。如果震盪幅度很低，成功掌握市場買賣時機的機會也會減少。在這種情況下，最好還是繼續抱牢投資。

(4)**市場或股票的震盪幅度越低，買賣的損失就會越多**。你的時機買賣模型會放出過多間隔很近的買賣信號，每筆交易

還是得支付手續費。

(5)若要成功地買賣股票，勝利點一定要比損失點要多。理想
比率至少要達2：1。總體比率趨勢必須要向上，且預計會
持續上揚。

(6)戰勝長抱型投資部位的機會，主要要看你的買賣時機距離
高低點有多近。只要錯失極點幾個百分點，即可抵銷掉大
部分買賣時機的優勢。

(7)尚未有任何技術指標可以準確地預測股票或市場的高低
點，而且將來也不會出現。會造成市場震盪的因素不斷改
變，也多到無法成功地量化。即便這些因素可以量化，大
部分的投資人既缺少資源，也沒有足夠的資訊可以創造這
種模型。

價值投資法

如何以價值投資戰勝市場

第七章

快速回收成本投資

「如果你買進定價過高的股票，真的是一大悲劇。因為即使公司真的一炮而紅，你還是賺不到錢。」

——引自林區所著《選股戰略》（*One Up on Wall Street*），Penguin Books，1989年，原作第244頁。

　　幾乎所有牽涉到錢的事件中，我們都被教導要從獲利的角度來思考。如果你在當地的銀行或儲蓄銀行（thrift）開立儲蓄帳戶，你會問的首要問題可能就是有關該帳戶的利率。「投資報酬率」（rate of return）變成決定性標準，因為幾乎所有其他因素都相同：儲蓄帳戶都有保險，支付利息的時間也差不多，銀行也收取相同的帳戶維護費。如果有機會評估幾個不同的儲蓄帳戶，你大概會選擇利息最高的那一個。為什麼？因為你知道高獲利也等於高報酬率。

　　賭博時，你也會做著同樣的練習，不論是賭馬、輪盤賭、或樂透彩券，你的心裡一定這麼盤算著：你會試著分析哪一種遊戲、哪一匹馬、哪一組數字組合、或哪個硬幣能讓你的原始投資最快獲利。

　　報酬率的概念眾所周知，大小企業都常運用它，它是每個預算決策管理的基礎。當土地開發商買進土地並分批賣給建商時，他們會盤算新街道、下水道、公共線路的投資報酬率有多大。他們的起始投資回收得越快，把獲利投資於新開發案的速度也會越快。當石油公司考慮是否擴建煉油廠時，

它會先預估來年的銷售與獲利，再決定年獲利與資金回收時間。

　　同樣地，當Cracker Barrel的主管決定是否要擴建新餐廳時，他們會先檢視「投資報酬」（return on investment），也就是回收時間，才做決策。建新的Cracker Barrel餐廳需要超過350萬美元的資金，包括買地、蓋餐廳、裝修廚房、添購桌椅、採買食物、新奇的裝潢、並在當地購買廣告時段或看板等等的費用。然後，管理階層的財務目標是儘快在這間餐廳的帳面獲利上回收350萬美元。這筆錢的回收期越長，Cracker Barrel資金被套牢的越久，也無法以回收的資金再擴增其他分店。幸運的是，Cracker Barrel資金是餐飲業中回收速度最快的公司之一，這也是它那麼賺錢的理由。Cracker Barrel餐廳年獲利超過100萬美元，為公司原始投資報酬的25%至30%，這使得該公司大約三年即賺回本。

投資報酬率回收的組成要素

　　投資人的資金回收期應該有多長？原則上，如果投資買入私人公司，這家企業所產生的獲利或現金流量，應該足以讓你在五年至七年內收回原始投資額。如果你花20萬美元開洗車廠，你期望的最低年獲利達2萬8,000美元至4萬美元。如果資金的回收期超過七年，你就應該考慮撤資。每增加一年，無法控制的因素就會增加，如經濟成長趨緩、通貨膨脹、新競爭者的出現、流失重要合約或僱員等等。這些意外都會使銷售額降低，並延長資本回收期。如果回收期達十年以上，投資人即形同把錢丟到水裡，他們不但會受到上述各

項因素的影響，年獲利幾乎都被通貨膨脹侵蝕掉了。

假設Home Depot（譯注：美國著名的大型家用設備連鎖店）花1,500萬美元在達拉斯開設新店。在做這項決策時，該公司相信新店每年的平均銷售額可達2,000萬美元，每年稅後盈餘為300萬美元。如果依照此原則，原投資1,500萬美元在第五年年底即可回收，這樣年獲利率20%還算合理。但是如果Menards、Lowe's與Hechinger's也都在距離Home Depot達拉斯分店兩英哩內開店，情況又會如何呢？達拉斯的居民能夠常常光顧這四家店嗎？在這種情況下，Home Depot無法達成每年2,000萬美元的銷售目標。它可以採取增加廣告預算或預算降低售價方式的因應措施，但必須承擔毛利率與帳面盈餘降低的風險。如果年獲利最後降至200萬美元，Home Depot的成本回收期將增加為七年半。若獲利為150萬美元，回收期將長達十年。

當然，通貨膨脹也會侵蝕達拉斯店面獲利的價值。如果年通貨膨脹為3%，調整通貨膨脹後，150萬美元的獲利在第十年只有112萬美元的價值。直到第十三年年初，Home Depot才能回收原始投資的1,500萬美元。如果通貨膨脹平均為5%，完全回收則要等到第十五年第一季才會發生。

現在應該很明顯，為什麼企業喜歡快速回收成本。未來幾年內任何事件都可能發生，因而降低Home Depot的預期獲利：達拉斯可能陷入房地產不景氣的困境中，建材的銷售可能一蹶不振；該店的消費稅與地產稅可能會加倍；市議會可能允許在一哩外設立零售中心，搶走了該店的生意；或者市議會可能會設立工商特區，給予Home Depot的競爭對手

免稅優惠，使他們得以降低售價。

回收期涉及投資選擇的方法

　　希望在七年內回收成本，聽起來似乎蠻貪心的，但全世界有成千上萬的的投資機會可供選擇，你應該優先考慮那些能快速回收成本，且只含可接受風險的投資機會。如果街角的洗衣店可以五年回本，那為什麼要在洗車廠苦候十年？如果兩者風險程度相同，你應該將所有資金投入洗衣店。

　　事實上，這兩個關鍵概念也應用於回收分析：(1)機會成本（opportunity costs）的概念；(2)獲利必須可實際計算。

計算機會成本

　　在古典財政學中，回收是一種競爭性概念。因為企業的營運目標在於最大化投資總獲利，企業在資本計畫上每一塊錢的花費都必須創造最大可能的利潤。因此，每項計畫必須以最有效利用現金為基礎，企業可以也應該把資金投注於更能創造利潤的計畫。

　　很明顯地，投資報酬的高低受到計畫及許多因素左右，也會受定價能力與產業競爭環境影響：一座高爾夫球場興建在沒有其他競爭者的市區，每年可以創造30%的投資報酬，但若鄰近已有四家球場，獲利可能僅達到10%；獨占市場的報社其獲利一定較佳，然而一旦紐約有新報社興起，情況將為之改觀，投資報酬也因產業別而不同。5億美元的新汽車裝配廠只能為克萊斯勒或福特汽車帶來7%的獲利，但是若興建微處理器廠則可為超微（Advanced Micro Devices,

AMD）或英特爾帶來25%的獲利。在加拿大，麥當勞或溫蒂餐廳年投資報酬率達18%。

理論上，若一家企業願意且能夠興建汽車廠或高爾夫球場，它應該選擇高爾夫球場。但這不一定實惠。通用汽車的業務是製造汽車，而且其核心競爭力也在於製造汽車，則通用汽車必須每次都選擇興建車廠，即便車廠的年獲利較低亦復如此。同樣的情況，高爾夫球場設計師Pete Dye也不應該夢想要巡視別克汽車（Buick）的裝配線。

當然，通用汽車還有其他的選擇。除了建新工廠之外，它可以針對表現不佳的現有工廠推動現代化，或許還可以把獲利率推升至7%；或者也可以買下獲利率超過7%的供應商，或關閉賠錢的工廠，結果也能推升所有工廠的總體獲利率。它可以賣掉一家工廠，用這筆錢還清8%的貸款，或乾脆把5億美元投資政府債券，並試圖獲取高於7%的投資報酬。如果這些選擇方案的獲利能優於新工廠的預期獲利，通用汽車應該優先採用。

身為投資人，通用汽車應該把花錢的決定視為機會的得與失。只要把錢投資在A計畫，就不可能再把同一筆錢投資在B計畫，不論通用汽車用這一塊錢增加產量或工人都是一樣。就算通用汽車再把錢賺回公司也不夠。這一塊錢所提供的報酬率還必須與通用汽車在其他地方賺到的獲利相比。

對於個人投資亦同。市場每天提供上千個投資機會，我們學會了過濾所有的投資選擇，以找出少數符合我們的風險與利潤要求的標的。同樣地，我們也學會比較獲利表現與股票指數的方法。如果你的經紀人告訴你，去年投資組合增值

了12％，你的喜悅可能只能維持到你聽見股票市場上漲
18％。一旦你發現競爭性的投資標的超越自己的表現，你就
必須改變思考模式，並審視機會成本。就此例而言，資金的
機會成本相當高，因為選擇了差勁的投資標的，你會失去額
外6個百分點的機會。

獲利必須實際

了解投資報酬率的第二個關鍵概念是，獲利必須可以實
際計算。一定要有衡量獲利的標準單位，讓你分辨是否A計
畫優於B計畫；是否高爾夫球場優於汽車廠；是否Home
Depot在達拉斯開新店比完全不開店要好。這個衡量的單位
叫「現金流量」（cash flow），或稱為「淨收益」（net
income）。

許多投資人錯把股票漲跌表現視為投資報酬，他們是自
欺欺人。股價代表的是投資人對價值的看法，並不是實際價
值，有時投資人看到公司提報高額盈餘，但股價卻大跌；或
眼看著股價上下大幅波動，但公司的獲利能力卻沒有任何實
質的改變，這對投資人是相當痛苦的。股市不是實際價值的
仲裁者，而是個人交換價值判斷的論壇。

股票獲利的衡量標準應該是淨收益，因為淨收益是實際
可見的，它不像股價一樣的短暫，也不會像多頭市場一樣消
失不見。如果公司年獲利達100萬美元，公司的淨值即增加
100萬美元。獲利會加在資產負債表的「保留盈餘」
（retained earnings），它可增加股東權益與企業價值。當然，
該公司可以把100萬美元全當成股利發放，股東有領取的資

格。或者可以全數「保留」，把獲利收回公司希望將來可產生盈餘。或者，公司也可以發放部分盈餘給股東，然後保留剩餘的部分，這也是最常見的策略。

另一方面，身為股東的你可享有這100萬美元的分紅。如果你有1%的持股，你可以享有1萬美元；如果你擁有一百萬分之一的股權，有資格拿1美元。該公司可以支付所有金額；或者支付部分金額並保留另一部分；或保留全數的資金。

當你買進股票時，就享有公司未來的盈餘分配權，並實際享受公司一季、一年或十年的成就。這是你在實際獲利上所能獲得的唯一保證。沒有人能保證股票的價值會增加。事實上，股價在你持股期間可能不會有任何改變，那是因為除了大眾善變的需求之外，沒有任何東西能推升股價。戰爭可能爆發、經濟可能陷入蕭條、空頭市場可能降臨、基金經理人可能已經懶得再續抱你的股票。這些因素都可能造成股價長期下跌。在1973年至1979年間，寶鹼的股票連續七年下跌。這段期間，銷售成長3倍而淨收益成長1倍，而其股票連續七年下跌，威明百貨（Wal-Mart）的股票在1993年見頂，而且四年內未再創新高，盈餘繼續成長，銷售倍增達1,000億美元以上。

你要如何以盈餘來估計回收期？只要把公司盈餘加總，再與原始投資做比較即可。但如果你花50美元買進杜邦股票，從你買進那天算起，直到杜邦的每股淨收益達50美元那天為止，才能算完全回本。如果杜邦持續每年每股盈餘有2美元，回收期長達二十五年。如果第一年每股盈餘2美元，

你只不過拿回了投資金額的4%。在這第一年期間，杜邦股價的表現是毫不相干的，它可能上揚30%，也可能下挫20%。但是估計股價表現是毫無意義。儘管你樂見杜邦股價上揚30%，但應該謹記這段行情並不合理，因爲投資50美元，獲利才只有4%，這段行情自然有問題。次年股票可能會轉向並直線下跌。同樣地，因爲公司的內在價值上升，杜邦股價卻下跌20%也不合理。

　　股價的波動不能作爲衡量投資報酬的工具。股價波動的模式是隨機、無意義的，偶爾能反映公司的實質價值，然而一般而言則不是如此，就像是故障的時鐘，一天只有兩次是正確的，大部分的時間根本就不準確。相反地，淨收益是具體且固定的，它的基礎是公司爲你所賺的實際金錢，可以增加公司淨值。股價的基礎是買方對股票的信心，僅限於當時。用股價波動衡量回收期，就像是用賭馬下注的金額來衡量純種馬匹的價值一樣荒謬。

　　明顯地，鮮少投資人持有杜邦股票，直到公司稅後每股盈餘達50美元，他們持有其他股票的時間也不長。通常，投資人的持股時間多半少於兩年。不論持股時間長短，你應該期待公司所創造的盈餘可發放給你，也可保留在公司強化內在價值。

　　如果你持有杜邦的股票兩年，這段期間公司創造了每股5美元的盈餘，可預期的是，股利與保留盈餘共計5美元。如果5美元全以股利形式發放，你就不應預期股價會有任何波動，因爲杜邦的每股淨值並未增加。若將5美元全數做爲保留盈餘，合理的預期是兩年間股價應該攀升5美元。如果管

理階層善用5美元，興建更有效率的工廠，付清債務，擴張
海外的新市場，杜邦淨值應增加超過5美元，讓股價至少上
漲5美元以上。

即使持股時間延長，這個關係也將維持不變。如果往後
十年，杜邦每股盈餘25美元，你可以期待股價至少是增加25
美元。以原始投資50美元而言，總共回收了50%的資金，或
年投資報酬率為4%，年獲利4%真是少之又少。但從市場歷
史來看，這是很常見的。直到最近，股價漲幅才傾向於跟隨
著公司淨值增長。雖然近來公司獲利突飛猛進，而股價飛躍
的速度更是盈餘的2、3倍，但這是不正常的，最終總有回歸
到現實的一天。

從1928年至1997年，道瓊指數每年平均只上漲4.9%，
而非一般相信的10%至15%。道瓊成份股的盈餘在這六十九
年間年增長率為4.7%，其帳面價值約每年成長4.3%（見圖7-
1）。所以在股價成長、盈餘成長與股東權益成長之間有緊密
的連動性存在。

使用本益比連結淨收益與投資報酬

淨收益與投資報酬有什麼關係呢？股票的本益比最能說
明這一點。本益比是投資人願意為公司當前與未來盈餘所支
付的股票溢價。如果本益比是20倍，投資人支付20美元買進
公司當前為投資人所創造的1美元盈餘，這等於是每年獲得
投資額二十分之一的報酬率。如果本益比為50倍，投資人所
獲得的報酬率為原始投資的五十分之一，或投資報酬率僅有
2%。如果本益比為8倍，投資報酬率為12.5%。

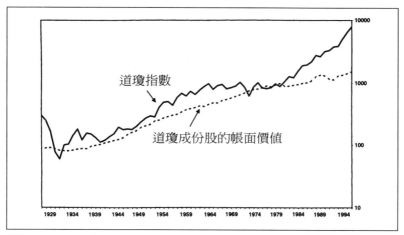

圖7-1　1929年至1997年之帳面價值與道瓊工業指數

　　明知投資回收期延長，爲什麼投資人還會追高本益比的股票？原因在於公司的盈餘成長率，這才是估計投資報酬率的最後標準。公司盈餘成長的越快，所創造的盈餘幫你回收投資也越快。如果開始時杜邦的盈餘爲每年2美元，且年成長率爲10%，你回收50美元投資的速度會比年成長率僅爲5%時更快。理論上，對杜邦公司未來表現的預期會反映在本益比上。如果投資人相信杜邦能有10%的年盈餘成長率，他們可能會願意以本益比20倍買進股票。如果他們預期杜邦只有2%的盈餘成長率，股票本益比可能只達10倍。

　　並沒有特殊的公式能顯示本益比與成長率間的關係，基於投資人對資訊解讀各有不同，他們也只能接受這兩者的歧異。理論上，如果公司年成長率爲15%，股價的平均本益比應該是15倍。如果盈餘成長率達35%，平均本益比可以是35倍。而實際上，股價與盈餘之間很少呈現這麼理想的均衡狀

態。這是因為投資人對新變數的反應極快，例如利率改變、短期盈餘不理想、經濟疲軟等。他們對成長的看法會不斷改變，對本益比而言也一樣。軟體公司的股價可能第一個月本益比46倍，下個月52倍，再下個月只剩35倍，而在這段期間，盈餘還是以穩健的速度成長。新興生化公司第一年的股價本益比可能為20倍，第二年為100倍，第三年為15倍。

基本上這是一種嘗試錯誤的過程，投資人不斷地在其中調整他們對成長的估計。價值投資人不應該參與這種遊戲，因為幾乎所有案例都顯示，在股價波動下注與回應短期趨勢都會折損投資人的獲利。

回收期間表

然而還是有個公式，雖然不怎麼神奇，但還算簡單的很討人喜歡，能讓本益比、淨收益與投資報酬率間的關係一目瞭然，保證不會讓你在公司盈餘上支付過高的股價。詳細說明列在回收期間圖（見圖7-2）。使用本圖，你可以快速測出是否可以在短期內回收投資在公司的資金。假設摩里斯的股價45美元，去年每股盈餘為3美元，盈餘年成長率為15%。有了45美元的股價與3美元的盈餘，我們即可輕易算出本益比為15倍。若想要擁有摩里斯的3美元盈餘，你必須要支付45美元，這個價格合理嗎？在比較摩里斯的45美元股價與成長率之前，你不能先做任何結論。如果摩里斯任何成長，年盈餘都是3美元。也就是說，該公司要花十五年才能賺到45美元的獲利，讓你完全回本。很明顯地，不會有投資人願意等這麼久。

本益比（倍）

	5	10	15	20	25	30	35	40	45	50	55
2%	4	9	13	16	20	23	26	29	32	34	37
4%	4	8	11	14	17	20	22	24	26	27	29
6%	4	8	10	13	15	17	19	20	22	23	24
8%	4	7	10	12	14	15	17	18	19	20	21
10%	4	7	9	11	13	14	15	16	17	18	19
12%	3	6	9	10	12	13	14	15	16	17	17
14%	3	6	8	10	11	12	13	14	15	15	16
16%	3	6	8	9	10	11	12	14	14	14	15
18%	3	6	7	9	10	11	12	12	13	13	14
20%	3	6	7	8	9	10	11	12	12	13	14
22%	3	5	7	8	9	10	10	11	12	12	12
24%	3	5	7	8	9	9	10	10	11	11	12
26%	3	5	6	7	8	9	10	10	10	11	11
28%	3	5	6	7	8	9	9	10	10	10	11
30%	3	5	6	7	8	9	9	9	10	10	10
32%	3	5	6	7	7	8	9	9	9	10	10
34%	3	5	6	7	7	8	8	9	9	9	10
36%	3	4	6	6	7	8	8	8	9	9	9
38%	3	4	5	6	7	7	8	8	8	9	9
40%	3	4	5	6	7	7	8	8	8	9	9

每股盈餘成長率（%）

■ 有吸引力／股價低估區
□ 中性區
□ 無吸引力／投機區

圖7-2　股票投資成本的回收時間（公司盈餘獲利足以讓你回收投資金額的時間——年）

　　但是如果盈餘一年成長15%，摩里斯賺到45美元的速度就會快些。會有多快呢？請參閱圖7-2。如果股價本益比為15倍、盈餘成長率15%，回收投資大約須要八年。你可以輕易地確認這個數學關係。以3美元的盈餘為起始基礎，摩里斯未來的盈餘將會是3.45美元、3.97美元、4.56美元、5.25美元、6.03美元、6.94美元、7.98美元、9.18美元等等。到了第八年，摩里斯的盈餘總和將會等於並超過45美元。

　　如果摩里斯的年盈餘成長只有8%將會如何？圖7-2顯

示,要十年才能回收投資資金。如果年盈餘成長率達30%,
僅須六年即可回收。毫無疑問地,六年的回收期比八年或十
年還令人滿意。如前所述,投資私人企業時較短的回收期比
較好:在投資上市公司股票時,也應以此做為最高指導原
則。以下可歸納出三項重點:

(1)**盈餘的回收期才是唯一衡量預期投資表現的標準**。在預測
   獲利時,不能使用預期的股價波動。
(2)**如果其他要素相同,投資回收時間較短的股票優於時間較
   長的股票**。如果要在兩支大體相似的股票做選擇,例如伊
   萊利公司(Eli Lilly)與默克藥廠,能最快回收成本的那
   支股票,股價不但被嚴重低估,上漲的潛力也較大。
(3)**股票的投資回收期會依市場一時觀點而不斷地改變**。但是
   你不應該改變自己的看法,也不應盲從。你應該等到股價
   合理的投資回收時間出現,才進場買股票。

   如果可能,投資人應等到股票達到最有吸引力的投資回
收區間再買進,亦即圖7-2中的深色部分。如果股票的投資
回收時間能小於七年,相較於其成長率,價格實在已經被低
估了很多。半導體設備製造商Novellus Systems在1996年時
提供了相當好的案例,該股在當年夏天重挫到32美元,或本
益比6倍,然而,盈餘成長率還是每年28%。根據投資回收
表,Novellus的投資回收時間只有四年,這根本就是超便宜
的跳樓價。後來連漲十六個月,在1997年10月衝上130美
元。

使用投資回收期最大的優點在於你不用隨著時間改變你的標準。它在任何市場都有效，不會因經濟情況、利率或評估的公司而有不同。它在大多數投資人願意追高搶進股票的多頭市場有效，在令人痛不欲生的空頭市場也有效。

回收期與盈餘成長率：第二個實用的方法

另一個可以分析投資報酬率的簡單方法是：利用股價分時走勢圖比較股票盈餘變化。理論上，假設市場對本益比與盈餘流量的看法不變，當公司的盈餘每年成長15%，其股價年平均也能攀升15%。請注意，我是以「平均」來描述股價波動。長期下來，我們可以預期股票的盈餘成長率與股價成長率完全契合；短期而言，這倒是很少發生。以藥品連鎖店Walgreen為例，其盈餘成長趨勢為每年13%，儘管盈餘很穩定，投資人還是會見到隨機、短期的股價波動。現在假設Walgreen股價的年度變化為15%、25%、-20%、40%、14%。這些年的變化是極度的偏離常軌。但長期加總平均下來，股價的本益比最後還是會接近其成長率。以此例而言，在第五年年底Walgreen股價的本益比是13倍，剛好也是我們

年度	每股盈餘(美元)	股價(美元)	成長率(%)	本益比(倍)
1998	1.00	13.00		13.0
1999	1.13	14.95	15	13.2
2000	1.28	18.69	25	14.6
2001	1.44	14.95	-20	10.3
2002	1.63	20.93	40	12.8
2003	1.84	23.86	14	13.0

所預期的。

　　如果我們展望Walgreen更長期的盈餘與股價，我們可以預期同樣的趨勢也會成立。只要盈餘平均成長13%，股價的平均成長率也會一樣。因此到2008年，我們可以預期盈餘能達到每股3.39美元，當然也可以預期，到了2008年年底，股價約可達到44美元，任何因素都可導致股價在2008年時遠高於或低於44美元。在空頭市場，投資人可能選擇只給Walgreen的股價本益比8倍，即27美元。相反地，製藥股也可能在2008年經歷大行情，投資人可能因而願意支付本益比25倍，即85美元的價格。買進這兩種極端都不能代表股價的有效性，或代表公司價值的實際估價。我們可以毫不猶豫地斷定Walgreen在85美元是被嚴重高估的價格；同樣地，27美元則是全然低估的。

　　我們可以使用回收期來說明這點。以Walgreen成長率13%、本益比25倍而言，其投資回收期約為十一年半。投資人必須等十一年半，該公司的累積獲利才足以彌補原始投資金額。如我早先說過的，這麼漫長的回收期間是不值得的。事實上Walgreen在87美元或接近87美元時，投資人應該避開，但若股價為27美元，投資回收在第六年即可完成，這是非常理想的情況。

　　許多股票的表現完全遵循此模式。儘管盈餘穩定，然而股價還是順著公司的成長率趨勢線來回震盪，有時衝到高估的價位，有時跌到低估的水平。事實上，了解投資回收時間最好的方法，即是從股價波動的角度來檢視。如Walgreen，我們可以用圖比較更長期的盈餘趨勢與股價波動來表達這個

關係。我們再把焦點轉向百事可樂這家生產飲料與零食的公司。到1994年為止的三十五年間，該公司盈餘與股價實際上是亦步亦趨地移動（見圖7-3）。在調整過去的股票分割之後，百事可樂的股價從1960年不到0.75美元漲到1994年年底的40美元，在股價曲線旁邊上下波動的是12個月盈餘追蹤線。我調整了圖表以讓價格與盈餘能放在同樣的比例尺中，這有助於顯示兩者的變化率。在1960年到1994年間，百事可樂股價的平均為本益比13倍，剛好也是這段時間的年平均盈餘成長率。事實顯示，股價很少剛好是本益比13倍。這說明了市場不斷地調整其對百事可樂預期成長率的看法。在1973年時，市場曾經願意為這家公司支付本益比35倍；但才兩年

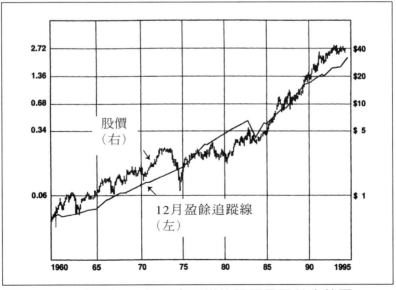

圖7-3　1960年至1994年百事可樂的股價及盈餘走勢圖

以後，卻只願意付出本益比8倍的價格。

到了1997年年初，投資人把百事可樂的股價推到本益比30倍以上，遠超過其歷史成長率。我們事後來看，投資人對百事可樂的看法常常是錯誤的。儘管盈餘偶而會加速或減速，實際上長期的成長率依然十分穩定，不穩定的是股價，它是沿著盈餘趨勢來回上下震盪。有些時期，如1960年代末期與1970年代初期，股價平均約為本益比20倍。偶而，股價也會在盈餘趨勢線下游走數年。幾乎所有的股票都有這種現象。以盈餘趨勢線為標準，股價膨脹期之後總是緊跟著壓縮期，反之亦然。林區曾說過：

> 通常，公司經營的成功與股票持續幾個月或幾年的大漲沒有關連；但長期而言，公司的成功與股票的上漲是絕對相關的。
>
> ——引自林區所著《征股股海》（*Beating the Street*），Simon & Schuster，1993年，原作第303頁。

如圖7-3所示，股價被低估或被高估的情況可能會持續數年，此一事實使得適當的買進價格非常難以決定。大體而言，投資人應該避免買進股價遠高於盈餘趨勢線的股票，在這種情況下，股價下跌的風險最大，但這種股價被高估的情況不可能永遠持續下去：有可能盈餘加速超過市場預期，股價也有可能跌破盈餘趨勢線，股價距離該趨勢線越遠，買進股票所附帶的下跌風險也越大。如果股票的本益比遠超過該公司創造盈餘的適當能力，投資的回收期也會增長；同時，

該公司或股票表現的風險也會跟著提升。

買進成長股的優點

　　如果有兩家相同且股價被低估的公司可供選擇，投資人應該要優先選擇成長率最好的那家公司。至於成長率，我是指該公司每年能夠創造更高的每股盈餘。成長是推動本益比的引擎，也是投資報酬率的標準，也正是我在第五章說明的，成長股能加速你的原始投資報酬率，若能在壓縮的價格買進成長股並長期抱牢股票，它能給你帶來天文數字般的年獲利率。

　　讓我們再以摩里斯為例，假設盈餘流量亦與本章前面所述相同，這次我們不再以股價波動來衡量獲利，而是比較盈餘與原始買進價格的關係：

年度	買進價格 (美元)	每股盈餘 (美元)	本益比 (倍)	股價／每 股盈餘比	每股盈餘 收益率(%)
1996	45	3.00	15	15.0	6.7
1997		3.45		13.0	7.7
1998		3.97		11.3	8.8
1999		4.56		9.9	10.1
2000		5.25		8.6	11.6
2001		6.03		7.5	13.3
2002		6.94		6.5	15.4
2003		7.98		5.6	17.9
2004		9.18		4.9	20.4

　　如表格所示，到了2004年，摩里斯可以為你創造每股

9.18美元的盈餘，這等於是你原始45美元投資額20.4%的年獲利。往後幾年，隨著摩里斯的盈餘持續成長，獲利率也會繼續推升。相反地，本益比則會不斷地降低。在1996年你以45美元買進摩里斯，當時為本益比15倍。至2004年，換算後的本益比降至4.9倍。換句話說，以原始買進成本對照當時的盈餘水準，本益比只有4.9倍，假設公司的成長持續下去，你持股的時間越久，報酬率越會接近難以置信的水平。投資人若在1984年買進摩里斯，當時分割後的股價為3美元，在1998年所收到的年盈餘即超過原始投資金額，年獲利達100%。

價值投資法

如何以價值投資戰勝市場

第八章

評估公司：預估盈餘與現金流量

「在任何可行的理論中，估計盈餘力道時價值必須有前瞻
性。」

    ——引自邦布萊特（James C. Bonbright）所著《*The Valuation of Property,*

vol. I》，The Michie Co.，1965年，原作第249頁至250頁。

    在深入討論價值投資法的優點與主要法則之後，我們現
在進一步探討財務報表，以判斷是否真有股價被低估的情
況。我們先簡述價值評估，其後數章再討論解讀公司獲利的
高階方法。

    當投資人花錢買進公司股票，他們真正買到的是什麼？
有權指定資深經理？優先擁有公司銷售的產品？部分生產
線？擁有其品牌？事實上，以上皆不可能。對於不能索取任
何公司資產，諸如是現金、土地或無形資產的事實可能感到
震驚。根據民事法庭的判決，投資人無權擁有公司的實質商
品，但有權要求管理階層保護商品的價值，並利用公司資產
創造盈餘。此外，在法律上投資人並沒有立場去要求取得資
產負債表上的任何東西。例如，Sara Lee的投資人不能走進
該公司的總部自行索取6箱冷凍餅乾；就算擁有100股的股
票，投資人也無權要求擁有Callaway高爾夫俱樂部的免費席
次。

投資人擁有的是盈餘！

相反地，投資人擁有的股權代表著他們有權分享該公司未來的盈餘，這是大部分投資人所不知道的。投資人所擁有的盈餘是根據持有股票多寡而定。如果X公司的盈餘是100萬美元而投資人擁有1%的股票，投資人所擁有的盈餘爲1萬美元，較簡單的計算方法是將年度盈餘乘以持有的股數。投資人擁有每股盈餘3.5美元的默克股票200股，代表擁有該公司淨收益總數中的700美元。或早或晚，不論是私人或上市公司，皆有義務把這筆盈餘提交給投資人。若是私人公司的所有人則能全數獲得這筆稅後的年收入，這些盈餘是所有人在原始投資上的回收，也是所有人一開始買進公司的原因。評估上市公司優劣的關鍵，取決於該公司能爲投資人賺進多少獲利，和以多快的速度回收。

投資人一股值多少錢？

爲了方便討論，現在假設投資人的家庭就是一家股票流通在外的上市公司。他可以選擇投資自家公司的股票，或把資金投注在其他公司或計畫上。如何評估這兩種投資呢？首先應從幾個假設著手：

家庭薪資收入：7萬5,000美元

家用開支：6萬5,000美元

存款：1萬美元

家用淨值：8萬美元

薪資成長率：每年成長5%

未償貸款：17萬5,000美元（汽車與房屋貸款）

投資人應如何評估以上這家「企業」呢？更重要的是，投資人應支付什麼價格以持有它的股權呢？當投資人試圖評估自身公司價值的相關標準時，上千個問題可能閃過腦際，其中可能包括：

• 薪資是否可能每年成長5％？可能成長得更快嗎？如果可能，將成長多少？

• 家庭成員如何處理淨收益？所有開支都是必需的嗎？是否有些開支是暫時性的？是否有額外開支可以增加家庭的淨值？

• 儲蓄率與預期額外收入的比例如何？應該把可支配所得（disposable income）存入4％的儲蓄帳戶，還是投資成長股？

• 個人的花費是增加或是減少？是否隨收入增加而增加？

• 薪資是可預測的或循環性的？未來幾年內是否可能慘遭失業或減薪？五年內薪資倍增的機率如何？

• 淨值增加的速度有多快？所提報的淨值是否實際？是否反映出貶值的資產？

• 如何處理每年剩餘的金錢？是否用它來增加來年的收入，或者把它花費在奢侈品與個人喜好之上？

• 汽車與房屋貸款繳納的期限？何時可以清償這些貸款？每年必須為這些貸款支付多少利息？

• 房屋與汽車價值多少？它們是否可能增值或貶值？

• 未來幾年，可能有哪些額外開支會減少投資人的儲蓄？是否考慮買新車、買更高價的房子、做整型手術、或多生另

一個小孩嗎？
* 薪資的增減，年儲蓄會隨著增減多少？
* 是否有薪資之外的其他現金來源？
* 是否能調整稅賦來增加儲蓄？
* 結婚或離婚對財務狀況有什麼影響？
* 未來薪資與目前的幣值換算價值多少？

　　這些全然不具個人特質的問題，供投資人評估自我價值的提示。請以輕鬆的心態回答上述問題，並嘗試自我評估。當投資人專注於評估上述各種價值時，就能明白如何評估像企業這類動態個體的價值。事實上，從會計的角度來看，家庭的消費行為很像是一家大企業，兩者十分相似。就像一家公司，投資人有收入也有支出，也擁有會貶值的財產（汽車、割草機、或家具）。投資人所獲得的收入與支付的帳單並不全然使用現金，偶爾也以信用卡方式支付。投資人可能會把一些多餘的收入用來投資以增加淨值，有時投資人也透過貸款來償還短期債務。此外，投資人必須將部分多餘所得用來維護現有財產及喜好。投資人有水費、食物、房地產稅與保險等「固定支出」（fixed expenses）；有電費、汽油費、醫療、牙醫與旅行等「變動支出」（variable expenses）；也有修水管與煞車等「非重複支出」（nonrecurring expenses）。投資人可能須要支付汽車與房屋貸款的利息，並收取定存單（certificates of deposit, CD）、債券與銀行帳戶的利息。稅賦結構讓投資人有相當的免稅額，增加投資人的可支配所得。

　　事實上，如果投資人依照家庭的年度活動準備一份財務報表，它一定會與公司所必須提報的財務報表十分類似。它包含了損益表、資產負債表與年現金流量的對照表。表8-1所作的比較是收入爲7萬5,000美元的典型美國家庭和同樣規模與淨獲利的公司。

　　如果資訊不足，投資人將很難評估公司股價，也難以合理地推算出公司股價。例如，投資人不知道家庭的淨收益是增加或是縮減；也不知道薪資持平或是上揚。投資人必須檢視數年的損益表，才能確定今年家庭的開支是否正常。相對於薪資，支付利息的比率是增加還是減少，都可從過去的財務報表中看出端倪。

　　再加上如表8-2的資產負債表，即可獲得更多的訊息。

　　上述假設的家庭與公司，它們的資產負債表幾乎全部一致（見表8-2）。事實上，這兩者有許多淨值項目是一樣的，我們已備妥資產負債表，雖還不完全，但也能更清楚了解家庭與公司的財務相當健全。我們可以推算出該公司的每股淨值爲8美元（8萬美元÷1萬股流通股票），因此可以假設該股股價至少爲8美元。我們也可看到這兩者都有不少負債，它們的主要資產（26萬美元中有18萬美元）所有權都屬於別人。因此，我們可以假設未來幾年兩者都必須支付目前債務的本息。明白這個道理後，才能正確開始預估未來的開支與獲利。

　　表8-2也顯示自從股份公司（資本額7萬8,000美元）成立以來，公司獲利的累積情形。此7萬8,000美元是公司淨值的來源。如果將每一塊錢的獲利「保留」下來（未以股利的

表8-1　家庭收支損益表

損益表──家庭		損益表──公司	（單位：美元）
薪資	75,000	銷售	75,000
其他收入	0	其他收入	0
總收益	75,000	**總收益**	75,000
食物	8,500	售貨成本	26,000
衣物	2,000	銷售、管理開支	5,200
家庭用品	2,000	研發	1,800
日用品	2,000	折舊	3,800
醫藥	1,800		
保險	2,500		
教育	3,000		
其他開支	2,000	其他營運開支	2,520
營運開支	23,800	營運開支	39,320
營運收入	51,200	**營運收入**	35,680
利息收入	350	利息收入	350
貸款利息支付	9,500	利息開支	9,800
稅前收入	42,050	稅前盈餘	26,230
聯邦／地方稅收	25,000	35%的稅賦	9,181
可支配收入	17,050	**淨收益**	17,050
		流通股票	10,000
		每股收入	1.71

形式發放），即能買進增加資產價值的東西，這是家庭與公司不同之處；公司存在的目的在增加淨值，家庭則不然。投資人家庭的稅後盈餘與公司一樣有1萬7,050美元，投資人可以自由地把獲利花在任何想要的東西上──渡假、存款、新

表8-2　家庭資產負債表

資產負債表──家庭		資產負債表──公司 (單位：美元)	
資產		**資產**	
現金	1,000	現金／短期投資	1,000
短期存款	2,500	應收帳款	2,500
投資	25,000	庫存	25,000
積欠薪水	1,500	預付開支	1,500
房子（公平市值）	175,000	廠房、土地、設備	224,000
車子（公平市值）	11,000	其它資產	6,000
個人財產（公平市值）	38,000		
其它資產	6,000		
總資產	**260,000**	**總資產**	260,000
債務		**債務**	
未付帳單	3,000	應付帳款	3,000
短期債務	2,000	短期本票	2,000
汽車（未付本金）	10,000	本期應付長期債務額度	10,000
房子（未付本金）	165,000	未清償的長期債務	165,000
總債務	**180,000**	**總債務**	180,000
		實收資本	2,000
		保留盈餘	78,000
淨值	**80,000**	**淨值（股東資產淨值）**	80,000

車、休閒娛樂、或新衣服。

　　若要窺得全貌，投資人還必須確定這兩者如何獲得與支出現金的狀況。現金流量表可滿足投資人的問題。表8-3顯示這兩者如何提報它們的現金流量。

　　現金流量報表所顯示的意義比表面可見的還要深入。在

表8-3 家庭的現金流量報表

資產負債表——家庭		資產負債表——公司 (單位：美元)	
營運現金流量		**營運現金流量**	
淨收益	17,050	淨收益	17,050
汽車、房屋維修	(4,000)	折舊	3,800
購買個人財物	(2,500)	購買庫存	(2,500)
渡假	(1,800)	應收帳款變動	(1,000)
休閒／娛樂開支	(2,200)	應支帳款變動	(400)
總營運現金流量	6,550	**總營運現金流量**	16,950
投資現金流量		投資現金流量	
401（K）退休計畫購股	(6,000)	購買資產、設備	(3,500)
售股收益	7,000	子公司出售利得	7,000
保險理賠	2,500	購併XYZ公司	(30,000)
總投資現金流量	3,500	**總投資現金流量**	(26,500)
財務現金流量		財務現金流量	
房貸收益	12,000	發行債券購買XYZ	12,000
支付汽車貸款	(1,000)	支付股利	(1,000)
退稅	800	買回股票	(800)
總財務現金流量	11,800	**總財務現金流量**	10,200
淨現金流量	21,850	**淨現金流量**	650

一年之間，家庭或公司可能從事許多未記錄在損益表中的交易，但卻會影響到所有權人擁有的現金。在上例中，兩者的稅後盈餘同樣為1萬7,050美元，但卻有著全然不同的營運與淨現金流量。例如，家庭把它大部分的獲利花在任意購物與維護財產上。它以出售7,000美元的股票與提領家戶淨值貸款（home equity loan）1萬2,000美元，來支付任意的花費。

最後，儘管家庭的提報收入為1萬7,050美元，但該年卻能獲得總額2萬1,850美元的現金流量。相較之下，公司則能產出營運現金流量1萬6,950美元，幾乎等於其淨收益。然而，公司在資本花費上支出了3,500美元（購買資產與設備），並支付3萬美元現金購併XYZ公司。為了取得購併XYZ所需的資金，公司還發行了1萬2,000美元的新債。儘管支付所有的開銷與任意購買之後，該公司還是有足夠的多餘現金可以支付股利與買回一部分流通在外的股票。

擁有損益表、資產負債表、及現金流量表這三種財務報表，投資人即可開始培養價值評估能力，並問問自己下列問題：

(1)家庭和公司是否每年都要花錢維修老舊的設備？費用多少？買新機器、衣服與家用品，占每年淨收益的百分比為何？每年花費越多，剩下的現金流量就越少，這會減損評估的價值。若家庭的淨收益為1萬7,050美元，每年花費6,000美元重置資產；而另家庭淨收益同為1萬7,050美元，而只花費2,000美元。對投資人而言，前者自然較沒有價值。

(2)某些現金來源是否為不可重複發生的？果真如此，投資人就不應該在評價時計入。例如，家庭已出售7,000美元的股票、申請2,500美元的保險理賠、並提領家戶淨值貸款來提高現金流量。其次，該家庭還獲得800美元的退稅金額。公司則以7,000美元出售子公司，來提高現金流量。

(3)貸款或是資本利得／損失在創造現金流量上扮演什麼樣的

角色？由於兩者都實際從事投資與財務活動，所以必須弄清楚現金流量被扭曲的程度到底有多大。

⑷**操縱資產負債表，這兩者能創造多少現金流量**？公司增加現金流量的方法包括：購買少一點庫存、晚一點付帳、提早向客戶收款。他們可能濫用資產法規以減少所得稅，家庭也可依樣畫葫蘆。投資人可以晚一點修車或買新衣服，延至明年才出售持股，或條列免稅項目減低稅賦。投資人可以利用信用卡支付渡假費用，把帳單延到明年。這些手法都不會出現在損益表中。然而它們在現金流量上所造成的實質改變，將會改變該家庭的價值。家庭可以每年都顯示有淨獲利，但如果它是依靠展延帳單，最後必定是作繭自縛。相反地，它也可能出現帳面損失，只要能從其他地方獲得正值的現金流量，依然可算是財務健全。

如果投資人能取得好幾年的財務報表，並審視公司或家庭逐年的進展，即可看出收入與現金流量的重要趨勢，包括掌握獲利的去向、是否所有的獲利都用來擴張？或用來再投資，支付股利，買回股票？庫存上升或下降？這點對現金流量的影響如何？如果投資人發現公司過去一直把3％的盈餘投注於資本支出，投資人可假設該比例以後也是如此。相反地，如果投資人發現它每年有相當比例的現金流量來自於舉債借錢，那麼投資人大可棄之如敝屣。

投資人知道如何解讀這三種報表，即可決定如何評估其價值。

預估未來盈餘的四種方法

　　評估內在價值的關鍵在於投資人估計未來盈餘或現金流量的能力。錯估成長率，投資人的價值評估就會有很大的落差。一般公認，這也是評價企業最困難的部分。即使是有經驗的分析師在審視財務報表數個月後，也曾經完全誤判一家公司的成長潛力。這也是巴菲特喜歡成長穩定公司的原因之一；也才能完全避開估計未知的陷阱。像吉列與可口可樂等公司長時間都維持著穩定的盈餘成長，所以巴菲特可以快速而合理地推論出它們未來的盈餘。不幸的是，全世界99%的公司沒有這種一致性，所以投資人被迫要對未來盈餘做經驗性的判斷。一旦面臨這種處境，投資人可以採用下列的方法。

(1)最近的成長率

　　對於獲利歷史非常穩定的公司，投資人應該用過去資料來推算未來的成長率。研究顯示，使用過去盈餘成長預測率未來的盈餘成長率最為可靠。若一家公司在過去三十五年每年都能獲得15%的盈餘成長，未來偏離該水平太遠的情況則不太可能發生。不幸的是，只有千分之幾的上市公司有這種一致性，如包括Abbot Laboratories、 默克、 摩里斯、 麥當勞、 可口可樂、愛默生（Emerson Electric）、Automatic Data Processing、Walgreen等。如果投資人把這些公司自1960年代中期以來的年度盈餘繪製成圖表，投資人可以發現一致的趨勢：不論經濟好壞，盈餘成長都很穩定。能夠長期

維持一致性的公司，未來的表現也應該一樣，因為未受經濟
不景氣影響，而且記錄顯示它們的銷售能年年增加。

投資人有時候會錯以為可以忽略長期穩定的記錄，但這
是絕對不容忽視的。若一家公司過去五十年的年成長率為
10%，它不會突然創造14%的成長率。投資人在多頭市場的
泡沫中，很容易犯類似的錯誤，老字號公司的盈餘成長加速

例一　穩定成長的公司

年度	每股盈餘（美元）	成長率（%）
1987	3.00	13
1988	3.39	12
1989	3.80	14
1990	4.33	14
1991	4.89	13
1992	5.48	12
1993	6.24	14
1994	7.06	13
1995	7.90	12
1996	9.01	14
1997	10.18	13

年度	估計盈餘（美元）	估計成長率（%）
1998	11.50	13
1999	13.00	13
2000	14.69	13
2001	16.60	13
2002	18.76	13
2003	21.20	13
2004	23.95	13
2005	27.07	13
2006	30.59	13
2007	34.56	13

的機會相當渺茫。事實上，成長率更可能會隨著時間增加而趨緩，因爲銷售基礎擴增後，公司會發現越來越難增加盈餘。如果威明百貨持續以1980年代的速度成長，希望它的銷售到2005年可成長到1兆美元，根本就不可能。

然而，投資人可以有信心地說，過去穩定的成長可以重複。例如，某家公司過去十年來的年盈餘成長都介於12%至14%間。投資人可以合理的假設，該公司在未來十年可以達成13%的盈餘成長（12%與14%的平均數）。因此，投資人可以迅速推算出內在價值，這是因爲投資人能以高度的自信估計主要因子：未來盈餘。

公司在任一年內的盈餘成長可能會經歷暫時性的加速或減速，使投資人的估計有所誤差。但是到2007年時，公司盈餘接近投資人的估計值——每股獲利34.56美元的機會很大。

(2)參考過去盈餘

有些價值評估專家藉由加權計算近期盈餘，以估計未來的盈餘或現金流量。典型的做法是，近幾年的盈餘，因爲去年的盈餘會比五年前的更接近明年的盈餘。對於盈餘呈現高度循環性，且短期盈餘預計會落在去年盈餘附近的公司，這種「加權平均法」（weighted-average method）是可以接受的。

使用加權方法，給予過去七年至十年的盈餘不同的加權值，並計算加權平均以取得年平均值做爲未來的參考。例如，投資人給去年盈餘的加權值爲10，前年盈餘爲9，大前年爲8，依此類推，最後投資人可以獲得一個平均值，就數學上而言，可以趨近近年盈餘。這個方法的優點在於可以省

去估計未來的成長率。本質上，投資人使用的是葛拉漢的平均盈餘法，所得結果為保守的盈餘估計，能讓投資人避免支付太高的股價。然而加權過去盈餘的缺點在於，它可能產生過低的盈餘估計，並使投資人喪失買進可能大漲的公司股票的良機。然而，對於需要安全邊際的投資人而言，則應該選擇這個方法。

(3)採用過去盈餘平均

　　葛拉漢對未來的預估缺乏信心，他相信投資人不應該把近年來不存在的推衍到未來。他說，保守的價值評估「應該與平均盈餘有合理的關係」（引自《證券分析》原作第452

例二　盈餘加權法

年度	每股盈餘(美元)	加權值	加權後的每股盈餘(美元)
1988	1.55	1	1.55
1989	1.25	2	2.50
1990	2.10	3	6.30
1991	3.65	4	14.60
1992	5.10	5	25.50
1993	4.80	6	28.80
1994	3.20	7	22.40
1995	2.10	8	16.80
1996	2.25	9	20.25
1997	2.90	10	29.00
總計		55	167.70
加權平均			3.05

預估盈餘（美元）

1998至2007	3.05

頁）。因此，他質疑公司可永續成長的主張，並傾向於使用已知而非預估的盈餘來計算內在價值。

在《證券分析》一書中，葛拉漢概述預估所運用的「平均盈餘」（average-earnings）法。他說未來盈餘的基礎在於最近盈餘的平均。例如，將公司過去七年至十年的年盈餘予以平均，即可得到合理的準確性，同時獲得未來的盈餘平均值。葛拉漢還進一步建議，絕不應買進平均本益比高於16倍的股票。在當時，葛拉漢的方法十分適當，因為大部分的上市公司都是景氣循環股，很少有像今天這類的成長性產業存在。他的概念運用在航空公司、鋼鐵廠、石油公司、汽車公司、重機械公司等景氣循環股最適當，這些公司的盈餘通常會隨著經濟景氣而波動。「平均盈餘法」的有效性在於景氣循環股少有長期的成長趨勢。這些公司往往會出現幾年的盈餘獲利，然後在經濟走下坡時出現虧損，下次景氣擴張時，盈餘再度揚升，甚至創下新高；緊接著在蕭條時又從雲端跌落。長期下來，盈餘的走勢可能會像海浪一樣。

平均過去盈餘的主要優點是能對景氣循環股進行符合現實的評估，避免在盈餘成長上出現越看越好的陷阱。通常，投資人會在盈餘見頂時，搶進景氣循環股，還以為未來的盈餘會再創新高。使用平均法，投資人就不會為當前的成長支付太高的股價；另外一個好處是，投資人不必去預測經濟的波動，因為平均法已經為投資人完成預測了。重點則在於選擇的時間基礎，要長得足以包含完整的經濟循環，或盈餘的高峰與低谷。

在例三中，1996年與1997年創下歷史新高的盈餘，可能

　　會誘使投資人支付高額的溢價。但是1990年與1991年，該公司連續損失的歷史記錄卻顯示，投資人不應相信公司能維持當前的盈餘水準。葛拉漢會使用每股盈餘1.05美元為基礎來預測未來的盈餘，而且很可能不會在高於17美元的價位買進該股票。然而，成長型投資人可能會被1997年的盈餘所誤導，而願意以每股30美元以上的價格買進。

　　值得注意的是，平均盈餘法僅適用於景氣循環股。它會嚴重低估成長股的內在價值，尤其是已有銷售與盈餘增長記錄的公司。如果我們在例一中對穩定成長型公司使用平均盈餘法，未來的預估盈餘將會是每股6.23美元（過去十年的平均盈餘）。這樣低的內在價值會讓投資人忽略掉這支股票。

⑷預估未來的股東資產淨值

例三　平均盈餘

年度	每股盈餘（美元）
1988	1.55
1989	1.25
1990	-0.40
1991	-0.90
1992	0.10
1993	0.85
1994	1.60
1995	1.85
1996	2.25
1997	2.30
平均	1.05

預估盈餘（美元）	
1998-2007	1.05

　　這個方法是我最喜歡的方法，利用這個方法可以預估未來股東資產淨值（shareholder's equity）的成長，繼而確定需要多少盈餘方能使資產淨值帳戶達到這個水準。我們會在第十章詳細討論股東資產淨值，它代表的是某固定時刻的公司淨值（資產減去負債）。把前一年的資產淨值加上當年的保留盈餘，就可以估計出每年的最終資產淨值。若X公司在當年開始時的股東資產淨值為1,000萬美元，年獲利100萬美元。如果公司沒有發放股利，它的年終資產淨值約為1,100萬美元。如果支付了20萬美元的股利，最後的資產淨值則為1,080萬美元（1,000+100－20=1080）。經驗顯示，這種估計未來資產淨值的方法適用於許多種股票。尤其是消費產品類股，如可口可樂、General Food、摩里斯、百事可樂等公司。這類公司在資產淨值上所提報的年獲利是可預測的。

　　估計未來的股東資產淨值有兩個步驟。首先，計算過去十年或更久的「股東權益報酬率」（Return on Equity, ROE）平均值，以涵蓋完整的經濟循環；其次，再使用該平均股東權益報酬率預估未來的股東資產。表8-4以汽車零件批發商Genuine Parts為例，展示如何預估股東權益報酬率。該公司三十年的一致性記錄，使我們得以快速的分析資產淨值成長。

　　近年來，Genuine Parts把50%的盈餘以股利發放，這也是為什麼每年資產淨值增加的速度比淨收益緩慢的原因。然而，如果投資人知道Genuine Parts歷經三次不景氣還能達到這樣的成績，投資人就會發現它的年股東權益報酬率實在是十分穩定。因此，投資人可以安心地使用18.7%的平均股東權益報酬率來預測未來的盈餘。假設股利發放為50%，起始

表8-4　Genuine Parts——股東權益報酬率與未來預估
三十年報酬率
（單位：美元）

年度	淨收益	起始資產淨值	最終資產淨值	股東權益報酬率(%)
1967	7,491,411	47,308,163	55,679,256	14.5
1968	8,794,941	55,679,256	63,649,275	14.7
1969	10,778,467	63,649,275	77,437,679	15.3
1970	13,290,852	77,437,679	85,290,945	16.3
1971	16,535,006	85,290,945	95,476,147	18.3
1972	17,567,931	95,476,147	108,053,465	17.3
1973	20,341,677	108,053,465	121,548,638	17.7
1974	24,005,057	121,548,638	137,156,965	18.6
1975	29,981,108	137,156,965	163,092,941	20.0
1976	37,763,166	163,092,941	206,861,402	20.4
1977	42,243,015	206,861,402	233,641,292	19.2
1978	50,263,000	233,641,292	275,127,000	19.8
1979	61,715,000	275,127,000	320,706,000	20.7
1980	67,833,000	320,706,000	359,889,000	19.9
1981	77,543,000	359,889,000	410,689,000	20.1
1982	100,167,000	410,689,000	581,915,000	20.2
1983	103,634,000	581,915,000	636,218,000	17.0
1984	119,667,000	636,218,000	701,113,000	17.9
1985	126,241,000	701,113,000	729,231,000	17.7
1986	121,552,000	729,231,000	758,493,000	16.3
1987	148,292,000	758,493,000	760,256,000	19.5
1988	181,373,000	760,256,000	863,159,000	22.3
1989	199,488,000	863,159,000	971,764,000	21.7
1990	206,596,000	971,764,000	1,033,100,000	20.6

（表接下頁）

1991	207,677,000	1,033,100,000	1,126,718,000	19.2
1992	219,788,000	1,126,718,000	1,235,366,000	18.6
1993	257,813,000	1,235,366,000	1,445,263,000	19.2
1994	288,548,000	1,445,263,000	1,526,165,000	19.4
1995	309,168,000	1,526,165,000	1,650,882,000	19.5
1996	330,076,000	1,650,882,000	1,732,054,000	19.5
1997	342,397,000	1,732,054,000	1,859,468,000	19.1
三十年平均				18.7
流通股票				179,592,000

表8-4　Genuine Parts──股東權益報酬率與未來預估（續）

未來十年預估　　　　　　　　　　　　　　　　　（單位：美元）

年度	淨收益	起始資產淨值	最終資產淨值	股東權益報酬率(%)	每股盈餘預估
1998	365,000,000	1,859,468,000	2,041,968,000	18.7	2.03
1999	400,000,000	2,041,968,000	2,241,968,000	18.7	2.23
2000	439,000,000	2,241,968,000	2,461,468,000	18.7	2.44
2001	482,000,000	2,461,468,000	2,702,468,000	18.7	2.68
2002	530,000,000	2,702,468,000	2,967,468,000	18.7	2.95
2003	582,000,000	2,967,468,000	3,258,468,000	18.7	3.24
2004	639,000,000	3,258,468,000	3,577,968,000	18.7	3.56
2005	702,000,000	3,577,968,000	3,928,968,000	18.7	3.91
2006	771,000,000	3,928,968,000	4,314,468,000	18.7	4.29
2007	846,000,000	4,314,468,000	4,737,468,000	18.7	4.71

資產淨值為18億5,900萬美元，投資人即可估計未來幾年的最終資產淨值，以及需要多少的每股盈餘方能達到18.7%的股東權益報酬率。

　　預估未來盈餘最快速的方法是，使用假設的股東權益報

酬率（18.7%）乘以股利支付比率（本例爲50%）。所得到的
結果9.35%會相當接近盈餘成長率。如果使用這種方法估計
未來盈餘，重點是要考慮到股利並把它從最終資產淨值扣
除，因爲股利是從保留盈餘支付的。如果Genuine Parts不支
付股利，它的年股東權益報酬率會更低，這是因爲資產淨值
基礎會因而變大。

標示企業的價值

在案例中家庭或公司的價值在於投資人長期下來可從中
獲利多少。不論家庭或公司創造了多少現金流量，最終都是
屬於投資人的。不論企業是把獲利以股利的形式立即發放給
投資人，或保留下來投資。對投資人而言，企業的價值是它
未來所創造的所有經濟利益的總和。如果投資人的家庭每年
可以創造稅後1萬美元的獲利，並持續五十年，投資人即有
資格分享這50萬美元的總體獲利。

理論上，對投資人而言該家庭應價值50萬美元。實際
上，該家庭的內在價值卻絕對不值這麼多。爲什麼呢？原因
之一是，通貨膨脹會侵蝕未來獲利的價值。以今日的幣值而
言，年獲利1萬美元會持續流失，因爲投資人買進的股票是
以今日的幣值支付，所以未來獲利的價值也應以今日的幣值
表示。假設這個家庭五十年來每年獲利1萬美元，調整通貨
膨脹後的獲利總額將會遠低於50萬美元。若以每年僅3%的
通貨膨脹計算，該家庭未來盈餘的價值會降低到25萬7,298
美元，這個金額只有盈餘的一半而已。通貨膨脹率越高，未
來盈餘價值降低的幅度也越大。

折現率

僅調整盈餘的通貨膨脹比率，還不能完整說明該筆投資
所損失的「機會成本」。機會成本是指投資人在該投資上所
放棄的投資報酬率。也就說，投資人在另一個具有相同風險
的投資上所應賺到的錢。假設投資人有機會投資潛在年獲利
15%的辦公大樓開發公司；或買進售價50美元的鐵路股，而
這兩種投資的風險是一樣的。針對鐵路股的投資，投資人必
須估計其未來的年獲利或現金流量，然後每年折現15%，才
能決定其是否具投資價值。若結果所獲得的價值高於每股50
美元，投資人應該要投資鐵路股。如果低於每股50美元，則
表示該股價值已被過度高估，所以辦公室大樓開發公司是比
較好的投資機會。

折現率（discount rate）包含了兩個要素：零風險比率
（risk-free rate，政府債券期滿時的收益）與投資人所承擔的
風險溢價。折現率已將通貨膨脹納入考量，因為政府債券收
益的價格已反映通貨膨脹。如果我們假設風險溢價每年為
8%，且政府債券收益為7%，折現率將是兩者的總和，即每
年15%。

折現率的應用

若要折現，投資人只需把未來每年的盈餘或現金流量除
以投資人所選擇的折現率。假設該公司未來五年每年預估賺
1萬美元，其機會成本為15%。下例為計算五年盈餘流量的
折現方法。

企業年收入的折現（折現率=15%）　（單位：美元）

年度	收入	除數	折現價
1	10,000	1.15	8,696
2	10,000	$(1.15)^2$	7,561
3	10,000	$(1.15)^3$	6,575
4	10,000	$(1.15)^4$	5,718
5	10,000	$(1.15)^5$	4,972
總和	50,000		33,522

在第一年，投資人把獲利1萬美元除以1.15，以反映15%的折現率。所得結果是8,696美元，顯示出投資人獲利的真正價值；第二年，投資人應把1萬美元以1.15折現兩次，所以投資人是把1萬美元除以1.15的平方；第三年，獲利應除以1.15的立方，依此類推。上例中由於折現率以複利計算，所以1萬美元的價值隨著時間不斷地減少。

五年後，就今日的幣值而言，1萬美元的獲利僅值4,972美元；而該企業為股東所創造的總獲利在折現後僅剩3萬3,522美元。假設該企業僅經營五年，它的內在價值則為3萬3,522美元，這也是投資人所能期待的總額。

企業價值是所有未來折現盈餘的總和。在上例中如果經營期為五年，我們可求出的企業價值為3萬3,522美元。假設經營十年，企業價值將會更高，這是因為每年所累積的總獲利會更大。

這就是使用折現率的主要陷阱。如果預測期間太長，就會使公司的帳面價值過高，每股甚至高達數千美元。不幸的是，通常投資人會認為公司可以永續經營，所以在使用折現

率評估公司時，投資人必須試著計算數十年後的永恆盈餘。幸運的是，只要透過幾分鐘的數學運算即可得出未來盈餘。計算方法分為兩階段：第一階段應先預估未來十年的盈餘；第二階段再預估此後每年盈餘的連續價值，兩者之和即為總價值。

計算連續價值

步驟一：預估第十一年的盈餘。在上例中，我們假設每年盈餘為1萬美元，所以第十一年的盈餘會與第十年相同。

步驟二：第十一年的盈餘除以折現率與公司成長率的差額。如果投資人的折現率是15%，而投資人預期第二階段的盈餘成長率為5%；那麼投資人應把盈餘除以10%（15%-5%=10%）。

步驟三：把步驟二的結果除以第十年的折現係數（此例為1.15），就可以得到連續價值。

我們假設盈餘永遠保持平均每年都是1萬美元，沒有成長。結果求出的連續價值為1萬6,479美元，總值為6萬6,667美元。

假設十年後家庭的年收入成長5%，會有什麼影響？明顯地，家庭的價值也會成長。就此例而言，投資人應回到計算連續價值的第二步，從15%的折現率中減去5%的成長率，再以此結果（10%）除以第十一年的盈餘（經計算後為1萬500美元）。這個家庭現在值7萬4,906美元。

兩階段折現（折現率15%）

（單位：美元）

年度	收入	除數	折現價
1	10,000	1.15	8,696
2	10,000	$(1.15)^2$	7,561
3	10,000	$(1.15)^3$	6,575
4	10,000	$(1.15)^4$	5,718
5	10,000	$(1.15)^5$	4,972
6	10,000	$(1.15)^6$	4,323
7	10,000	$(1.15)^7$	3.759
8	10,000	$(1.15)^8$	3,269
9	10,000	$(1.15)^9$	2,843
10	10,000	$(1.15)^{10}$	2,472
第一階段的價值			50,188
連續價值			
$(10,000/.15)(1.15)^{10}$			16,479
企業價值			66,667
第一階段價值			50,188
連續價值			24,718
$(10,500/0.10)/(1.15)^{10}$			
企業價值			74,906

投資人應選用的折現率爲何？

　　投資人的價值評估完全依賴投資人所選擇的折現率是否適當。如果投資人選擇高折現率，結果會壓低評估價值，投資人很有可能因而錯失高報酬率的好公司。若刻意壓低折現率則會得到較高的評估價值，這可能會使投資人買到價格高估的股票。不幸的是，並沒有標準能確定適當的折現率爲

何。以下列舉說明最常使用的方法。

(1)**資金加權平均成本**。大多數的評價專家都使用「資金加權平均成本法」（Weighted average cost of capital, WACC）來設定折現率。該法加總並加權擁有公司股票與債券的機會成本。公司債券的機會成本是市場目前債券的收益，再扣除利率的稅賦。公司股票的機會成本是投資人預期的長期年投資報酬率。假設投資人預期該公司股票的年投資報酬率為10%，而公司債券的「稅後獲利」（after-tax return）為5%；如果股票的結構（債務加上資產）為：公司資本占70%，債務占30%。則資金加權平均成本為：

資金加權平均成本法 $= 0.1 \times 70\% + 0.05 \times 30\%$

$$= 0.7 + 0.15$$

$$= 0.085 \text{（即8.5%）}$$

　　要決定公司的資金成本很困難的，因為投資人必須對整體市場的報酬率與該股票與市場的歷史關連性做許多主觀的判斷，難怪有許多投資人寧可希望以合理的市場投資報酬率替代。

(2)**市場報酬率**。有些價值型公司評估股票的長期年報酬率為10%，並定為折現率，但由於股票傾向於超越通貨膨脹達6%（見第五章），我們也可以說，股票10%的年投資報酬率已經反映通貨膨脹與通貨膨脹的風險溢價。然而，這個方法的有效性卻必須完全仰賴股市真的有10%的年報酬

率；但我們在第二章的說明卻已經推翻這點。

(3)**國庫券的收益率**。最簡單也最具爭議性的方法是使用十年或三十年政府債券的收益率做為折現率。如果現今三十年期國庫券的收益率為6.5%，公司未來盈餘的折現率即為6.5%。如果債券收益率下跌，將造成評估價值升高；如果債券收益率升高，則可能導致評估價值下跌。對價值型投資人而言，在所有方法中，使用國庫券的收益率是最符合直覺的作法。因為在最便宜的價格買進好公司，投資人已經把折現率所面臨的傳統風險剔除掉了。此外，這個方法沒有預測的負擔。若要計算資金加權平均成本，投資人必須要估計未來的市場報酬率。投資人也必須估計企業盈餘的風險溢價，以及市場預期的公司債券報酬率。對基本教義派而言，這個方法太仰賴隨機事件的預測。最後，以當前債券收益率折現盈餘可強迫投資人買進「確定性」。還記得在第四、五、六章中，投資人可以買進盈餘高度穩定或非常便宜的公司，因而得以移除商業風險並實際消除折現率中的風險溢價。如果公司過去四十年來的盈餘年增率10%，它所承擔的商業風險非常小。如果投資人能在本益比7倍時買進這家公司，投資人幾乎可以剔除折現率中所有的風險，並可充滿信心地使用政府債券的收益率。

(4)**投資人自己的折現率**。另一個相當直接的方法是，以投資人對該股所希望的投資報酬率做為未來盈餘的折現率。例如，如果投資人買進的股票可望一年攀升15%，投資人的折現率即為15%。

　　不論投資人選擇哪種方法，要確定投資人所選擇的折現率必須超越該公司的成長率。否則，投資人的評估價值會被扭曲，結果也就失去意義。如果公司年成長率20%，投資人的折現率僅為6%，投資人的評估價值不但會高得離譜更可接近無限大。實際上，折現率高於成長率的選擇也是很合理的。如果投資人預期公司盈餘的年成長率為10%，由於股價成長速度與長期盈餘大致，投資人應可預期該股股價每年至少成長10%。

總結

　　在評估未來盈餘時，投資人還需要再做些調整：把資產負債表上的公司長期債務從折現後的盈餘價值中扣除。因此，決定公司價值的最終公式如下所示：

內在價值＝第一階段折現盈餘＋連續價值－債務價值

　　現在讓我們再回到上述的假設家庭，投資人應該還記得它的1997年年獲利為1萬7,050美元、現金流量2萬1,850美元。為了討論方便，我們僅在年現金流量做價值評估，使用2萬1,850美元做為往前推算的基礎，再假設該現金流量年增率為8%。為了完成價值評估，我們還必須為未來的現金流量指定折現率。使用15%做為來年現金流量的折現率。

　　在仔細分析這個家庭之後，我們已經確定它對投資人的價值為16萬2,117美元，或1998年現金流量的6.9倍。如果投資人希望未來能夠獲利，這就是買進所有股票時，他所願意支付的金額。在確定這個價值的過程中，我們假設現金流量

計算家庭的最終價值（折現率＝15%）　（單位：美元）

年度	收入	除數	折現價
1	23,598	1.15	20,520
2	25,486	$(1.15)^2$	19,271
3	27,525	$(1.15)^3$	18,098
4	29,727	$(1.15)^4$	16,997
5	32,105	$(1.15)^5$	15,962
6	34,673	$(1.15)^6$	14,990
7	37,447	$(1.15)^7$	14,078
8	40,443	$(1.15)^8$	13,221
9	43,678	$(1.15)^9$	12,416
10	47,173	$(1.15)^{10}$	11,660
第一階段的價值			157,213
連續價值			
$(50,947/.07)/(1.15)^{10}$			179,904
家庭價值			337,117
減去債務價值			175,000
總價			162,117

年成長8%、折現率15%，然後再減掉該家庭在汽車與房屋所欠本金17萬5,000美元。

　　該家庭每股價值多少錢則端視在外流通的股票數目而定。假設有1萬股在外流通，每股的內在價值即為16.21美元。股價若高於16.21美元，投資人即不應買進。若股價低於16.21美元，這個家庭就值得便宜買進了。

第九章

分析公司的股利記錄

價值投資法

如何以價值投資戰勝市場

「投資人最重要的目標就是得到令人滿意的總獲利。」

——引自魏士（Geraldine Weiss and Gregory Weiss）所著《*The Dividend Connection*》，Dearborn Financial Publishing，1995年，原作第2頁。

在華爾街的歷史記錄中，大多數投資人都謹記股利的重要性。若剔除過去七十年來上市公司所發放的股利，投資的年獲利隨即大幅滑落。例如從1928年到1997年，最廣為人知的市場指標道瓊工業平均指數是以每年4.86%的速度上漲，而非媒體所宣稱的9%至10%，造成其間的差異即在股利。1928年至1997年間，30支道瓊股票的每年平均股利率為4.4%。唯有把資本利得的4.86%加上股利收益4.4%之後，才可獲得可觀的股票複利收益。

股利的成長要素

藐視每年發放股利的重要性是不智之舉，因為股利不僅僅是投資人獲利的主要來源，同時也可在市況低迷時提供慰藉。在空頭市場中，高股利股票抗跌性較強。投資人也不應忽視股利在戰勝通貨膨脹的獲利上所扮演的角色（見第五章所提的概念）。公司若能夠持續地改善盈餘與股利，其所提供的短期驚人獲利即可戰勝債券收益。長期而言，成長股所提供的股價獲利則可戰勝整體市場。

只要看看默克與摩里斯這兩家分配股利的成長公司，即

可明白股利對投資人的長期優點為何。假設一位投資人在
1980年以分割後的股價1.9美元與3.9美元分別買進摩里斯和
默克,並抱牢持股。到1997年,兩家公司每年所發放的股利
即構成了原始投資的大部分獲利(見表9-1)。同樣地,摩里
斯與默克每年的盈餘也提供了戰勝通貨膨脹的驚人獲利。

　　這兩家公司一直相當大方,它們把40%至50%的年度盈
餘發放給投資人,再把剩下的盈餘投資於資產帳戶中。由於

表9-1　摩里斯股票和默克股票的比較

摩里斯（1.9美元買進）				默克(3.9美元買進)(單位：美元)			
年度	每股盈餘	股利	每股盈餘收益率(%)	股利報酬率(%)	每股盈餘	股利	每股盈餘收益率(%)	股利報酬率(%)
1980	0.20	0.06	10.5	3.2	0.28	0.12	7.2	3.1
1981	0.22	0.08	11.6	4.2	0.30	0.14	7.7	3.6
1982	0.26	0.10	13.7	5.3	0.31	0.16	7.9	4.1
1983	0.30	0.12	15.8	6.3	0.34	0.16	8.7	4.1
1984	0.35	0.14	18.4	7.4	0.37	0.17	9.5	4.4
1985	0.42	0.17	22.1	8.9	0.42	0.18	10.8	4.6
1986	0.52	0.21	27.4	11.1	0.54	0.21	13.8	5.4
1987	0.65	0.26	34.2	13.7	0.74	0.27	19.0	6.9
1988	0.74	0.34	38.9	17.9	1.02	0.43	26.2	11.0
1989	1.01	0.42	53.2	22.1	1.26	0.55	32.3	14.1
1990	1.28	0.52	67.4	27.4	1.52	0.64	39.0	16.4
1991	1.51	0.64	79.5	33.7	1.83	0.77	46.9	19.7
1992	1.82	0.78	95.8	41.1	2.12	0.92	54.4	23.6
1993	1.35	0.87	71.1	45.8	2.33	1.03	59.7	26.4
1994	1.82	1.01	95.8	53.2	2.38	1.14	61.0	29.2
1995	2.17	1.22	114.2	64.2	2.70	1.24	69.2	31.8
1996	2.56	1.47	134.7	77.4	3.20	1.42	82.1	36.4
1997	3.00	1.60	157.9	84.2	3.82	1.69	97.9	43.3

這兩家公司不斷成長，幾乎每年都可以提高發放的股利。到
了1997年，摩里斯的股利達投資人1980年投資額的84.2%，
而默克股利也達到1980年投資額的43.3%，單是公司股利的
獲利即已大幅戰勝通貨膨脹。

若要達成高年獲利，必須事先知道事情的關鍵何在。首
先，投資人必須以相對便宜的價格買進這兩支股票。摩里斯
在1980年時的平均股價為本益比10倍，而默克則為本益比14
倍；其次，投資人所選擇的公司必須能夠長期不斷地增加盈
餘，才能促使股利強勁成長；最後，投資人必須長期持股，
盈餘與股利才能超越通貨膨脹，長期持有也能使股票的增值
潛力達到最有效率。如果投資人持有摩里斯或默克股票兩、
三年，投資人還可能因該股價下跌而虧損。短期內任何事情
都可能發生，然而若是長達十七年的持股期，投資人可以確
定股價的成長一定可與盈餘成長同步上揚。到1997年底，摩
里斯的股價為45美元，獲利為原始投資額的2,268%，同期
間，摩里斯的盈餘成長了1,400%。默克的股價為106美元，
報酬率達2,618%，其盈餘增加了1,264%。

更明確地說，發放股利的意義不僅代表著管理階層的慷
慨，它也是公司經營成功的副產品。公司必須賺錢才有能力
負擔股利，如果公司本身還要成長，盈餘就一定得超過發放
的股利，因為如果公司把盈餘都當成股利發放給股東，年底
時就沒有剩下的保留盈餘，足可再投資新廠房或向其他公司
購買資產。股利也可透露出管理階層對未來的信心，如果公
司提高股利即代表管理階層宣布預期的盈餘，而公司削減股
利是件很棘手的事，鮮少有公司會這麼做。因此一旦提高股

利，管理階層即是承諾該公司來年還會再增加股利；也就是說，管理階層認為未來盈餘的成長足以超過這個發放的水準。

股利是「收集鼠」年代的遺物（Pack-Rat Age，譯注：pack rat是一種北美洲的老鼠，因有收集新奇小東西的癖好而得此名，作者於此影射投資人收集股票的行為。）

股利表面上看來十分吸引人，但它本身並不代表豐厚的年獲利。大多數的投資人把股利當成救世主般地熱情擁抱，他們相信唯有大公司才會發放股利。此外，財務規畫師還進一步說服他們把投資組合分散投資於債券、發放股利的股票與不發放股利的股票，並強調證券能保證獲利的重要性。這種冀望股利收入的欲望是來自於大蕭條的後崩盤時代。當時投資人害怕股價下跌，因而要求（也得到了）必須發放更多的股利。

當時具影響力的財經書籍都強調，相較於所謂的「投機股」（speculative share），投資人最好買進抱牢會發放股利的股票，因為這些股票比較安全。這些書籍主張，即使再發生另一次崩盤，有能力發放股利的公司較不可能破產清算，其股價抗跌性也較強。許多學術研究也支持這種概念，教導學生以預期的股利多寡來評價公司，資深的投資人期待股利發放，希望股利能讓他們平安退休。某些美國人一旦戀棧職位、房屋後，往往就會在一地棲身數十年，在閣樓上堆滿了各種工具與家具；同樣地，他們也會鎖定許多發放股利的公司股票。

　　葛拉漢的分析心態與任何分析師一樣，大體都是大蕭條時代的產物。他的價值評估模型也無可避免地強調，公司要能夠每年有盈餘獲利並發放給投資人。對葛拉漢與許多追隨他腳步的學者而言，手握股利比空有資本利得的承諾還要有價值。他們相信若考慮投資原有的風險，最好是現在就能從公司拿到錢，省得還要依賴公司未來為他們賺錢的能力。葛拉漢曾說：

　　　　近年來，股利一直是投資普通股票的首要考量要素。其簡單邏輯在於，發放股利給股東是企業的首要目標。成功的公司就是能經常發放股利，且可以隨著時間增加股利。因為投資的觀念與這筆可靠的收入密切相關，接著普通股的投資很自然地偏限於那些信譽卓著能發放股利的公司。再接下來，普通股的投資價格便是由股利的額度來決定。

　　　　　　　　　　　　　　　──引自《證券分析》原作第325頁。

　　若以這種片面的觀點看待股利，顯然違反了財務邏輯的直覺，公司不必也不應該發放股利有許多不得已的理由。葛拉漢澄清他對股利的看法，並承認有些時候公司可以保留股利不發放。他列出了公司可以這麼做的三種情況：(1)強化現金流量；(2)增加產能；(3)「消除過度資本化」（買回股票）。

　　這三種情況都可以提升公司的內在價值，並為股東謀福利。事實上，如果公司能比外部投資人更妥善地運用現金於公司內部，為了慎重起見公司應該保留盈餘並且暫緩發放股利。葛拉漢相信，如果公司能成功地再投資盈餘擴大產能，

或改善不穩定的財務，在未來股利的發放上，將可取得較有利的位置。如果公司能再投資並增加內在價值，現在犧牲掉1美元的股利，將來投資人獲得的利益會更多。學者們主張，這1美元遲早會再以股利的形式回到投資人手中。

許多當代的價值型投資人包括巴菲特在內，都悄悄地與葛拉漢分道揚鑣，轉而接受對股利更具彈性的看法。他們主張，對今日的投資人而言，尤其在稅法改變之後，股利並未帶來多大的經濟利益，甚至可以從股票的潛在獲利中扣除。從巴菲特的波克夏投資組合中，即可見到他對股利的偏見；唯一的例外是如果歷史證明，該公司過去能聰明地分配盈餘用途（見表9-2）。在1997年底，巴菲特主要的持股包含幾家大型的成長股，它們發放的股利還不及盈餘的50%（1997年的市場平均值為38%），這些股票的股利收益率平均低於1%。

追求股利的投資人要了解公司內部獲利與外部投資人需求的關係。就這點而言，公司應該避開不斷增加股利的要求。如果能成功地把投資人的資金轉投資，管理階層應該主動暫停發放股利，甚至持續好幾年都無所謂。如果公司能以投資人的股利資金另行投資以創造更好的獲利，則公司應該把盈餘保留下來。

假設通用汽車的盈餘獲利1,000萬美元，它可以選擇發放部分、全部或不發放股利給股東。取決的關鍵在通用汽車的「門檻比率」（hurdle rate），即它對內再投資可預期的獲利率。如果通用汽車購置1,000萬美元的新廠房，每年的投資報酬率可達25%，它很可能會選擇保留全數資金。在這種

表9-2　波克夏最大的持股部位（1997年）　　　（單位：美元）

公司名稱	1997年每股盈餘	1997年股利	發放率（％）	12/31/97的收益率(%)
美國運通銀行	4.15	0.90	22	1.0
可口可樂	1.67	0.56	34	0.8
迪士尼	2.75	0.48	17	0.5
Federal Home Loan Mtg.	1.90	0.40	21	0.9
吉列	1.91	0.86	45	0.9
麥當勞	2.20	0.32	14	0.7
華盛頓郵報	26.23	5.00	19	1.0
富國銀行	25.62	5.20	20	1.5

情況下，通用汽車會做出這項抉擇，並不令人意外。唯有投資人在自行投資的投資報酬率有機會超過25%的情況之下，通用汽車才會發放股利。然而股票市場卻不能保證有這麼高的投資報酬率。如果新廠年報酬率只有10%，通用汽車就更難做選擇了。這是因為有些投資人的獲利就能超過10%投資報酬率。所以公司可能只把500萬的獲利投注在新廠，剩餘500萬以股利形式發放給投資人，並融資借貸500萬支付其餘的擴張費用。如果新廠預計的投資報酬率更低的話，比如說只有5%，那麼公司很可能會把所有的盈餘以股利發放出去，並舉債1,000萬美元以發放擴張計畫所需的資金。

　　如投資人所見，公司對於發放股利這項議題是不能掉以輕心。管理階層必須把股利發放政策納入公司長期財務與擴充資本的計畫之中。事實上，美國企業一直遵守這些總體原則，這可從公司股利、盈餘成長與資產報酬率的關係上得到證明。快速成長的公司可達成最高的資產報酬率，所以無論

如何是不發放股利的，而且很可能連續好幾年都不會發放。其中包含了上百家的小型公司，以及著名的高成長公司如微軟、甲骨文、思科系統、蓋特威2000（Gateway 2000）、戴爾電腦、帥康（3Com）、Boston Scientific、Outback Steakhouse與Office Depot等。成長最緩慢的公司所能達成的內部投資報酬也很低，所以他們幾乎把所有的盈餘都以股利發放，如電氣與瓦斯等公用事業公司。大多數的公司所發放的股利約等於年度營收的10%至60%，大體而言，股利可反映出公司內部的障礙率。如果公司發放的股利低於盈餘的10%，其所創造的內部成長率可能就會很高。當公司發放高股利時，達年度盈餘的40%至60%，他們即可能因為公司業務發展已日趨成熟，或成長機會銳減而發放現金。這個集團包含了消費產品公司，如摩里斯、家樂氏（Kellogg）、大製藥廠與銀行。

　　許多公司對大眾要求股利的心態過度妥協，即使已不再是明智的做法，仍然繼續發放股利，甚至眼見公司盈餘已經下滑，還是讓投資人陶醉在股利之中，希望能為股價提供些許心理建設。此時，管理階層不只短視近利，甚至把原本可以在其他地方做更有效運用的寶貴現金資產消耗殆盡。例如，許多礦業公司在1997年金、銅、銀、與礦物價格崩盤後，還維持發放股利即是這種錯誤，這些公司的獲利能力令人質疑。

　　相反地，有些財務穩健的公司也發放股利，但他們實在應該保留盈餘。通常，這些公司發放股利只是要滿足基金經理人追求收入的欲望。有數十家基金禁止買進沒有發放股利

的公司，結果因此被迫避開一些美國成長快速的公司。高成
長的公司如嘉信理財（Charles Schwab）、威明百貨、迪士
尼、Cracker Barrel Old Country Store與Callaway Golf等公
司，適度發放股利的唯一目的，只是爲了吸引更多的法人投
資他們的股票。只要快速地檢視一下他們的財務表現，即可
確定，他們根本就不應該發放股利：。Callaway Golf（見第
十章）每年在其資產與股票上的報酬率非常高，它應該繼續
把所有的盈餘保留下來，而不是發放給投資人。傳統上，它
每年的股利收益率還不及1%，看到這種微不足道的報酬
率，投資人本應避開這支股票。Carcker Barrel在1998年的股
利爲每股0.02美元，爲該年盈餘的1.4%。除非動機有問題，
否則從財務的觀點來看，公司拿這麼微薄的股利要吸引投資
人極爲不合理，如果公司在其資產上能達成高報酬率，它應
該每年把所有的獲利全數再投資於公司業務，而不是把獲利
浪費在投資人上，再讓他們每年拿去繳稅。

圖9-1顯示幾家精選大型股的「股利發放比率」
（dividend payout ratio，管理階層認爲可以不必再投資的盈
餘比率）與資產報酬率。很明顯地，股利政策在各公司間差
異很大，即使是同產業的公司亦同。一開始，這些公司的股
利政策看來似乎並無不同，但是發放比率是跟隨著與資產報
酬率有關的趨勢。大體而言，公司的資產報酬率越高，發放
給投資人的股利就越少。同樣地，如果公司的資產報酬率很
低，此時公司應該把盈餘保留下來，而不是把這些寶貴的資
源發放給投資人。如果公司享有高投資報酬率，但卻選擇把
大部分的盈餘發放給投資人，這種做法是錯誤的。

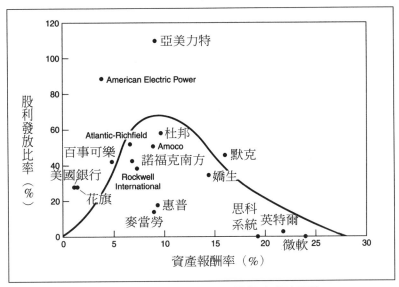

圖9-1 標準普爾100指數股票的股利與內部報酬
（12/31/1997）

股利與產業的「生命週期」

　　為什麼有些公司只將10%的盈餘作為股利，而其他公司則發放60%或者更多？我們先前提過，大體上跟該公司的投資機會有關。如果機會很好，公司應該儘可能把多數盈餘保留下來，希望能為股東增加更多的權益。唯有這種投資機會消失時，公司才應該開始把盈餘發放給股東，至於何時這種改變會發生則很難精確地認定。從圖9-1可看出，公司的盈餘政策的確與內部報酬率有關連，圖9-1也顯示，股利政策與成長率有關，更精確地說，與公司的生命週期有關。一般而言，公司會經過4個階段，然後才清算或拍賣資產。在每

個週期，公司的再投資與股利政策都不一樣。這些週期可以
簡述如下：

(1)**初期成長階段**。成長初期公司常因資金不足而保留所有
的盈餘以支持研究工作、進行收購或添購生產設施。高年
成長率是這個階段的特色，有時可達100%或更高，若不
能持續幾年，起碼會持續好幾季。在這個階段的公司必須
集中所有的資源開發新市場與新科技，以抵抗潛在的競爭
者。

(2)**擴張期**。公司在此階段成長減緩，但還是非常強勁。產
品已能在市場占有一席之地，且已達到適度的成本效益，
快速擴張自然成為新目標。新的店面、工廠、地區總部跟
著建立，公司的薪資與管理成本隨著營業額上揚。這些公
司的特色是資產與股票的投資報酬率很高，而且邊際利潤
也相對較高。在這個階段大部分的公司選擇只發放適當的
股利，因為來自資本利得的投資報酬率即可滿足投資人。

(3)**成熟成長期**。大部分著名的美國公司，如必治妥施貴寶
藥廠（Bristol-Myers Squibb）、可口可樂、迪士尼、寶
鹼、杜邦、花旗銀行、福特汽車等公司，都處於「成熟成
長」的階段。歷經數年或數十年的成功擴張之後，這些公
司所累積的戰鬥資源十分充足，可以用來增加市場占有
率。由於他們的規模龐大，所以很難再出現二位數的銷售
成長，但仍可以使用營運槓桿（operating leverage，見第
十一章）來推動盈餘成長。此時，新投資機會將受到較多
的限制，而且大部分現金流量也會超過維持業務所需的金

額。公司會把大部分多餘的現金流量以股利形式發放給投資人。此階段，股利可能會達到年度盈餘的60%。

(4)穩定期或衰退期。在這個階段，公司的產出幾乎沒有成長，現金流量用來更新老舊的設備。盈餘成長停滯不前，而且公司幾乎無法爲多餘的利潤找到其他任何投資機會。因此，公司會（也應該）把大部分的盈餘發放給投資人。

投資人如果追蹤公司的表現許多年，就會發現成長率與股利政策的改變是可以預測的。年營業額1,200億美元的威明百貨即是最具代表性的例子，足以說明公司成熟後會如何調整其財務目標的優先順序。到1997年，威明百貨的成長潛力已明顯見頂並開始下滑。實際上，威明百貨的銷售並未停止成長，只是外部成長率停止。公司減少興建新的賣場，並花費越來越多的資金整修現有的賣場，而不是設立全新的設施。由於興建新的賣場需耗費鉅額資金，而且威明百貨很難再找到足以支持19萬平方英尺賣場的新社區；遂集中更多的資源往海外發展。1997年12月，威明百貨收購了德國零售商Wertkauf所擁有的21個賣場。這是一個明顯的訊號，威明百貨在美國的擴張已達成熟階段，投資人若仔細檢驗威明百貨的年度經營成果就會發現，該公司在美國新賣場的投資報酬率明顯地逐漸下滑。換句話說，新賣場達成損益平衡所需的時間越來越長，資產負債表也顯示出這個趨勢。威明百貨資產與股票的投資報酬率在1990年代持續走下滑（見表9-3）。因爲威明百貨現有的賣場繼續賺錢而新建的賣場減少，促使威明百貨的營運現金流量大幅改善，因而在1997年首度出現

表9-3　威明百貨股利的歷史　　　　　　　　　　　　　　（單位：％）

年度	每股盈餘 （美元）	資產報酬率	股東權益報酬率	股利 （美元）	發放率
1992	0.70	12.0	26.0	0.08	11.4
1993	0.87	11.1	25.3	0.10	11.5
1994	1.02	9.9	23.9	0.13	12.7
1995	1.17	9.1	22.8	0.17	14.5
1996	1.19	7.8	19.9	0.20	16.8
1997	1.33	7.9	19.2	0.21	15.8
1998	1.56	8.3	19.8	0.27	17.3

盈餘。管理階層發現公司資金盈餘過剩，遂以連續增加股利發放為之因應。由於威明百貨的投資報酬率下滑，發放股利是合理的行動。威明百貨不但沒有保留所有的盈餘，每年還巧妙地把更多的盈餘歸還給投資人，讓他們自己決定如何花掉這筆獲利。

稅法與股利

　　發放與提高股利對公司而言看似稀鬆平常，但卻是個會影響到未來盈餘、資產投資報酬率與股價的重要決策。站在公司的觀點，股利等於是運用現金與其他投資標的競爭。當在思索是否發放股利時，管理階層所需考量的因素為：投資人現在領取現金比較好呢，還是等數年後再領回公司所累積的財富？另一個在管理階層心中斟酌的要素在於，他們有責任要提高股價。假設其他條件不變，股利占盈餘比率越高，股價預計上漲的幅度就越小。若公司把100％的盈餘都以股

利形式發放，其股價攀升的幅度就會小於另一家保留所有盈餘再投資的公司。大部分公司發放股利的比率既不是0，也不是100%。他們尋求中間路線，希望能同時滿足再投資的資金需求，與投資人期盼股利收入的願望。此外，投資人是喜愛資本利得的程度更甚於股利。也因此，公司不再願意鉅幅提高股利。如果不是投資人執意爭取，公司其實不應該增加股利發放額度。以往公司會把60%以上的年度盈餘以股利發放；到1997年底，他們所發放的股利卻已不及40%。

　　如果了解這種趨勢的成因，股東應該從公司的財務背景來看股利。自1980年代晚期開始，股利歷經了大幅變動，多年來利率呈現穩定的下滑趨勢，推升了債券與股票的價格，並造成收益率下跌。習慣了8%、9%收益率的投資人，突然間很難過地發現，他們買進的收益股票（income stock，編注：指股利發放優於一般普通股的股票。）收益率只有3%或更少。當事情尚未結束前，稅法上微妙的改變也減損了坐享股利收入的優勢。1993年的預算調停法案（The Budget Reconciliation Act）成為調降股利支付額度的主要動力。該法案將最高普通所得稅率提高至39.6%，而資本利得稅率最高為28%，因而擴大了股利與資本利得的稅率差距，這11.6個百分點的差距促使持有發放股利的股票不再具有優勢。

　　就稅賦政策的背景來看，在1990年代股利發放比率降低是完全合理的。因為公司存在的目的是要最大化投資人的報酬率，所以公司應該儘可能採用能使股票更有吸引力的政策。在1980年代中期以前，公司的稅賦級距較高並被視為被充公的，所以他們可以把盈餘以股利發放給投資人，將報酬

最大化，讓投資人自行決定這筆獲利的最佳用途。爾後，尤其是1990年代中期開始，情勢就發生逆轉。

我們來看看通用汽車所面對的選擇，本例假設通用汽車賺進額外利潤1,000萬美元，可以選擇全數以股利發放，或進行再投資，以後再發還給股東。再假設通用汽車與其投資人可以把這1,000萬美元投資在收益率為6%的國庫券上。通用汽車會做何決定呢？需要比較的是公司與股東的稅率如何，以及公司與股東的稅後報酬率如何。公司處置這筆錢的方法一定要將股東的報酬率最大化。

如果通用汽車的稅率與股東的最高稅賦級距相同，這1,000萬美元如何發放就無關緊要，股東所獲得的淨報酬率是相同的。如果通用汽車買進1,000萬美元的債券，並以每年6%的複利增長，五年後債券創造的利息為338萬2,256美元，每年通用汽車所付的稅等於利息的35%，在第五年年底，它所獲得的利息為219萬8,466美元。如果它把債券賣掉，便有1,219萬8,466美元可以當成股利發放給股東。當然，投資人一收到錢，還得再損失35%的稅賦，他們收到的淨額是792萬9,003美元。

通用汽車的另一個選擇是在一開始就把1,000萬美元全數發給投資人，讓他們自己去投資。如果這麼做的話，投資人將為這1,000萬美元損失35%的稅賦，所以他們真正收到的是650萬美元。假設他們把這650萬美元投資在年利率6%的債券上，在第五年把債券賣掉後，連本帶利的稅後獲利也可達到792萬9,003美元。

如果稅率改變降幅，通用汽車的決定也跟著改變。如果

通用汽車的有效稅率降至34%，儘管相當小，投資人還是會好過一點；假設通用汽車全數保留1,000萬美元，買進債券，並把五年的獲利以股利發放。同理，如果最高個人稅率攀升到37%，投資人若想要獲得更多的錢，就要讓通用汽車再投資這1,000萬美元。因此產生重要的推論：如果個人的稅率比公司的稅率高，對投資人比較好的做法是讓公司把獲利再投資，而不是即刻把股利發放給投資人；如果公司的稅率高於個人的稅率，對個人比較好的做法是，公司應該把多餘的獲利用來發放股利。

當1997年美國國會降低股票投資的資本利得稅率時，它提供公司一個避免發放股利的額外誘因。同樣地，這也提供特別的誘因給投資人，以引誘他們避開發放股利的股票。對於願意持有股票超過18個月的投資人，國會把他們的資本利得稅率從28%降到20%。這個做法刺激公司董事會，使他們更喜歡股價上漲而非股利增加，因而採取行動，提升投資人的資本利得。長期下來，這會使得公司不願意以盈餘成長的速度同步增加股利。

在這個過程中讓事情更複雜的事實是，大部分的美國人並未發放上述的稅率。換句話說，他們的有效稅率（effective rate）通常要再低很多。若以一個典型家庭的稅賦級距31%而言，計入標準免稅項目與可扣除額如醫藥費、房貸付款、州與地方稅、慈善捐款等等，有效稅率可能是20%或更低。對那些稅賦級距更低的家庭或個人而言，股利的稅率可能只有15%而已，這使得公司即刻發放股利要比把盈餘再投資來得有道理。不幸的是，公司不能選擇股利發放的對

象。它的股利發放必須根據平均稅率，制定全面一致的政策。現在，資本利得的稅率更進一步降低了，而且公司的稅率依然低於最高的個人所得稅率，所以投資人只能像仰望金融救世主一樣，苦苦地等候股利的發放了。

另一個應謹記在心的要素是，股利會降低公司的成長速度。再投資於公司的每1美元，應該可以增加公司淨值1美元，而且可以增加內在價值至少1美元。然而，如我先前曾經指出的，股利與股價的成長是魚與熊掌不可兼得。發越多的股利給投資人，股票增值的潛力就越小。如果公司把所有的盈餘都以股利發放，其淨值可能永遠也不會增加。如果盈餘不成長，股價的表現就會與債券一樣，股價漲跌所反映的只是利率的變化而已。如果盈餘能穩定攀升，這支股票的本益比可能還會比成長率相同但不發放股利的股票還要低。這是因為兩個理由：第一，淨值沒有改變；第二，該公司年度的稅後報酬率會遠低於投資人。

股利再投資計畫合乎邏輯嗎？

歷史教訓告訴我們，投資人在討論股利應該保持開放的心胸。他們不應該只是因為害怕買到「投機股」，就機械式地搶進有發放股利的公司；再者，沒有先弄清楚股利是否真的提升稅後報酬率，就把重點擺在發放股利的股票上也是不對的。相反地，投資人也不應該為了避免每年的稅賦，而機械式地避開有發放股利的公司，因為有些成長性佳的公司即使發放股利，對股票價格的負面影響也是微乎其微。簡言之，並沒有凌駕一切的策略能適用於所有公司。不過如果投

資人要決定公司是否值得擁有時，還是應該要衡量股利的稅後價值。

　　投資人還應勤勉地評估「股利再投資」（dividend-reinvestment）策略。過去十多年來，媒體投入相當的篇幅報導「金融成本平均法」與公司股利再投資策略。對許多投資人而言，這些策略的誘惑力很大。今日有數以百萬計的美國人定期地再把他們每季收到的支票投入公司，絲毫不加過問。有超過1,000家公司加入這場混戰，並推出各種計畫讓投資人不必經過券商即可從公司直接買到股票，並把股利再做投資。公司發現這些計畫有助於保持投資人的忠誠度。同時可以讓公司擴大股東的基礎，把更多的股票直接交給長期投資人，而不是法人。再者，這也是一種對大眾發行新股票的低成本做法。

　　股利再投資策略是相當吸引人的，對投資人更是非常便利。然而從我們先前談過的理由來看，很多計畫的本質都有問題，如果公司發放股利，公司的實質目的是鼓勵投資人把錢拿走並花在別的地方。畢竟，如果公司相信它自己的資產就是最好的投資標的，它會把盈餘保留下來，而不發放任何股利。英特爾只發放些微的股利，因為重新投資於公司的每一分錢，年報酬率一直都超過30%。只要英特爾盈餘再投資的報酬率能維持在高檔，公司所保留下來的盈餘將會為股東帶來更大的獲利。

　　如果公司把大部分的盈餘發放給投資人，基本上等於承認無法用這筆錢賺得足夠的報酬，並鼓勵投資人尋找投資報酬率較高的機會。如果明白這一點，為什麼還要把資金重新

投入同一家公司呢？但投資人把股利再投資時所做的正是這件事。這種策略如果真如它所宣稱的，則投資高股利的公司，如電力公用事業，就更是沒道理了。而現在這些公司都有提供自動股利再投資計畫。典型公用事業所發放的股利高達年度盈餘的80%至90%，這證明了這些公用事業難以再替投資人的盈餘找到可獲利的內部投資計畫，他們自己都已經不知道該怎麼將投資人的資金拿去投資了，投資人還寄望他們能做什麼呢？通常，股利再投資計畫的資金會被用來發行新股票，並因而稀釋這家投資人所信任公司的盈餘。把股利再投資於低成長的公司如電力公用事業，就如同時常光臨一家服務不好的餐廳，還每次都給服務人員小費獎勵。

第十章

衡量公司的內部表現

價值投資法

如何以價值投資戰勝市場

「正確判斷公司的形象與實際表現之間的差異可打開通往巨額獲利的大門。」

——引自麥茲（Robert Metz）與史戴森（George Stasen）所著《It's a Sure Thing》，McGraw-Hill，1993年，原作第117頁。

在完美的世界裡，公司可以任何價格銷售產品，在無競爭的環境下經營許多年，提高成本亦不受影響，也不覺得有投資研發的壓力。對許多公司而言，如果這種極樂世界真的存在的話，也不會長久。尤其是現在，隨著新千禧年的到來，公司被迫重新思考生存的策略。科技的傳播與海外競爭的浮現，使得新成立的公司可以在價格與品質上成功地戰勝市場龍頭，資源與資本的流動全然不受國界的影響，而且競爭者能在幾個月內即可扳回技術上的劣勢。許多公司充分利用地區性的薪資、利率、稅賦、與匯率差異，奪走了原本集中性產業的市場占有率，如鋼鐵、服飾、藥品、銀行、半導體與電訊等產業。

實際上，商業環境惡化已數十年，未來仍將持續惡化。廿世紀初，1940年代至1950年代的財經作家悲嘆，由於競爭使得公司的獨占優勢難以維持。這種情況從未改善，反倒每下愈況。如果公司希望能增加市場占有率，為股東賺錢，他們必須不斷調整，並檢視內部表現。那些依然能維持強勁營運的公司，儘管競爭壓力與日俱增，仍可為投資人帶來豐厚

的利潤。

　　本章檢視三項成功的關鍵基準：股東權益報酬率、保留盈餘（retained earnings）、生產力（productivity），以及它們如何協助投資人評價公司。

股東權益報酬率

　　在1990年代，我們目睹一些驚人的企業成就，他們的盈餘持續改善、生產力提升、間接製造成本（overhead cost）降低與強勁的銷售獲利等。公司用來創造這些成果的方式包括，重組、裁員、購回股票與管理階層對資產的有效利用等，都加速改善股東權益報酬率。股東權益報酬率是衡量資本利用（capital utilization）的標準，但卻常常被忽略。大部分的投資人與最資深的分析師都會緊盯著盈餘，然而公司維持高股東資本報酬率的能力，才是長期成長的關鍵。因為很多方法都可以操縱盈餘，所以投資人也應該重視股東權益報酬率，它可以像每股盈餘一樣做為衡量公司表現好壞的工具。巴菲特在1979年給股東的年度報告中明白指出：

　　　檢驗管理階層經營表現的最主要方法，在於公司能創造出高股東資本收益率（沒有使用不當的財務槓桿、會計花招等等），而不在於能讓每股盈餘持續成長。我們認為，如果管理階層與財經分析師能修正他們對每股盈餘與其每年變化的重視程度，股東與社會大眾將能更了解公司。

　　　　　　　　　　　　　　　　　　——引自波克夏1979年年報。

計算股東權益報酬率的方法相當直接。這個比率的算法是年度利潤除以創造這筆利潤的平均資產淨值。

$$股東權益報酬率 = \frac{淨收益}{（最終資產淨值＋起始資產淨值）／2}$$

如果公司賺了1,000萬美元，該年開始時股東資產淨值5,000萬美元，年底時為6,000萬美元，公司的股東權益報酬率約為18.2%。

$$股東權益報酬率 = \frac{1,000萬美元}{（6,000萬美元＋5,000萬美元）／2}$$

$$= 0.1818（即18.2\%）$$

這個數字表示，管理階層從投資人交給他們的資本中獲得18.2%的報酬率。當投資人買進股票或藉由債券借錢給公司時，他們等於是提供資本給管理階層。股東資產淨值（資產減去負債）代表的是投資人在公司淨資產中的股份，包括提供給公司的資本總額，加上公司利用該資本所獲得的盈餘，減去一些額外的項目。高股東權益報酬率表示，管理階層成功地運用資產為投資人獲利。理論上，股東權益報酬率也是預測股利與公司成長率的良好工具，若公司能持續提出20%的股東權益報酬率，並保留50%的盈餘，其股利成長率應該會接近10%。在1990年代，默克的股東權益報酬率一直在30%至35%間盤旋，而且該公司傳統的保留盈餘為53%。如果這個趨勢持續下去，投資人可以預期股利每年成長16%

至19%。

　　廿世紀絕大部分時間，標準普爾500公司的股東權益報酬率平均值約在10%至15%之間，至1990年代卻急遽上揚（見圖10-1）。事實上在1990年代中期，美國公司的股價能比帳面價值高的溢價存在，原因之一就是股東權益報酬率攀上歷史高峰。在這種情況下，只要公司能維持高報酬率，公司的評估價值會揚升是合理的。

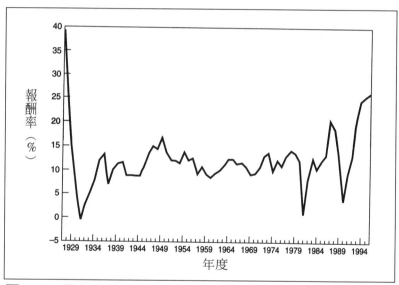

圖10-1　平均股東權益報酬率──道瓊指數

　　能夠維持高股東權益報酬率的公司一定是卓越的企業，如果出現吸引人的股價水平應該要買進。我們透過假設的例子，來說明維持高股東權益報酬率的困難：假設公司起始盈餘為1,000萬美元，並維持25%的股東權益報酬率。

年度	基礎資產淨值 （美元）	淨收益 （美元）	最終資產淨值 （美元）	股東權益報 酬率（％）
1998	35,000,000	10,000,000	45,000,000	25
1999	45,000,000	12,855,000	57,855,000	25
2000	57,855,000	16,525,000	74,380,000	25
2001	74,380,000	21,242,888	95,622,888	25
2002	95,622,888	27,307,733	122,930,621	25
2003	122,930,621	35,104,090	158,034,711	25
2004	158,034,711	45,126,308	203,161,019	25
2005	203,161,019	58,009,869	261,170,887	25
2006	261,170,887	74,571,686	335,742,574	25
2007	335,742,574	95,861,903	431,604,477	25
2008	431,604,477	123,230,476	554,834,953	25

　　因爲每年的淨收益要納入資產淨值，並成爲下一年計算的成分，所以要創造足夠的淨收益以維持25％的股東權益報酬率將變得越來越困難。事實上，我們假設的公司必須每年以28.6％的速度增加淨收益與資產，才能維持25％的股東權益報酬率。因此這裡出現了一個有趣的定理：高股東權益報酬率應該伴隨著更高成長的淨收益，如果淨收益的年成長率只有15％，我們假設的公司會有什麼樣的股東權益報酬率。

　　華爾街的確偏愛穩定的盈餘成長，但穩定的盈餘成長會導致股東權益報酬率逐步下降，以及股東資產淨值成長率的下滑。如果管理階層希望維持25％的股東權益報酬率，就必須想盡辦法讓淨收益創造出更多的股東資產淨值。事實上，如果淨收益的成長比資產淨值慢，管理階層並未把它所額外獲得的資源做最有效運用。巴菲特說：

年度	基礎資產淨值 （美元）	淨收益 （美元）	最終資產淨值 （美元）	股東權益報 酬率（％）
1998	35,000,000	10,000,000	45,000,000	25
1999	45,000,000	11,500,000	56,500,000	23
2000	56,500,000	13,225,000	69,725,000	21
2001	69,725,000	15,208,750	84,933,750	20
2002	84,933,750	17,490,063	102,423,813	19
2003	102,423,813	20,113,572	122,537,384	18
2004	122,537,384	23,130,608	145,667,992	17
2005	145,667,992	26,600,199	172,268,191	17
2006	172,268,191	30,590,229	202,858,419	16
2007	202,858,419	35,178,763	238,037,182	16
2008	238,037,182	40,455,577	278,492,760	16

　　許多公司定義「最高盈餘記錄」（record earnings）爲每股盈餘創新高。由於盈餘是年復一年的累積在股票上，因此如果管理階層的表現是資產淨值增加10%，而每股盈餘增加5%，這並沒有什麼特別值得注意。畢竟，即使是靜態的存款帳戶每年也會因爲複利的關係，穩定地增加利息的盈餘。

　　　　　　　　　　　　　　　　　——引自波克夏1997年年報。

　　選擇高股東權益報酬率的公司鮮少會虧損。高股東權益報酬率一定伴隨著強勁的盈餘成長，其淨值與內在價值也會呈現穩定地增加。在上述假設的例子中，我們可以預期該公司的年平均股價至少增加28.6%，以反映股東資產淨值的成長。如果公司淨值年增率爲28.6%，該公司的價值也應該至少以此速度增加。在評估兩家規模相仿的公司時，高股東權

益報酬率的公司，長期而言幾乎都有較好的報酬率。此外在
估計股東權益報酬率時，還有五點值得列入考慮：

(1)**憑藉小額負債或無負債以達到高股東權益報酬率，比藉由
高負債達成類似的股東權益報酬率要好**。負債到底是可增
加獲利還是會減少獲利，至今並無定論，但債務水平是股
東資產淨值的主要決定因素。若其他因素不變，資產負債
表上的債務越重，公司的股東資產淨值就越低，因為在計
算資產淨值時，債務須從資產扣除。如果公司能靈活運用
債務，將可大幅改善股東權益報酬率，因為與淨收益比較
起來資產淨值基數相對較小。但是公司一般都不偏好高債
務，尤其是對盈餘的景氣循環性很強的公司更是如此。
Callaway1993至1997年間平均的股東權益報酬率為43%，
同一時間它還償還了所有的長期負債，成就不凡。儘管
Callaway的資產基數相當小，其資產報酬率在1997年高達
34%。表10-1顯示，道瓊工業平均指數30支成份股在1997
年的股東權益報酬率。許多公司之所以能獲得高股東權益
報酬率，是因為藉助高負債。

(2)**必須了解高股東權益報酬率的來龍去脈**。製藥與消費產品
公司通常有高於一般公司平均的負債，且常有較高的股東
權益報酬率。他們能負擔較高的債務是因為他們的銷售比
景氣循環公司還要穩定與可靠。因此他們可以安全地使用
債務擴張，而不用在經濟遲緩時擔心付不出利息。

(3)**今日的高股東權益報酬率可能是因為股票回購**。公司可以
藉著股票回購、員工持股計畫（Employee Stock

表10-1 道瓊指數1997年的股東權益報酬率 （單位：%）

公司名稱	股東權益報酬率	債務／資產淨值	公司名稱	股東權益報酬率	債務／資產淨值
聯合訊號	24.4	120	IBM	25.0	120
美國鋁業（Alcoa）	11.5	150	國際紙業（International Paper）	3.2	140
美國運通銀行	22.2	NM	嬌生	26.6	40
美國電話電報公司	29.1	90	麥當勞	17.7	70
波音	10.0	70	默克	32.4	60
卡特皮勒	33.1	180	Minn.Min.& Mfg	24.3	50
雪弗龍（Chervon）	16.7	70	摩根銀行	13.5	NM
可口可樂	56.7	40	摩里斯	44.3	180
杜邦	34.0	150	寶鹼	27.5	60
柯達	27.2	90	施百樂（Sears）	25.2	330
艾克森石油	17.2	70	旅行家集團	16.9	NM
奇異電器	23.4	450	聯合碳化物（Union Carbide）	26.9	140
通用汽車	19.6	790	聯合科技（United Technology）	18.5	100
固特異輪胎（Goodyear Tire & Rubber)	3.1	110	威明百貨	17.8	70
惠普	19.2	30	迪士尼	11.4	80

注：NM代表無意義

Ownership Plan, ESOP）、與轉讓選擇權等大幅操縱股東權
益報酬率。在1989年11月，奇異電器首開風氣，宣布100
億美元的股票回購計畫，公開表示改善股東權益報酬率。
此後，有上百家的公司充分利用這類回購計畫。藉著贖回
股票，公司可以降低股東資產淨值，並改善每股盈餘；這
對股東權益報酬率而言乃是一箭雙雕。先靈葆雅藥廠
（Schering-Plough）在1996年的股東權益報酬率不尋常地
高達65.9%。若再加上先靈葆雅藥廠零負債，這種報酬率
似乎很驚人。先靈葆雅藥廠買回了1億4,200萬股，存放於
金庫中等著再發行。這些股票的成本基礎（1996年年底為
35億6,000萬美元）會從股東資產淨值中扣除，因此膨脹
了股東權益報酬率。若先靈葆雅藥廠沒有囤積股票的話，
它的1996年股東權益報酬率應該是23.3%，與競爭者差不
多。囤積股票倒不一定對股東不利，公司的錢如果多得足
以買回大量的股票，對提升股東權益報酬率與盈餘也會比
較好。先靈葆雅藥廠正經歷著強勁的銷售上揚趨勢，毛利
率不斷改善，資本支出僅占淨收益的一小部分。面對這種
情況，公司正蓄勢待發準備每年購回股票改善股東權益報
酬率。

(4)**股東權益報酬率通常會隨著年復一年的盈餘成長見頂與落
底**。景氣循環公司的高股東權益報酬率難以維持。杜邦公
司在1996年股東權益報酬率維持在38.9%左右，該年盈餘
亦創歷史新高；而在1993年經濟不景氣時股東權益報酬率
僅為4.9%，而盈餘亦同時見底。

(5)**若未藉助提列重整費用、出售資產、特別獲利，依然能達**

成高股東權益報酬率的公司是為首選。不論是提列重整費用、出售分公司、以及降低股東資產淨值的美元價值等任何降低公司資產價值的決定，都會製造股東權益報酬率提升的假象。相反地，若公司能不靠這些輔助而增加股東權益報酬率，它的盈餘才算是實實在在地成長了。如果資產淨值基數很龐大，要不斷地改善股東權益報酬率就會很困難。不過有不少公司的確在1990年代中期設法達成此一目標：如聯合訊號、Atlantic Richfield、Banc One、紐約銀行（Bank of New York）、可口可樂、戴爾電腦、愛默生、艾克森石油、奇異電器、豐田、麥當勞、默克與寶鹼。

股東權益報酬率與其預測能力

　　許多學術研究探討股東權益報酬率的預測品質；也就是說它們想知道，一家公司的股東權益報酬率是否可以做為預測未來財務表現的工具。事實上，公司的股東權益報酬率走勢與未來盈餘間互動頻繁。這一點巴菲特在年度報告中常常提及。如果每年的股東權益報酬率不斷攀升，盈餘應該也會揚升；如果股東權益報酬率持平，盈餘的走勢也會持平而更容易預測。若能關注股東權益報酬率，投資人在做未來盈餘的假設時就會更具信心。事實上，改善盈餘預測準確性之一是採用倒推方式。投資人先估計未來的股東權益報酬率，然後再求出欲達成這個目標所需的盈餘。先前假設的例子中，在1997年初的淨收益為1,000萬美元，預估年股東權益報酬率為25%；投資人即可預估未來的淨收益與資產淨值。到了2007年，年獲利將可成長到1億2,300萬美元，即現在水平的

12.3倍。如果流通股數不變，每股盈餘在未來十年會上揚
1,233%。

　　投資人也可以利用股東權益報酬率預測盈餘潛在的下
跌。學術研究顯示，如果當前的股東權益報酬率高得離譜，
即可預測盈餘將會下跌。如果公司歷來的股東權益報酬率通
常都在10%與15%之間，接著突然提報20%；那麼下一次提
報時很可能會出現公司盈餘逆轉。我們預期這個關係對整體
市場也適用，實際上這也是事實。如同本章前面道瓊指數成
份股的圖所顯示，公司的股東權益報酬率衝上歷史新高後，
接下來的一段期間盈餘下跌。

保留盈餘的成長

　　評估管理階層價值最好的方法就是參考他們的投資記

年度	基礎資產淨值 （美元）	淨收益 （美元）	最終資產淨值 （美元）	股東權益報 酬率(%)
1998	35,000,000	10,000,000	45,000,000	25
1999	45,000,000	12,855,000	57,855,000	25
2000	57,855,000	16,525,000	74,380,000	25
2001	74,380,000	21,242,888	95,622,888	25
2002	95,622,888	27,307,733	122,930,621	25
2003	122,930,621	35,104,090	158,034,711	25
2004	158,034,711	45,126,308	203,161,019	25
2005	203,161,019	58,009,869	261,170,887	25
2006	261,170,887	74,571,686	335,742,574	25
2007	335,742,574	95,861,903	431,604,477	25
2008	431,604,477	123,230,476	554,834,953	25

錄。投資人應該還記得，管理階層的角色就是增加公司的價值，為達目的，管理階層可以擴大銷售增加公司的獲利，也可以再投資這些獲利以使股東的報酬率最大化。第九章曾解釋過，有時候管理階層沒有選擇，只能把盈餘以股利發放出去，因為唯有如此，公司方能最大化股東的價值；另一方面，如果獲利的機會充分，公司應該（實際上是必須）保留所有的獲利。

史密斯（Edgar Lawrence Smith）在他1924年的著作《普通股票的長期投資》（*Common Stocks as Long-Term Investments*）中主張：如果公司未把所有盈餘以股利形式發放，股價應該上漲。史密斯認為，公司所保留的每一分錢都可增加股東的資產淨值，且會促使公司股價同步上揚。如果某家公司獲利500萬美元，從中發放200萬美元的股利，保留300萬美元；則公司的「帳面價值」（Book value）就增加300萬美元，若這家公司有1,000萬股的流通股票，則股價應上漲3.33美元。

不多久，華爾街即充分發揮了史密斯的突破性觀念。在1920年代末期，投機客充分發揮史密斯的理論支持他們對資產淨值的瘋狂渴望。投資人則認為只要公司把資金保留下來，任何資金都可以增加它的內在價值。因此，公司可以不斷地增加價值，並不理會當時支撐股價的基礎資產是否值錢，他們也不理會公司是否可以維持盈餘或保留盈餘的成長率，市場以不斷提高的估價回饋成長股，並忽略那些每年保留盈餘成長緩慢的公司。葛拉漢於1929年寫道，投資人過度關注未來盈餘，以致於忽略了這些公司的歷史記錄，並根據

　　來年可能出現的保留盈餘一路追高股票。然而，史密斯的觀點還是值得信賴，企業的價值會隨著保留盈餘增加。如果公司每股賺了1美元並全數保留，公司的價值應該至少可以上漲1美元。如果沒有的話，價值一定是在某處被破壞了，這時候謹慎地分析財務報表的確有所幫助。

　　「保留盈餘」這個項目只是資產負債表上的會計調整，它是公司創立以來減去股利支付額的所有累積獲利總和。如果公司過去五十年的淨收益為200億美元，實際發放的股利為100億美元，保留盈餘即為100億美元，但這並不是說公司即擁有100億美元的現金。過去五十年來，公司已把手上曾經擁有過的100億美元額外利潤再進行投資，大部分的資金很可能用在建新廠房、雇用員工、研發產品、開拓新市場或買進其他公司。

　　雖然保留盈餘僅是一個帳目，但這個項目卻很重要。因為保留盈餘，公司增加淨資產的來源是什麼。為解釋這個概念，我們假設投資人在三年間存了2萬美元。

　　資產負債表上顯示累積存款為2萬美金。現在請看下列的假設：

　　我們可以看出投資人並未把2萬美元全部藏在床底下，他貸款9萬美元購買價值10萬美元的房子，他也利用貸款買

（單位：美元）	第一年	第二年	第三年
收入	50,000	55,000	60,000
支出	45,000	50,000	50,000
存款	5,000	5,000	10,000

了價值1萬5,000美元的汽車，並已經還了5,000美元的貸款，
他還擁有5,000美元無貸款的個人物品，他所創造的2萬美元

資產	（單位：美元）
房子	100,000
汽車	15,000
個人物品	5,000
總資產	120,000

負債	
房子（未償本金）	90,000
車子（未償本金）	10,000
總負債	100,000
淨值	20,000

淨值上完全符合他三年的存款。公司則必須在資產負債表上
條列出淨值的來源。就此例而言，他會把2萬美元列為「保
留盈餘」。這2萬美元的現金就不復存在，而是轉列為無抵押
負擔的資產（unencumbered assets）。

對投資人及所有的公司而言，關鍵在於他是否能靈活運
用這筆錢。保留盈餘若要對公司有任何價值，它們再投資的
計畫必須要有適當的投資報酬率，否則公司就不應保留任何
盈餘，而應把所有盈餘發放給投資人。如果舉例中的人是一
家公司的話，他應該要在汽車與房子上獲得適當的報酬率；
否則應該把他的存款花在報酬率較高的物品上。很明顯地，
這種邏輯對投資人而言並不實際，也不值得效法。然而，公
司是投資的管道，其存在的目的是運用股東的資金創造獲
利。也就是必須聰明地運用保留盈餘，否則，史密斯的價值

理論就沒有意義了。畢竟，如果公司把保留盈餘花在低報酬率的計畫上，那保留盈餘有什麼好處呢？在這種情況下，保留盈餘可能會上升，但股價可不會。因為市場已經認清管理階層沒有能力使價值最大化。

若上例中的投資人所提報的淨值低於2萬美元呢？事實上他破壞了價值。2萬美元的利潤沒有轉換成2萬美元的淨值。發生什麼事了呢？有一種可能是，房子或汽車可能在貶值，顯示這是個差勁的投資。此外，投資人還可能必須把錢繼續投入現有的資產以維持其價值。他所擁有的5,000美元個人物品可能包括一櫃子需要每季更新的西裝、後院的圍牆可能最近毀於風暴需要更換、汽車的傳動系統也可能莫名其妙就壞掉了。任何這類可預期與不可預期的情況，都可能迫使他花費額外的利潤，以修復資產所損失的價值。

因此當投資人研究保留盈餘時，基本上他所搜尋的證據是公司是否明智地再投資其利潤。檢驗看看一家公司是否能通過下列三項測試，有助於了解這一點。

(1)**股東權益報酬率很高**。如果公司的股東權益報酬率高於該產業平均，表示該公司資源再投資的工作，做得比競爭者要好。股東權益報酬率越高，每年或每季公司應該保留的盈餘就越高。有些公司吹噓他們的股東權益報酬率異於常人，又把相當比例的年度盈餘發放給投資人。這是因為他們無法找到充足的合適投資機會，如摩里斯、多數的製藥公司、以及食品公司如百事可樂、可口可樂等。有些公司則宣稱他們的股東權益報酬率很高，因為相當高額的股利

會降低保留的股東資產淨值。

(2)**資本支出需求很低**。公司可能有很高的股東權益報酬率，如果所有的年度獲利都用來更新老舊設備，公司的內在價值就無法增加，保留盈餘只不過是一種錯覺而已。例如，區域性與長途電話公司每年都把大部分的盈餘用來升級網路、購買交換設備與維修數萬英哩的電話線。他們多花在維修上的一塊錢，就等於在擴張上少花一塊錢，而擴張才是投資人要使用保留盈餘的地方。唯有公司建新賣場或增加產能時，高額的資本支出才是可以接受的。

(3)**公司市值隨著保留盈餘上揚**。沒有任何人能準確地追蹤公司如何運用保留盈餘。投資人必須收集數十年的年報，仔細閱讀其財務報表以檢查保留盈餘的成長方式。有關公司的再投資政策，投資人也可以依賴市場做合理的判斷。公司市值應該以保留盈餘的速度成長，這是因為成功的公司增加內在價值的速度會比保留盈餘快。長期下來，市場能準確地反映公司的成長軌跡。如果公司股票的市值揚升速度比保留盈餘快，則可合理推測管理階層妥善應用資產，創造了額外的價值。

生產力：從物質與人力資源獲得更佳的報酬率

生產力成長是美國實際工資與公司盈餘成長快於其他許多國家的主要原因。廣義的說，每一小時美國人所能生產的越來越多，使得美國人的勞力在世界市場上越來越有價值。從過去歷史來看，提高生產力對公司、員工與股東都有正面的意義。從投資人的角度來看，生產力提升能讓公司的資源

有更好的報酬率，更好的毛利率與更好的盈餘結果。然而，
美國的生產力成長並不是持續不斷的。在1950年代與1960年
代，每小時的工廠產量提升3%至4%，但此後的成長率都不
足2%。

圖10-2對於這個現象透露了些許玄機。一般來說，如果
設備越先進，員工的的產能就越高。當公司削減設備支出，
生產力的成長就可能減緩，如1970年代與1980年代所發生
的。在1966年時，如圖10-2所示，資本支出的成長比勞動力
要快9倍以上。事實上，典型的公司每增加僱員1%，就增加
設備採購9.4%。然而到了1971年，公司在設備採購上縮
減，該比率降到1%以下。從1991年開始，資本設備採購的
速度再度大幅翻升，於是公司更新設備的速度開始比增加員
工要快。到了1996年6月，資本設備／勞力成長比率回升到
6.8%，創三十年新高。這個趨勢有助於解釋自1991年以來
工業股盈餘暴漲的原因，也能解釋1990年代中期股票多頭市
場實質持續的原因。

對投資人而言，要精確地計算個別公司的生產力成長相
當困難。事實上，許多公司也沒有資源可以衡量投入與產
出。但是大體而言，藉由簡單的計算可以算出企業是否能從
設備與員工上獲利更多。最簡單的方法是計算公司每位員工
的銷售，其所需的數據在大部分的年報上都可以找到，通常
還整理成相當方便的表格。計算這個比率的方法是，年銷售
額除以該年度公司員工的平均人數。例如，如果公司年初時
有員工1萬人，年終時有1萬1,000人，提報的銷售有5億美
元，每位員工平均為公司創造的銷售為4萬7,619美元。當

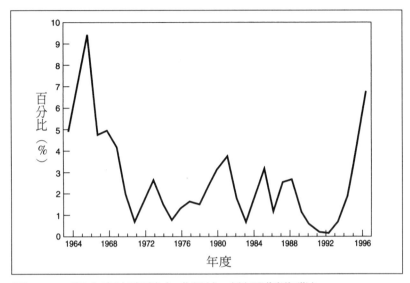

圖10-2 資本支出與勞力成長比（美國製造業）

然，並非每位員工都實際對公司的收入做出貢獻。但是這個計算透露了整家公司所有階層的工作大致的生產力水平。

生產力數字無法被獨立出來，要研究這些數字常需要好幾年的資料。唯有如此，投資人方能衡量公司在資源運用上是否出現了有意義的改善，以及這些改善是否有助於提升盈餘。表10-2陳列了在1990年代生產力成長極為優異的24家不同公司，它是用年報製作的，所用的資訊是投資人可以輕易取得的。這些公司的生產力成長與盈餘成長之間的交互關係並非巧合，當工廠的生產力提高時，即可以較低的成本創造相同的產量；也就說，所有新銷售額的每一塊錢都代表著越來越好的盈餘。

研究生產力成長的最直接的方法是測量資本支出的成

表10-2　精選公司的生產力成長

	銷售額／員工 1991年 (千美元)	銷售額／員工 1996年 (千美元)	年變化率 (%)	銷售成長率 1991年至 1996年(%)	每股盈餘成長率 1991年至 1996年(%)
Air Products & Chem.	205.0	267.2	5.4	6.5	9.9
聯合訊號	115.9	169.2	7.9	3.4	23.5
Armstrong World	121.1	179.7	8.2	1.3	35.4
Andrew	126.7	191.3	8.6	13.5	33.6
Equifax	79.3	128.0	10.1	10.6	29.9
愛默生	106.9	129.1	3.8	8.5	9.9
Dover	109.1	155.0	7.3	11.1	22.0
道氏化學	254.6	502.6	14.6	4.9	17.4
Donnelley(R.R.)	138.3	168.1	4.0	11.0	4.6
Frontier	175.8	326.0	13.1	18.1	10.3
惠普	194.9	358.6	13.0	21.5	26.5
Honeywell	104.5	141.8	6.3	3.4	6.2
嬌生	151.0	252.0	10.8	11.7	14.6
國際紙業	195.6	261.3	6.0	8.8	-4.7
家樂氏	337.8	460.4	6.4	2.9	3.4
Lubrizol	282.1	356.6	4.8	1.6	4.5
默克	230.6	420.6	12.8	18.2	11.8
Morton International	164.7	238.4	7.7	13.6	19.3
摩托羅拉	113.4	199.1	11.9	19.8	17.2
Pall	103.5	135.3	5.5	7.9	11.9
摩里斯	338.1	453.8	6.1	4.2	11.1
PPG Industries	168.3	230.6	6.5	4.9	33.0
羅素	54.0	70.0	5.3	9.1	8.9
SBC Communications	144.5	209.7	7.7	8.0	12.4
先靈葆雅	185.3	277.9	8.4	10.2	16.9

長，這是公司必須提列在現金流量報表上的成本。測量時，比較公司第一年的資本支出與第二年公司的銷售額成長。投資人可以約略估計公司資本支出的報酬率。例如，惠普電腦去年的資本支出為20億美元，今年的銷售額增加了40億美元，這表示其資本支出有2倍的報酬率。比較這個比率幾年，有助於了解公司效率的趨勢如何。

　　最後，比較幾年下來的資本支出成長率與員工成長率。如我先前所提出的，當資本支出成長遠高於員工人頭快很多時，高生產力、獲利改善就會隨之而來。在1991年至1996年間，信用與數據服務公司Equifax把資本支出提高為員工增加的26倍。結果，這段期間的年獲利成長29%，股價飆漲了500%。同樣是五年的時間，Andrew公司的員工增加了34%，銷售上揚88%，資本支出的成長是員工速度的3倍以上，使得Andrew的年生產力成長率達到8.6%。從1991年到1996年，嬌生公司每位員工的銷售上漲67%，年增率為10.8%。同期間，淨收益的年增率為14.6%，股價上漲3倍。

價值投資法

如何以價值投資戰勝市場

第十一章

發掘利潤率中的隱藏價值

「上天鮮少賜給商人買氣強勁或極度封閉的市場，可以讓
價格與成本變得毫不相干。」

——引自蘇頓（Gary Sutton）與塔希（Brian Tarcy）所著《*Profit Secrets from a
No-Nonsense CEO*》，Career Press，1995年，原作第28頁。

利潤率（Profit Margin）是衡量公司表現最有意義的工
具，主要在評估公司的內部效率，也是銷售轉換成利潤的能
力。對投資人而言，唯有把銷售轉換成實際盈餘才有意義，
因此，唯有公司能從銷售中創造利潤，它才有價值。如果公
司的銷售達到50億美元，但每年都損益平衡，對投資人而言
它的價值與另一家銷售額僅爲500萬美元，同樣不賺錢的公
司是一樣的。年底時，這兩家公司的所有人都無法從公司獲
得任何利潤，其所投入的時間、金錢與承擔的風險都沒有得
到適當的回饋。

一旦投資人研究利潤率，很快就會發現兩家公司不會有
相同的效率。然而，利潤率在產業集團內的關連性相當高。
軟體製造商的利潤率一般都比汽車製造高得多；製藥廠與食
品廠所享有的利潤率是銀行的2倍；管制利潤的公司如電力
公用事業，一般而言都相當穩定，這是因爲政府對他們的利
潤設限；景氣循環公司的利潤率會隨著經濟循環波動，繁榮
時，利潤很高；蕭條時，呈現虧損，這是很常見的；超市與
食品物流商的利潤率極低，通常低於1％，因爲他們依賴銷

售量來創造可接受的淨收益水準。

在檢驗利潤率時，聰明的做法是檢查公司的長期表現，通常是十年或以上。分析十年的結果才足以使投資人掌握或促成公司獲利能力改變的趨勢，至少可以顯示出可能性的範圍。十年的時間可以顯示完整的經濟循環，有助於了解利潤如何隨著經濟變遷而增減。

當投資人了解基本辭彙後，利潤率的分析是相當簡單的。

毛利率（Gross Profit Margin, GPM）**是指營業收入扣除銷售貨物成本，所剩下來的公司利潤。毛利率所顯示的是公司支付多少的勞力、原料與其他資源，才產出該季或年所銷售的商品。**如果通用汽車一季銷售的汽車是250億美元，製造汽車的直接成本為200億美元，它的毛利即為50億美元，而毛利率為20%（50億美元除以250億美元）。決定公司毛利率的要素包括：產品的售價、原物料價格（可能每天都在波動）、員工薪資等。另一個重要因素是，在提報時間上公司如何分攤成本。如果通用汽車分別買進單價為200美元與單價為150美元的輪胎，它可以選擇在本季的營業成本中要提報哪一批輪胎。如果先提報150美元的輪胎，本季毛利率就可提高，然而下一次提報時，它就沒有什麼選擇，只能在每部出售的新車上提報200美元的輪胎成本，結果使得通用汽車的毛利率比上次提報時低。

「營業利潤率」（Operating Margin）**是研究損益表最重要的比率。公司的營業利潤率反映實際、直接的生產成本，也是決定利潤的最主要因素。**營業利潤率的計算方式是，銷售

額扣除產品的成本、行銷與管理費用、貶值與折舊、研發費用等，這些支出都可在損益表與備註欄中找到。在計算營業利潤率時，不應該理會非營業費用。例如，利率、非重複性獲利或損失、重整費用、已結束營業的業績與成本。這點很重要，因爲如此投資人才能毫無妨礙地觀察公司的效率。一旦投資人排除了這些項目，再比較多年的利潤率，即可觀察該公司在同業的排名爲何。如果公司的營業利潤率與稅前利潤率間存在極大差異，投資人應該要好好研究。造成差異的原因可能來自於費用、高利息支出、非重複性事件、或是其他收入。如果這些項目時常出現，將會造成公司利潤率重大改變，因此投資人在評估公司時必須另做調整。

「純利潤率」（Net Profit Margins, NPM）**是衡量銷售額占盈虧的百分比**。純利潤率包含營業收入的所有來源與所有固定、變動、或非重複性的成本。純利潤率的計算方式是營業收入扣除總成本，再把結果除以營業收入。更簡單的算法是把淨收益除以銷售額。這個比率之所以重要是因它顯示了公司在拓展銷售時到底耗費了多少資產。連續觀察數年，還可從純利潤率看出公司的生產狀況是否有效率。

上述三種利潤率的關係可從下表看出。下表顯示1997年IBM的每季盈餘，IBM並未提報任何費用、該年也沒有任何不尋常的項目。因此，IBM利潤率能穩定改善是因爲積極的縮減成本、增加銷售額，並降低有效稅賦；並不是因爲非重複性事件的影響。

歷史證明表現最好的公司是高利潤率，或是能夠長期維持、改善利潤率的公司。微軟享有高利潤率，當它把資源投

（單位：美元）

支出項目	1997年 第四季	1997年 第三季	1997年 第二季	1997年 第一季
營業收入	23,723	18,605	18,872	17,308
銷貨成本	14,205	11,507	11,471	10,716
總收入	9,518	7,098	7,401	6,592
銷管成本	5,060	3,932	3,958	3,684
研發費用	1,425	1,162	1,221	1,069
營運收入	3,033	2,004	2,222	1,839
其他收入	173	162	137	185
利息支出	194	183	179	172
稅前收入	3,012	1,983	2,180	1,852
稅	919	624	734	657
淨收益	2,093	1,359	1,446	1,195
毛利率（％）	40.1	38.2	39.2	38.1
營業利潤率（％）	12.8	10.8	11.8	10.6
有效稅率（％）	30.5	31.5	33.7	35.5
純利潤率（％）	8.8	7.3	7.7	6.9

注於開發軟體和應用程式，它所需的費用不過是把這些程式拷貝到上百萬的軟碟片上，再把它們賣給電腦製造商與零售商。微軟的營業收入中有絕大部分是來自於軟體版權與合約費，其成本在前幾季或前幾年就已提報。在典型的季報中，微軟提報的利潤率為90％，營業利潤率為50％，而純利潤率為30％至35％。

從季利潤報表中尋找線索

若要真正了解公司的營運狀況，必須研究每季的損益表。損益表上的項目隱藏無價的線索，讓投資人了解公司正在經歷的趨勢逆轉，可能造成未來盈餘的增減。下例顯示，在檢驗了幾個簡單的比率後，投資人可以蒐集到哪些資訊。

Harrah's Entertainment：1990年代中期，由於好幾個州發牌照給新的郵輪與賭博機構，使得賭場暨郵輪公司Harrah's發生營運危機。在美國的賭博市場，Harrah's的占有率最高，在各個主要的賭博據點共計擁有20家賭場，包括南北內華達州、紐澤西州、伊利諾州、密西西比州、密蘇里州。新競爭的出現開始威脅Harrah's的生存，使其銷售與營業利潤率下滑。到了1997年初期，Harrah's的郵輪與其在拉斯維加斯與新澤西賭場的銷售額都沒有成長，且營業利潤率反倒大幅衰退。毫無疑問地，這些現象顯示(1)Harrah's的設施正經歷著人潮衰退；(2)Harrah's需要花更多錢打廣告並降低服務費（降低訂房的費率）以搶回顧客。除非投資人分析Harrah's營業區間的資料，否則並不容易發現這個趨勢。只要對這些數字保持警覺，投資人即隨時能避開該股於1996年的強大賣壓，並發覺趨勢的反轉訊號。例如在1997年的第四季，年銷售成長攀升到6.6%，這還包含了在內華達南部與郵輪的鉅額獲利。這是Harrah's從困境中脫身的第一個訊號。

Seattle Film Works：研究利潤率有時候可以發現公司營運的潛在危機，如高級沖印公司Seattle Film Works，這是一家透過郵遞方式沖洗彩色相片的公司。計算成本的特殊會計系

收支項目	1997年 第四季	1997年 第三季	1997年 第二季	1997年 第一季	1996年 第四季	1996年 第三季	1996年 第二季	1996年 第一季
營業收入（美元）								
郵輪	158,110	171,311	169,512	157,313	150,199	160,994	165,801	152,148
大西洋城	79,509	98,954	88,412	82,635	80,385	98,725	80,978	78,501
北內華達	65,916	88,918	71,676	61,241	67,086	89,758	71,852	70,479
南內華達	83,900	70,918	68,729	64,613	67,515	71,541	75,102	75,626
印第安那 與其他賭場	10,535	8,147	10,564	8,297	8,160	7,708	7,333	6,129
總計	397,970	438,248	408,893	374,099	373,345	428,726	401,066	382,883
營業利潤（美元）								
郵輪	27,298	35,518	32,189	29,154	26,637	33,421	40,216	40,967
大西洋城	12,629	25,614	20,112	14,925	15,700	26,887	17,716	14,709
北內華達	4,691	22,957	11,701	5,184	10,510	26,339	12,537	10,367
南內華達	13,326	7,291	10,424	10,900	15,186	14,357	18,894	19,532
印第安那 與其他賭場	522	552	1,345	3,789	2,314	-1,099	-1,131	-3,420
總計	58,466	91,932	75,771	63,952	70,347	99,905	88,232	82,155
銷售利益（%）								
郵輪	5.3	6.4	2.2	3.4	1.1	0.2	13.2	10.4
大西洋城	-1.1	0.2	9.2	5.3	-1.5	0.9	-4.4	1.6
北內華達	-1.7	-0.9	-0.2	-13.1	-10.3	-4.8	-11.8	8.4
南內華達	24.3	-0.9	-8.5	-14.6	-6.5	-5.5	-2.4	4.6
印第安那 與其他賭場	29.1	5.7	44.1	35.4	570.0	-380.0	-3730	50.0
總計	6.6	2.2	2.0	-2.3	-1.3	0.7	3.0	7.4
營業利潤率（%）								
郵輪	17.3	20.7	19.0	18.5	17.7	20.8	24.3	26.9
大西洋城	15.9	25.9	22.8	18.1	19.5	27.2	21.9	18.7
北內華達	7.1	25.8	16.3	8.5	15.7	29.3	17.5	14.7
南內華達	15.9	10.3	15.2	16.9	22.5	20.1	25.2	25.8
印第安那 與其他賭場	5.0	6.8	12.7	45.7	28.4	-14.3	-15.4	-55.8
總計	14.7	21.0	18.5	17.1	18.8	23.3	22.0	21.5

統導致它在1997年與1998年的沒落。為了吸引新客戶，該公司推出以郵寄方式送洗底片，即贈送免費底片的活動。客戶拍完底片後，再把它寄回Seattle Film Works，公司沖洗後再把相片寄還，另附上新的免費底片。

值得讚許的是，因為創造出重複贈送的連鎖效應，奠定Seattle Film Works絕佳的銷售基礎。不過當該公司要記錄直接郵件行銷成本時，問題就隨即出現。大部分的公司會直接提報這筆成本，但是Seattle Film Works卻分三年攤提。因此，若平均每爭取到一位客戶的成本為5美元，這5美元會平均分攤到十二季。例如第一季時，該公司所記錄的這筆收購成本為0.42美元，並從當季的盈餘中扣除。然後，在資產負債表上把剩下的4.58美元債務記錄為「資本化的收購成本」（capitalized acquisition costs）。

唯有銷售成長速度大於或等於遞延的成本，這種金字塔式的成本轉移才能發揮功效。如果銷售成長趨緩，資產負債表上的成本比重就會累積回損益表，且愈來愈龐大，這就是1996年發生的問題。在八季期間，Seattle Film Works的銷售成長率從45%跌至6%。同時，先前銷售的攤提成本不斷地累積到每季的損益表上，導致盈餘降低。至1997年底，提報的收購成本支出成長速度為銷售速度的3倍。留在資產負債

(單位：美元)	1997年第四季	1997年第三季	1997年第二季	1997年第一季	1996年第四季	1996年第三季	1996年第二季	1996年第一季
營業收入	22,471	32,743	25,553	21,657	21,236	27,133	22,509	17,821
收購成本	4,164	4,231	4,289	3,762	3,482	3,233	2,974	3,236
資本化成本	15,121	13,882	15,865	13,139	12,675	11,334	10,900	9,645
銷售成長率(%)	5.8	20.7	13.5	21.5	27.3	24.3	42.5	45.0
收購成本成長率(%)	19.6	30.9	44.2	16.3	37.2	37.8	36.6	60.4

表上的投資行銷成本已經膨脹到當時銷售額的67%，經營陷入危機，同時反映在股價上。1998年中股價跌到每股4美元，遠低於1996年的高峰15美元。

嘉信理財：對嘉信理財（Charles Schwab）而言，1996年至1997年是非常重要的一段時期，因為該公司的獲利來源已較少依賴買賣手續費，而以共同基金的費用為主要收入。藉由具備「超級市場」規模的OneSource共同基金，嘉信理財推銷數百支的共同基金給客戶，並依照客戶在基金所進行的投資金額收取基金權利金。嘉信理財維護OneSource的成本相當低。每季共同基金的營業收入大多直接轉換成獲利。

嘉信理財損益表上的變動成本結構透露出有趣的另一面。請注意營業成本增加與淨收益、每股盈餘、支出與其他項目的高度關連性。當每季的銷售、成本與淨收益幾乎都以相同的速度增加，該公司總成本在本質上都是變動的（這個項目將在後續討論）。此外，我們可以斷定公司對成本鏈（cost chain）的管理相當成功。從投資人的角度來看，類似嘉信理財的成本結構，會比較容易預測未來盈餘。如果投資人預測未來五年內，嘉信理財營業收入的年成長率為20%，投資人可以相當確定淨收益的成長也會接近20%。

Maverick Tube：通常當投資人研究公司的財務表現幾年，可以發現成本與盈餘關係密切。若有足夠的歷史數據，投資人可從利潤率中發現有用的趨勢，以確定何時是最佳買進的時機。我們以年營業額3億美元、生產石油與瓦斯用鋼管的Maverick Tube為例。Maverick的盈餘就像景氣循環股，會隨著經濟的起落、北美的鑽油活動、鋼鐵與原油價格等因

（單位：美元） 收支項目	1997年 第四季	1997年 第三季	1997年 第二季	1997年 第一季
營業收入				
手續費	315,000	322,679	261,396	274,919
共同基金服務費	119,000	112,155	101,824	94,698
淨利息收入（Net Interest Revenue）	100,400	94,013	82,485	76,723
本金交易（Principal Transactions）	64,000	61,252	63,598	69,135
其他	22,200	21,740	21,481	20,179
總計	620,600	611,839	530,784	535,654
支出（扣除利息）				
補償與津貼（Compensation and Benefits）	261,700	255,104	224,119	220,838
通訊	45,700	45,790	45,511	45,701
占有與設備	41,000	39,279	38,490	35,414
場內經紀佣金	20,900	26,290	22,217	22,444
貶值與折舊	32,300	34,948	29,686	27,773
廣告支出	38,500	29,303	25,954	35,835
專業服務	19,300	19,865	16,573	13,881
其他	39,400	34,320	22,491	23,448
總計	498,800	484,899	425,041	425,334
稅前收入	121,800	126,940	105,743	110,320
稅賦	41,200	50,415	41,781	43,585
淨收益	80,600	76,525	63,962	66,735
在外流通股票	263,800	273,001	271,637	271,238
基本每股盈餘（Basic EPS）	0.3055	0.2803	0.2355	0.2460
每年的變化（%）				
淨收益	35.02	34.09	-8.75	42.16
每股盈餘	38.11	32.32	-9.68	40.64
營業收入	28.67	42.28	7.93	19.89
支出	30.19	45.38	13.93	15.86
手續費	30.19	53.58	0.09	14.12
基金費用	37.49	39.68	35.07	37.57
補償	31.82	48.61	11.79	12.84

Maverick Tube的營業表現與槓桿　　（單位：美元）

年度	銷售額	出售產品的成本	行銷費用	營業收入
1997	291,060	252,803	13,966	24,291
1996	204,182	182,042	10,198	11,942
1995	167,896	159,865	7,728	58
1994	124,843	117,833	4,896	1,722
1993	133,729	121,596	6,059	5,330
1992	98,941	92,342	4,783	(3,258)
1991	126,029	115,507	5,172	5,350
1990	123,255	109,100	4,211	9,944
1989	67,249	61,632	2,994	2,623

（單位：％）

年度	銷售變動	毛利率	營業收入的改變
1997	42.5	13.1	103.4
1996	21.6	10.8	20,489.7
1995	34.5	4.8	-96.6
1994	-6.6	5.6	-67.7
1993	35.2	9.1	-263.6
1992	-21.5	6.7	-160.9
1991	2.3	8.3	-46.2
1990	83.3	11.5	279.1

素時漲時跌。當投資人剖析連續幾年Maverick的表現，會發現上述因素對Maverick的成本結構影響很大。

　　首先我們可以看到，銷售額大幅增加時，通常可使利潤率提升。正如我們所預期，公司把固定成本分攤到更多的營業收入上，所以每隻售出的鋼管都可把利潤推得更高；其次，我們發現銷售成本大體上相當穩定，每年約占銷售的

4%至6%。Maverick表現的關鍵在於毛利率，它同時反映了銷售水平與Maverick所支付的鋼價成本。如果銷售成本上揚，超過銷售額的93%，也就是毛利率在7%以下，Maverick就難以獲利，其營運收入會暴跌，而且稅後收入（計入利息支出）也只是溫和獲利而已。但是如果出售產品的成本跌到87%以下，也就是說毛利率超過13%以上，Maverick就可出現可觀的獲利。

對股東而言，Maverick顯示原料成本（本例為鋼）對淨利的衝擊程度最大。尤其是，如果公司對把大部分的營業收入花費於固定與變動成本上，原料成本的影響更是明顯。如果投資人所研究廠商的毛利率極度依賴原料價格，投資人就必須要了解商品價格與盈餘的關係。有時就像Maverick一樣，毛利率所透露的是買進公司股票的機會。在1996年，季毛利率開始攀升到10%以上，這顯示我們盈餘已隨時要引爆了。鋼價降低與原油價格上漲同時發生，激發了對新油井的需求，也幫助了在1995年底營運勉強維持損益平衡的Maverick。當然，Maverick的獲利隨即水漲船高，股價也從1995年的每股5美元漲到1997年中的50美元，結果造成Maverick股價被過度高估，再次印證短期獲利的浮誇會導致不理性投資。於是投資人開始賣出持股，1998年年中，儘管利潤率不斷上升，但Maverick的股價又跌至10美元左右，此時如果善用Maverick的利潤率擴張，投資人即可獲得了兩次獲利機會。

運用營運槓桿：當盈餘增加的速度超過銷售時

上述例子顯示，公司成本結構的改變，不論是以季或年為單位，都可能造成盈餘大幅波動；而且會影響投資人對該公司的評估。盈餘受影響的程度要看公司的本質與它經營的產業而定。製藥、煙草與消費產品公司，例如百事可樂、可口可樂、默克、輝瑞（Pfizer）、寶鹼、高露潔—棕欖（Colgate-Palmolive）與摩里斯等公司的成本結構非常穩定。如果銷售額上揚10%，它們的盈餘很可能也會上升約10%，為1：1的關係。同樣地，如果銷售下跌10%，投資人也可以預期每股盈餘約會下滑10%。如果盈餘與銷售的互動如此緊密，公司的成本結構的重心主要在於「變動成本」。變動成本是指隨著輸出單位改變的費用，包含勞動成本與津貼、原料、通路與倉儲成本、行銷、廣告與旅行成本、推銷人員佣金、與各項生產不可或缺的費用。當公司的訂單倍增，即需要購買2倍的原料、可能需要2倍的勞力、也可能須要在行銷上加把勁。同樣地，如果訂單減少，公司在勞力、原料等等的花費也不再需要那麼多。

高變動成本的公司通常對經濟循環較不敏感，當銷售降低時，它們的營運成本也大幅下降，單位生產成本幾乎持平。不論經濟景氣與否，這類公司如可口可樂、默克等利潤率都相當穩定。相較之下，「固定成本」（fixed costs）很高的公司，特色在於利潤率對銷售的變化非常敏銳。固定成本是指不論產能全開或廠房閒置，公司每天必須支出的費用，包括負債的利息成本、效用成本（utility costs）、租金、會

計管理經常費用、法律與書記人員費用、建築與公司總部維護費、經理人員薪資與無法指定於特定產品的人員薪水。固定成本名符其實地不會隨著產量變動。爲了會計目的，固定成本是按比例分配於公司全年的生產上。如果公司一年生產1,000個引擎，年固定成本爲100萬美元，這100萬美元即平均分攤於1,000個引擎上，即每個引擎的固定成本爲1,000美元。如果公司生產了2,000個引擎，100萬美元的固定成本可分攤的引擎則爲2倍，因此每個引擎的成本降到500美元，也就是每個引擎的獲利增加500美元。如果公司僅銷售500個引擎，每個引擎承擔的固定成本爲2,000美元，每個引擎的利潤即少2,000美元。

很明顯地，公司利潤率的關鍵主要在於固定與變動成本的獨特組合方式。固定成本比例高的公司，在銷售下滑時利潤率也會大跌。相反地，銷售上揚時利潤也會提高。如果公司的盈餘增加與銷售不對稱，這家公司即具有「營運槓桿」（operating leverage）。這個重要概念有助於投資人了解利潤率與估計公司的盈餘潛力。具備營運槓桿的公司在擴張階段時，可以善加利用固定與變動資產的組合。每增加銷售1%，它們提報的盈餘即可增加1%以上，營運槓桿比率會大於1.0。如果盈餘增加是銷售速度的2倍，該公司所展現的營運槓桿比率爲2.0。若比率爲3.0則意味盈餘上漲的速度是銷售的3倍。比率越高，公司固定成本相對於變動成本就越高。

量化營運槓桿對盈虧結果的影響是非常困難的，因爲公司在財務報表上並未透露足夠的資訊，可以分辨出固定與變

動成本。缺乏精確的資訊，外人最多也僅能猜測公司固定和
變動成本的比率。最簡單的方法，是比較每年營業收入與成
本的變化。這兩種變化衍生出的比率很接近該公司固定與變
動成本的組合。公式如下：

$$變動成本占銷售額的百分比 = \frac{今年總成本 - 去年總成本}{今年銷售額 - 去年銷售額} \times 100\%$$

固定成本占銷售的百分比＝1－變動成本占銷售的百分比

公司的變動成本比率可能會因不同時期而有很大的變
化，而且這應在預期範圍內。如果公司的銷售遲緩且來不及
降低成本，變動成本比率就會暫時衝高。投資人應該要評估
很多季的數據並求出平均值，才能對公司的成本結構有更好
的了解。一般來說嘉信理財的變動成本平均約占總成本的
90%，其餘的10%是由固定成本組成。一旦投資人算出固定
與變動成本比率，即可合理地推算出公司的營運槓桿，並確
定盈餘相對於銷售的變化。營運槓桿的計算方式是，固定成
本的百分比除以公司的營業利潤率。

$$營運槓桿 = \frac{固定成本占銷售的百分比}{銷售獲利（營業利潤率）}$$

如果公司的營運槓桿大於1.0，營運槓桿的效果才存
在。銷售額的增加會使盈餘呈不對稱躍升，如果這個比率一
直都小於1.0，盈餘成長的速度則不會與營業收入成長相
同。以嘉信理財為例，因為其大部分經營成本都屬於變動成
本，所以其營運槓桿並不存在。它的經營成本包括經紀佣

金，唯有帳戶交易增加時才會增加，薪資費用會隨著客戶帳
戶數目而增加，行銷費用會隨著營業收入而增加，還有科技
成本，常隨著員工數目而增加。

研究公司的利潤率與營運槓桿對於預測未來的盈餘與現
金流量而言，是很重要的工具。長期下來，投資人可學會在
這些比率中發現趨勢，進而調整投資人的分析。大體而言，
公司的營運槓桿有兩種明顯的特性：循環性與穩定性。請參
考下列兩個例子：

兩家假想公司的槓桿比率

年度	製藥公司	航空公司
1989	0.95	0.65
1990	0.93	0.92
1991	1.01	1.45
1992	1.03	2.90
1993	0.92	2.25
1994	0.92	0.83
1995	0.97	-0.40
1996	1.04	-1.35
1997	1.00	-0.97
1998	0.97	0.68

我們立刻就可以發現製藥公司所展現的營業表現，要比
航空公司更可預測。從歷史資料來看，製藥公司的營運槓桿
在1.0附近盤旋。它的意義是銷售每增加1％，盈餘也預計增
加1％。為了方便合宜，投資人可能會選擇計算十年的平均
值，並使用這個結果估計未來的盈餘成長。就航空公司而

言，這麼做是不可能的，或不明智的。投資人必須要更小心才能避免把最近的營業表現推衍到未來。過去記錄顯示的是極具循環性的槓桿比率；無疑地，這是源於航空公司很高的固定成本。從上例可見，有時銷售增加使得盈餘暴增；也有時銷售增加，但實際上盈餘卻下滑。

　　這是否意味著投資航空公司會比投資製藥公司差呢？不是的，但它告訴投資人必須用不同的方法評估航空公司，才能確保不會在槓桿循環的高點買進航空公司的股票。事實上，買進航空公司最保險的時機是1989年與1996年至1997年間，當時營運槓桿比率落底，且有改善的跡象。相反地，賣出該股的最佳時機則應是1992年至1993年間，當時固定成本帶來了最大的盈餘。

　　表11-1顯示成本、銷售與盈餘的關係。該表以成本結構與銷售成長為基礎，展示公司所能達成的獲利範圍。我們假設，公司的銷售為100美元，總成本為固定成本，並占銷售額的70%，即70美元，營業利潤為30美元。如果銷售額成長10%至110美元，其成本依然維持在70美元，利潤可增加至40美元，表示利潤成長了33.3%。該公司以它的高成本結構做為「槓桿」，使盈餘成長的速度遠超過銷售成長。盈餘成長的速度是銷售的3.3倍，這是相當吸引人的比率。若成本占銷售的80%，營業利潤會上揚50%，比率為5:1。若成本占銷售的30%，利潤的增加只有14.3%。

表11-1　根據公司成本與銷售成長之盈餘增加情形

固定成本所占的銷售比率　　　　　　　　　　　　　　　　（單位：%）

銷售增加	10%	20%	30%	40%	50%	60%	70%	80%	90%
2%	2.2	2.5	2.9	3.3	4.0	5.0	6.7	10.0	20.0
4%	4.4	5.0	5.7	6.7	8.0	10.0	13.3	20.0	40.0
6%	6.7	7.5	8.6	10.0	12.0	15.0	20.0	30.0	60.0
8%	8.9	10.0	11.4	13.3	16.0	20.0	26.7	40.0	80.0
10%	11.1	12.5	14.3	16.7	20.0	25.0	33.3	50.0	100.0
12%	13.3	15.0	17.1	20.0	24.0	30.0	40.0	60.0	120.0
14%	15.6	17.5	20.0	23.3	28.0	35.0	46.7	70.0	140.0
16%	17.8	20.0	22.9	26.7	32.0	40.0	53.3	80.0	160.0
18%	20.0	22.5	25.7	30.0	36.0	45.0	60.0	90.0	180.0
20%	22.2	25.0	28.6	33.3	40.0	50.0	66.7	100.0	200.0
22%	24.4	27.5	31.4	36.7	44.0	55.0	73.3	110.0	220.0
24%	26.7	30.0	34.3	40.0	48.0	60.0	80.0	120.0	240.0
26%	28.9	32.5	37.1	43.3	52.0	65.0	86.7	130.0	260.0
28%	31.1	35.0	40.0	46.7	56.0	70.0	93.3	140.0	280.0
30%	33.3	37.5	42.9	50.0	60.0	75.0	100.0	150.0	300.0

第十二章

分析重要的財務比率

價值投資法

如何以價值投資戰勝市場

「使用概括性方法評估股票所衍生的問題不在於缺乏真實性，而是該方法有太多的疏漏。」

——引自伯恩哈特（Arnold Bernhard）所著《The Evaluation of Common Stocks》，Simon & Schuster， 1959年，原作第4頁。

伯恩哈特巧妙地點出大多數投資人的共同問題：投資人常常緊盯著價值指標，卻忽略了真正的價值，他們試著把投資簡化成幾個易於了解的原則。一般人會採用「比率分析」（ratio analysis），即根據股價與盈餘、股價與成交量、股價與成長等函數關係來買賣股票。第二章已說明這些方法各有其優點，許多研究也支持在本益比、股價帳面價值比、價格銷售比等市場平均值下，應該買進股票。然而問題的癥結在於投資人常會誤解這些比率，甚至忽略它們。

依帳面價值投資

葛拉漢花費多年的時間試圖找出決定價值最有用的要素。在他所選定的幾個項目中，最著名的即是公司的資產淨值或帳面價值。葛拉漢發現股價若低於其清算價值（有形資產減去負債再除以流通股數），通常能提供最佳的報酬率。在葛拉漢的時代，美國大部分公司都是製造商，它們的資產多屬廠房、機械、庫存，所以公司的清算價值即是最低價值。他的基本主張是，不論公司的股價與盈餘如何背離，除

非公司有財務困難，否則股價都不應該會低於公司淨值。如果股價低於本身的帳面價值，就好比以85美分出售1美元，或好比房屋的售價低於所需的建材成本一樣。

葛拉漢的假設是正確的，股價被低估的情況不會永遠持續下去。或者，股價終將漲到帳面價值之上，否則，公司會走向清算一途。如果管理階層無法採取必要措施，使股價漲到自己的最低價值之上，他們有責任以清算價格分散出售公司，再把資金以特別股利發還給股東。葛拉漢說：

> 沒有充分的理由使股價持續低於其清算價值。如果公司價值低於清算價值，公司應該清算。但若公司價值較高，那麼股價應該會高於公司清算的價值。
>
> ——引自《證券分析》，原作第499頁。

「清算價值」理論變成價值投資法早期的重要論點之一。它假設股票的定價若低於公司資產價值，則其價格必定會上漲，所以保證可以為投資人帶來獲利。如果有機會選擇買進定價公平的股票，並因而承擔該股可能不會續漲的風險，或是選擇買進股價低於帳面價值的股票。在兩者中，投資人應該每次都買進價格低估的股票。葛拉漢相信：

> 根據許多例子來看，股價低於清算價值，也因此會成為吸引投資人買進標的。因此在證券分析技術上，我們有獲利的領域。
>
> ——引自《證券分析》，原作第499頁。

帳面價值的定義

帳面價值為公司的每股資產淨值（見第十章股東資產淨值的定義）。只要研究資產負債表，投資人即可輕易且合理地推算出帳面價值。例如，Fruit of the Loom的資產負債表顯示股東資產淨值為1億美元，公司發行1,000萬股股票。因此，其帳面價值為每股10美元（1億美元除以1,000萬股）。如果股東資產淨值上漲到1億2,500萬美元，那麼帳面價值也會上漲到12.5美元。如果Fruit of the Loom的股東資產淨值為1億美元，並發行2,000萬股的股票，其帳面價值就只有每股5美元。

這些數字代表著什麼意義呢？字面上，它們反映的是公司「提報」的淨值；也就是Fruit of the Loom賣出資產、償還債務、分配獲利之後，其投資人預計可以獲得的金額。帳面價值的計算方法是，加總所有資產當時的價值（現金、投資、應收帳款、土地、設備、庫存、建築等），扣除公司短期與長期債務。如果普通股的市價遠低於拍賣價格，該公司即形同在市場上賤價求售。

在計算帳面價值時，投資人應該要小心謹慎。聰明的價值型投資人會依照下列兩種方法調整資產負債表上的提報價值。

(1)**調整無形資產**。如果公司以帳面價值的溢價買進另一家公司，就必須把「商譽」（goodwill）提報於資產負債表上。這類商譽是無形資產，其價值會從每年的盈餘中扣除，

直到用盡為止。若甘尼特支付4,000萬美元買進資產淨值僅價值3,000萬美元的地方性報紙，即產生1,000萬美元的商譽。很明顯地，這1,000萬美元並未有任何資產支持，它代表的是甘尼特在買進這家公司時，被迫支付帳面價值的溢價。此後甘尼特的資產負債表上就會出現商譽或「無形資產」（intangible asset）的名目，其目的是為了平衡帳目。甘尼特花費4,000萬美元的資產買進這家報紙，所以在資產負債表上必須出現4,000萬美元的抵銷交易。在這個例子所出現的是增加3,000萬美元的有形資產，廠房、機器、庫存等，與1,000萬美元的商譽。

葛拉漢並不重視商譽，他認為商譽的價值難以量化，而建議投資人在計算帳面價值時把它扣除，因為這樣做可以大幅降低某些公司的帳面價值。在前例中，如果Fruit of the Loom擁有2億美元的有形資產、2,500萬美元的商譽、1億美元的負債，其帳面價值就只有7,500萬美元（1億7,500萬美元減去1億美元），而不是1億美元。

評估商譽時是有自由裁量權的。包含巴菲特在內的許多價值型投資人，其看法與葛拉漢不同，他們相信商譽有價值。對他們而言，商譽是附加於買進價格上的剩餘價值，用以反映這家公司所創造的「額外」報酬率。能夠超過擁有類似資產組合的公司，理論上所代表的是這些額外報酬率的資本還原價值（capitalized value）。事實上對許多公司而言，商譽是實質資產。例如，擁有十幾項專利權的默克製藥公司，以每股帳面價值加上30美元價格買進伊萊利公司，投資人可以假設這30美元中，至少有一部分可反映出伊萊利公司

專利的長期價值。

　　但對某些公司而言，商譽常常會變成海市蜃樓。通常在公司完成收購並勾消商譽後，即宣布新資產虧損；或者承認由於樂觀的預期，而爲該資產支付過高的價格。在這種情況下，商譽所代表的不過是管理階層相信，爲從股東手中奪得標的公司的控制權所必須支付的溢價。因此，對買方而言，商譽無法維持長久的價值。

　　　事實上，源於收購的無形資產並不能保證其自創的價值會繼續存在。

——引自 White, Sondhi, Fried 所著《*The Analysis and Use of Financial Statements*》，John Wiley & Sons，原作第910頁。

　　爲了安全起見，投資人既不應該在計算帳面價值時排除商譽，但也不應該全數計入。在帳面價值分析時採用50%的商譽，會比較接近實際價值。

　　(2)調整可能售價的價值。資產負債表所列出的並非資產清算的實際售價，而是管理階層估計資產的公平價值。葛拉漢指出，計算清算價值的第一條規則是：假設所有的債務都是真的，而所有的資產價值都是「可疑的」。會計法規規定，公司必須以實際成本列出負債，在計算帳面價值時，以面值扣除。但另一方面，所提報的資產價值則是武斷的，資產價值可以是公司原本支付的歷史成本，時至今日可能已大不相同，也可以是管理階層估計當時的公開市價。

　　但是管理階層所指的資產價值與買主願意支付的資產價

格，兩者並不相同。例如The Limited估計，在1997年6月30日其商品庫存為11億美元。但令人懷疑的是，如果The Limited清算拍賣，會有哪一家服飾商願意支付該價格。比較可能的是，這些商品（多半是衣服）每一美元可以賣25美分，也許更低也說不定。同樣地，奇異電器在1996年年底宣稱廠房與設備的價值為259億美元，但要收回這筆金額的機率相當渺茫。

為了更適當地評估資產價值，葛拉漢發明了一個直到今天都還適用的速檢表。他建議投資人，在評估大部分的資產時須對提報價值打折扣，才能反映出更實際的售價。

評估資產負債表的資產 （單位：%）

資產項目	面值的百分比	平均比率
現金、有價證券	100	100
應收帳款	75至90	80
庫存	50至75	67
固定資產（廠房、機器）	1至50	15

如果惠普電腦估計其庫存值5億美元，投資人應該以提報價值的50%至75%來計算。所以惠普電腦的庫存實際上應該價值2億5,000萬美元到3億7,500萬美元之間。如果公司提報的固定資產為40億美元，投資人的估計應該介於4,000萬美元到20億美元之間，兩者差距相當大。

葛拉漢的修正似乎很合理。現金與有價證券屬高流動性，公司可以隨時以接近資產負債表上的價位出售這些資產。應收帳款（即接受信用出售商品後的應收金額）的價值

應該略低於帳面價值，這是因為應收帳款具有跳票的風險，而且需要花費數個月才能完全收齊。大體而言，公司收齊應收帳款的時間越長，其價值即越低。由於折舊快速，庫存與固定資產的價值遠比表列的價值更低。

評估資產負債表上的資產

　　葛拉漢的數據並非是一成不變的，投資人必須做些判斷。現在我們把葛拉漢的計算方法運用於溫蒂國際公司（Wendy's International）與Giant Cement Holding Co.兩家獨特企業上，以便評估資產時知道必須做那些調整。1996年12月31日，溫蒂國際公司的資產負債表如下表。

資產項目	溫蒂國際公司		（單位：美元）
	提報價值	調整(%)	實際價值
現金	218,956	100	218,956
短期投資	4,795	100	4,795
應收帳款	53,250	98	52,185
應收票據	11,003	95	10,453
庫存	17,000	50	8,500
其它短期資產	31,959	75	23,969
房地產與設備	1,207,944	50	603,972
其它資產	236,527	90	212,874
總資產	1,781,434	—	1,135,704
流通在外股票	133,785	—	133,785
每股資產價值	13.31		8.50

　　如表所示，我在評估餐廳的特殊情況時，並未嚴守葛拉漢的調整幅度。在估計應收帳款時我並未採用提報值的75%

至90%的區間，反而採用更合理的98%。因為溫蒂國際公司的應收帳款僅占總銷售的一小部分，而且這些應收帳款大部分都是運送食物與原料給分店的帳款。除非分店陷入財務困境，否則這些應收款項短期內收回的機會很高。

溫蒂國際公司的庫存（主要是食物）應以葛拉漢建議範圍的低點估計，因為它們會腐敗。事實上，在清算時這些庫存對買方可能沒有任何價值。然而，房地產與設備則應該以葛拉漢建議範圍的高點估計。就本例而言，至少要達提報價值的50%。溫蒂餐廳的房地產多為較新建築，出售給其他連鎖餐廳時會比較接近公平的房地產價值。其他有意義的調整是在其他資產這個帳目，如投資人所見，我是以提報價值的90%計算。溫蒂國際公司年報的註腳顯示，其他資產主要為應收票據（notes receivable）——溫蒂國際公司以當時市價記載於帳冊上的放款。

然而，我們也調降4.81美元，使溫蒂國際公司的每股資產價格從13.31美元降到8.5美元。如果我們把食物庫存記為0，重算後的帳面價值還會遠低於8.5美元。然而，如果我們以高於提報價值50%為餐廳估價，帳面價值則會更高。

在另一個例子中，商品製造商Giant Cement Holding Co.於1996年底提報的資產如下頁列表：

在這個例子中，因為清算拋售的價格很低，所以每股資產價值降低了56%，從12.06美元降到5.3美元。調降幅度最多的是「庫存」。註腳顯示其中大部分是補給品、煤與維修零件等對買方不具價值的東西，及隨時都可以出貨的水泥。應收帳款的價值降低為提報價值的80%，這是因為Giant

Giant Cement Holding Co.			（單位：美元）
資產項目	提報價值	調整(%)	實際價值
現金	10,432	100	10,432
應收帳款	14,897	80	11,918
庫存	17,656	50	8,828
其它短期資產	2,071	50	1,036
房地產與設備	70,418	25	17,605
其它資產	3,142	75	2,357
總資產	118,616	—	52,176
在外流通股票	9,833		9,833
每股資產價值	12.06	—	5.30

Cement的應收帳款實際上占銷售的14%，而且該公司約需49天才能收齊貨款，也因此增加了跳票的風險。

應用葛拉漢的調整法評價公司

儘管葛拉漢的方法無法求出公司實際的清算價值，但相較於粗估的股東資產淨值，這個方法還是比較接近合理的數據。然而在應用葛拉漢的方法時還是必須小心謹慎。如果將固定資產增值的因素納入考量，葛拉漢用15%來估計固定資產似乎就太低了。假設公司在1960年買進100萬美元的廠房，折舊期為四十年。到了2000年，該工廠提報的帳面價值為0，因為所有的折舊都已經用盡。但是如果工廠在該公司的維護下還能正常運轉，設施的價值還可能因為通貨膨脹而增值。而在葛拉漢執筆時，通貨膨脹還不見蹤影。

評估庫存時也存在同樣的問題。清算時，一捲鋼鐵可能賣到提報價值的80%，一件衣服可能只有10%，100萬片過

時的晶片可能什麼價值也沒有。投資人可能必須依個案做主
觀判斷。在清算價值與帳面價值的差異上，巴菲特曾有過慘
痛的教訓。1985年，巴菲特於New Bedford拍賣波克夏最後
一家紡織廠時，巴菲特僅取回紡織廠提報帳面價值的部分零
頭。有些四年前以5,000美元購買的大型紡織機，拋售時每
台僅值26美元（引自林區《選股戰略》，原作208頁）。

　　Kmart於1997年9月把有162家塞滿商品的大型連鎖店
Builder's Square賣給個別投資人時，只獲得一些股票認購權
證、1,000萬美元的現金。由於市場占有率被侵蝕且賣場處
於虧損，所以Builder's Square的資產幾乎是免費奉送。類似
這種情況，對新主而言整個關掉還比繼續開業值錢。先前
Kmart已在盈餘提列了5億美元的費用，並把Builder's Square
的資產登記為0。

以最高執行長的思維來應用帳面價值

　　葛拉漢評估法在1990年代並未受到廣泛的重視，他的基
本假設為：要評估公司的真正價值，就應該站在最高執行長
的立場，思考是否應該買進該公司。當投資人沒有合理地評
估資產價值，就不應該買進私人企業；同樣地，對上市公司
的價值也應該做些評估，如果策略運用得宜，帳面價值這個
工具能使投資人免於追高股價，也可能使投資人免於在極度
高估的股票上遭受嚴重虧損。

　　換做是今天，葛拉漢的看法為何呢？在1998年中，標準
普爾500股票的平均股價為帳面價值的6倍以上，同時也是歷
史高點。換句話說，投資人以平均6美元的價格，買進他們

宣稱可以擁有的1美元淨資產。相較之下，廿世紀大部分時間大型股的股價都很接近其帳面價值。事實上，儘管帳面價值依然是引導投資人的最佳法則，也是最容易計算的方法之一，時至今日其相關性已不像葛拉漢時代那麼高。巴菲特很快就認清這個事實，僅依賴帳面價值會使投資人錯失寶貴的投資機會。

　　了解分析帳面價值，能使投資人避免嚴重的錯誤。此外，帳面價值在某些產業很不可靠，最顯著的例子就是零售業。這類企業必須保持高周轉性的大量庫存。一般而言，像施樂百（Sears, Roebuck & Co.）公司一天可能會有50億美元的貨物堆放在貨物架上與倉庫中。手上握有這麼大量的商品，會膨脹資產負債表上的資產，並讓公司的帳面價值在表面看來相當高。一旦庫存無法消化，隱藏在帳面價值背後的，可能就是公司嚴重的現金管理問題。

　　如果研究的對象是微軟這種多現金、無負債、又具備高流動性營運的公司，帳面價值的適用性也很低。例如在微軟的資產負債表上，在1997年與1998年的大部分時間，現金約占資產的三分之二，且其商品的周轉率之高，微軟足以用近期的銷售來融通每日所需的營運資金，葛拉漢應會避開微軟。在1998年，微軟的股價前所未見地高達帳面價值的25倍。很明顯地，今日的投資人應該更具彈性。像微軟這種公司，在估計淨值上較合適的方法應該是現金的獲利能力與諸如員工教育與專業等無形資產，而非帳面價值所估計的有形資產清算價值。這是市場容許微軟股價處於極端股價帳面價值比的原因。

相反地，對於地產開發這類資產雄厚的公司而言，因為其資產可能會突然暴漲，所以提報的帳面價值也可能不如表面的低。地產開發公司會買進許多土地，閒置兩、三年後才會開始建設。在這段期間，土地的價值可能會上漲。精明的建商會在不景氣時儘可能買進土地，等到房地產景氣回升再開發。在建商把房子出售以前，這些房地產在資產負債表上提列的，都是它們的過去或不景氣時的低價。在景氣熱絡時，該公司的帳面價值就會被嚴重低估。如果投資人能在景氣強勁時發現建商的股價低於帳面價值，最好趕快買進！很有可能其資產價值會遠高於提報的價值。

公司重組的狂潮扭曲了帳面價值的數據，也降低了帳面價值的可靠性。許多老字號的製造商關閉工廠、從子公司撤資、提報重整費用、出售獲利不佳的資產，以致力於組織瘦身。這些做法通常可改善公司的外表，然而也可能降低公司資產的價值與帳面價值，而使得股價膨脹。股票回購，即公司買回先前發行的股票，會因股東資產淨值減少，而降低了帳面價值。同時，股票回購也會膨脹公司的股東權益報酬率。十幾家大型公司贖回股票，並因而提升資產負債表上的報酬率。

儘管如此，找到股價低於帳面價值的股票，投資人還是應仔細地檢驗。假設其他所有因素不變，投資價格低於公司清算價值的股票，總比高於「帳面」價值的股票更安全。當然，在評價金融與老式產業股時，帳面價值依然有實用性。因為這些公司的主要開支是庫存、機械、廠房與負債融資（debt-financing）。如果投資人追溯股票的歷史價格，這點就

會變得更明顯。對汽車、銀行與保險部門而言，股價與帳面價值間關係密切，直到1990年代中期爲止，這類股價通常都很接近它們的帳面價值。當盈餘與帳面價值上揚時，股價也會隨之上漲。

如果投資人曾採用帳面價值，請繼續把它當成很好的測量工具。投資人應確實認清它的限制，做好必要的調整，並且熟記葛拉漢發現其用途的背景環境。但公司的帳面價值並不能預測股價能夠或應該漲多高，相反地，它是股票下跌的最低限度，並扮演防止股票繼續下跌的支撐。總之，在股價接近帳面價值時買進股票是極爲合理的作法。

依本益比選股

評估企業時，投資人的首要目標是標示公司最後盈餘的合理倍數。以當前的盈餘爲基礎，投資人應該發展出一些標準，以決定他們願意爲公司賺得的盈餘所支付的溢價。如果每股盈餘爲2美元，安全的假設是該公司每股至少價值2美元。它的價值也可能高於或低於2美元，這是由好幾個因素決定的：(1)公司是在成長或萎縮；(2)盈餘成長與否；(3)盈餘成長或萎縮的速度是增加或減緩；(4)從最近的歷史來觀看，2美元盈餘所代表的是平均值、高峰或谷底。

僅依照盈餘倍數選擇股票是相當危險的；市場上充斥著互相矛盾的溢價。每股盈餘2美元的公司，股價可能爲20美元，然而另一家卻爲50美元。每股盈餘爲0.01美元的公司報價只有3美元，但同一產業的另一家公司股價卻可達60美元，通常出現這種差異的原因在於上一段所提的四項要素。

若一家公司創造的盈餘為2美元，而且有20%的成長率，一般相信它的價值應超過一家盈餘同為2美元但成長率僅為5%的公司。如第七章的說明，成長率越高代表著投資回收的速度越快。因此，分析公司時，最後都應對公司當前或最近的盈餘訂出一個合理的倍數。此外，決定的倍數是否合理是基於投資人的評價，而非市場的觀點。千萬不要被其他投資人願意支付的股票溢價所誤導。如果市場評估公司的價值為其盈餘的20倍，而投資人認為合理的倍數只有15倍，投資人應該以自己的意見為準，不要買進這家公司的股票。

了解本益比

如果沒有先看市場的基準價值指標本益比，投資人是無法開始評估公司的公平市價。本益比顯示的是投資人為公司每1塊錢的盈餘所支付的溢價。它的計算方法是，目前股價除以公司過去四季的每股盈餘。例如股價為80美元，過去四季公司每股共賺得4美元；把80除以4，投資人就可以得到該股的本益比為20倍。

如果投資人買進的股價是盈餘的20倍，基本上即形同投資人願意為公司每1美元的盈餘支付20美元。如果股價為本益比35倍，表示這支股票必須創造的盈餘是目前的35倍，才能讓投資人收回投資。從某個層面而言，本益比是信心的證明，它反映出投資人對公司前景的一致觀點。本益比越高，投資人對公司創造利潤的能力越有信心。如果買進的股票本益比達50倍，投資人必定是希望盈餘成長的速度夠快，讓他們能在合理的時間內收回投資。Presstek在1996年初股價在

200美元見頂，其股價居然高達盈餘的700倍，可以想見投資人對其獲利潛力著迷的程度。然而，這個潛力卻從未出現。投資人一度曾願意為每0.1美元的獲利付出70美元，不幸的是他們很快就發覺這是種愚蠢的行為。礙於股價過度高估的壓力，Presstek在三週內即下跌了160美元。

第七章曾提過，本益比在計算投資回收上扮演了重要的角色。若不知道股價與其有形報酬率之間的關係，幾乎無法確定何時（應該說，是否）公司能在合理的時間內歸還投資人的投資。而且因為本益比廣泛地被追蹤與應用，是非常好用的標準。可以用來測量投資人的心態、市場對未來報酬率的觀點、以及市場當前評價資產的方法。

第二章曾談到，長期下來低本益比的投資組合會比高本益比的投資組合有較佳的報酬率。這種假設是基於，低本益比公司的盈餘會給華爾街帶來驚喜；而高本益比的公司只有符合投資人的預期或失望這兩種可能而已。在1990年代中期，一般相信投資人喜歡光鮮與強勢的股票，但低本益比股票的表現實際上卻大幅超越其他股票。事實上，許多投資人在1995年至1997年間發現，選購低本益比的銀行股，其獲利力道相當強勁。假設盈餘不變，若股票的本益比從6倍漲到了10倍，依然是很低的值，股價可以增加66%。到1997年5月為止的兩年半期間，富國銀行的股票本益比由9倍漲到22倍，股價則一路飆漲至170美元。

注意本益比的陷阱

在使用本益比來決定價值之前，投資人要了解有關使用

本益比的特殊陷阱。請記得，決定本益比有兩項要素：價格與盈餘。當福特、克萊斯勒或杜邦等大型股的股價僅達本益比4倍時，價格與盈餘必須做些調整。在認清價格被低估後，股價必會被推升；或者，市場已正確預測盈餘會下滑，通常多半是後者。在1995年大部分時間，福特的股價多爲本益比6倍。主要是因爲分析師與交易員害怕該公司的獲利在未來幾個月會下跌。如果福特的股價固定不動而盈餘下跌50%，本益比將會倍增爲12倍。這也是許多景氣循環股，特別是銀行、汽車、鋼鐵，在1994年、1995年與1996年本益比很低的原因；並不是這些股票超便宜。另一方面，投資人也預期經濟會疲軟，相信這類公司的獲利能力會重挫。但這就是投資人對未來過度預測的典型例子，而且他們還過度忽略了福特與其他公司吸引人的價值。到了1997年初，投資人發現自己的錯誤，導致福特的股價在六個月內飆升了40%。

有時候低本益比代表著驚人的價值。在1996年7月時，製造晶片用沈澱設備的Novellus Systems股價在恐慌賣壓下跌到32美元（即本益比6倍），因爲投資人害怕半導體銷售會大幅減緩。即使該股大跌，分析師相信Novellus Systems的年盈餘成長率還能達到25%至30%。該股票在一個下午就落底並向上反彈，此後一年飆漲了100美元。在1997年，電腦磁碟機最大製造商之一的Western Digital，股價跌到27美元（即本益比6倍），原因是投資人害怕磁碟製造商間可能會爆發價格戰，事後看來，是否有價格戰在醞釀只是投資人的想像而已。Western Digital的盈餘一直呈三位數的比率成長，該股股價在三個月內就上漲1倍。

宏觀看待本益比

要確定的是，本益比絕非呆板的測量標準，它是非常有彈性的，要以宏觀的角度來了解它，才對價值型投資人有意義。個股的本益比應該要與自己的歷史平均值、同產業其他股票的本益比，以及整體市場的指數本益比做比較。使用本益比，可以確定何時個股，甚至整個市場，是否被過度高估。例如，1972年與1987年市場崩盤之前，本益比就剛好見頂。

各產業常有其獨特的本益比區間，使得跨產業的比較變得不切實際。若以本益比來研判鐵路、半導體、食品股，等於忽略了每個產業天生的動能差異。因爲業務的本質，所以銀行、公用事業、保險公司等歷來的股價本益比都介於8倍至13倍之間，這些公司大部分的資產都是現金或無形的金融產品，它們的價值可在短期間內大幅波動，其盈餘也會比家樂氏更受經濟景氣影響。這點又使得它們的成長趨勢增加一層風險。如寶鹼、摩里斯、Clorox等消費產品股票的本益比通常都介於15倍至25倍之間。在多頭市場，消費產品股票股價可以高達本益比30倍。在空頭市場時，其本益比可能會跌到十幾倍。高科技或積極成長股票的本益比通常會在30倍以上。

如果公司對盈餘提報大額的會計性費用，高本益比也可能無法準確地反映出公司的表現。例如在1995年時，好幾家電話公司提報鉅額的費用，以加速設備折舊。帳面上，有幾家公司該年提報的獲利十分微小，使得本益比膨脹到100倍

以上。如果投資人不排除那些費用，投資人可能會因爲表面上的高估，而忽略掉原本相當不錯的股票。另一方面，低本益比如4倍或5倍，也可能顯示不尋常的因素，比如曇花一現的盈餘增加，包括賣掉一個部門而有獲利，或因爲會計方法變動而提報獲利。

不論是哪種情況，投資人只要多花點精神去探究，即可分辨出眞假本益比。

解讀價格銷售比

財經媒體偶而也會強調價格銷售比，特別是焦點落在小型成長公司時。理論上，股價與銷售應有直接的關連。如果公司的股價未能與銷售同步成長，該股票很可能是被低估了。有些基本分析師如歐門（Charles Allmon）認爲，銷售是股價的主要推動要素。與許多價值型投資人一樣，歐門質疑提報盈餘的可信度，並把焦點放在報表第一行的營業收入。

> 我認爲在尋找股票的市場價值時，公司銷售（營業收入）比利潤更重要。常識告訴我們，長期而言公司成長的速度不會比銷售快。毛利率的擴張是有其限制的。98%的投資人十分重視利潤，而對公司的營業收入流量卻連看都不看一眼。
>
> ——引自歐門所著《*Growth Stock Outlook*》，1997年8月15日，原作第1頁。

私人企業在出售時，通常以年營業收入的倍數來訂定價格。正常情況下，企業是以年銷售的1倍至2倍出售，例如營

業收入200萬美元的區域性報紙,售價可能就是200萬美元,或循該產業的通例,以發行量的倍數制定售價。例如若該報有1萬名訂戶,它的售價可能是每個訂戶200美元。不論哪個例子,售價的計算方式都是根據營業收入(或預期的)流量。價格銷售比是一種可以快速估計價值的方法,其計算方法相當簡單:

$$價格銷售比 = \frac{股價 \times 流通股數}{年營業收入}$$

我們假設施百樂的股價為50美元,流通股票有4億股,營業收入總額有500億美元。那麼價格銷售比就是:

$$價格銷售比 = \frac{50美元 \times 4億股}{500億美元}$$

$$= 0.4$$

這個比率顯示施百樂股票的市場價值是它年銷售的十分之四,許多選股者都認為這個比率很好。公司的股票價值若低於年銷售額,它的表現常常能超越市場,有時候幅度還相當大(見第二章的討論)。但是投資人依然能在這個規則上發現許多例外,所以在解讀價格銷售比時必須十分小心。零售商的股價相對於其營業收入常有很大的折扣,諸如通路商、石油公司、鋼鐵廠、汽車廠與商品製造商也一樣。這些公司的共通點是什麼?它們都有商品生產線(commodity product lines)、高生產成本、激烈的競爭與低毛利率。

價格銷售比與利潤率的關連

　　若要成功地解讀價格銷售比，投資人必須以利潤率為背景評估。研究發現股票的價格銷售比與公司利潤率間有著密切的關連性。大體而言，利潤率越低，價格銷售比也越低。若公司的獲利能力很高，股價的價格銷售比也會偏高。直覺上，這也很合理。較高的利潤率能帶來較高的盈餘與更快的投資回收。若公司的利潤率極低，它為股東創造適當利潤所需的時間會更長。

　　營業額達160億美元的食品通路商Fleming公司是很好的範例。這家公司極低的價格銷售比掩飾了低迷的獲利能力。

　　請注意利潤率與價格銷售比。在1996年，Fleming股價的價格銷售比約為0.04，或年銷售的二十七分之一。但是本益比明顯指出，該股絕不是被低估了。為什麼呢？原因是Fleming的利潤率低的不尋常，只有不到1%。實際上在任何

Fleming公司的毛利率與評價 （單位：百萬美元）

資產項目	1996	1995	1994
營業收入	16,487	17,502	15,724
銷售成本	16,432	17,416	15,611
淨收入	26	42	56
每股盈餘（美元）	0.71	1.12	1.51
毛利率（%）	0.2	0.2	0.4
每股營業收入（美元）	436	466	422
平均股價（美元）	16.19	24.50	26.31
價格銷售比	0.04	0.05	0.06
平均本益比	22.8	21.9	17.4

產業中，超市與食品通路商賴以維生的利潤率是最低的，它
們獲利的來源在於量。Fleming一年必須創造160億美元以上
的營業收入，才能為股東賺到4,000萬到5,000萬美元的利
潤。

看到上面的數據後，再問自己這個問題：如果投資人買
進Fleming，並以年獲利支付給自己，他們願意出價多少？
他們會願意以買進私人企業的典型倍數支付165億美元嗎（1
倍的年銷售額）？如果投資人願意，就等於是把錢丟到水
裡。若以這麼低的利潤率計算，就算花一百年以上的時間，
Fleming每年的盈餘都還不足以讓投資人回收165億美元的投
資。為什麼投資人要花費165億美元追逐2,600萬美元的年報
酬呢？若以更簡單的方式表達：投資人每投資這家公司10萬
美元，Fleming放回投資人口袋的只有158美元。

不用再看進一步的數據，我們就可以自信地說，在1996
年，Fleming的股價16美元是比較公平的，而不是它銷售的1
倍價格或每股436美元。16美元的股價是Fleming1996年盈餘
的22倍，也是平均盈餘的14倍，這兩者都是合理的評價。

那麼我們可以確定，基本上價格銷售比是利潤率的間接
表現。若買進的股票股價低於其年銷售，一定要仔細挑選平
均利潤率最高的公司，因為這些公司才能讓投資人的投資更
快回收。如果可供選擇的公司有2家以上且具有相同的價格
銷售比，利潤率較高的公司價值低估的程度會比較大。只要
利潤率不對稱地較高，偶而買進價格銷售比較高的公司反而
會是比較聰明的選擇，下頁列表中是三家資本規模相同的公
司，依照利潤率進行比較。請注意，價格銷售比最高的股票

有最令人注目的本益比，這是因為它的利潤率較高。

公司 名稱	營業 收入	股數	價格	價　格 銷售比	利潤率	每股 盈餘	本益比
	（美元）		（美元）		（％）	（美元）	
A公司	1,000	100	5	0.5	3	0.30	16.7
B公司	1,000	100	5	0.5	5	0.50	10.0
C公司	1,000	100	8	0.8	10	1.00	8.0

價值投資法

如何以價值投資戰勝市場

「就投資普通股而言，很少人富有到可以負擔得起衝動買進的後果。」

—— 引自《非常潛力股》，原作第103頁。

　　鮮少公司能拿出完美的銷售記錄，且能夠長期穩定地增加盈餘。更少有公司是年年都能聘雇同一批的高階經理人，以穩定速度擴大全球市場的占有率，保持同樣的資本結構與資產負債表上的比率，並且每年都維持同樣狹小的產品系列。這種公司的分析可以簡單扼要。只要檢視它們最近在做什麼，並以相同的速率預估銷售、盈餘、現金流量與股利即可。如果市場對公司定價錯誤且投資人認為它物超所值，投資人就應該買進該股。幾家消費產品公司的表現相當符合我所描述的完美公司，如製藥與營養品公司Abbott Laboratories與可口可樂、吉列，還有箭牌口香糖公司（William Wrigley）與Walgreen。儘管如此，還是有上千家的上市公司向來表現不穩定，所以投資人不能只依賴具體證據分析財務報表的表現；還應該看看該公司是否具備某些值得擁有的無形資產。本章所探討的無形資產主要有五項。

第一個無形資產：理性管理

　　「買進連白癡都能經營的公司，因為早晚真的會有一個白癡出現」，這是投資的至理名言。如同其他行業，商場上

優秀的經理人猶如鳳毛麟角，我們都願意相信最高執行長都是脫穎而出的菁英，他們是公司聘用成千上萬的人當中最有知識、創造力、勤勉與思考敏銳的人。然而實際上卻不然，最高執行長的心智臉譜也大體反映出整個社會，他們當中有領袖、暴君、令人刮目相看者、天才、自大狂、也有白癡。另一方面，絕大多數的管理人能力平庸，依靠運氣而升遷。或許他們受到大公司的雇用，並在一群優秀部屬襯托下平步青雲，這些經理人根本不應宣稱擁有個人才華。有些最高執行長與政治人物相仿，他們只是遴選過程的倖存者。在為時數十年高度政治性與升遷導向的競爭中，他們展現過人的耐力。

　　幸運的是，好產品並不需要好的管理人去推銷。投資人可以挑選100位頂尖最高執行長中的一人，來經營過去十幾年來的寶鹼，該公司一樣可以賺大錢，其產品系列一樣地多樣化。同樣地，迪士尼若交由了解娛樂業的100位經理中任一人經營仍能賺大錢。有些人的表現可能會比現任總裁艾斯納（Michael Eisner）還傑出，有些人可能會較差。讓艾斯納獨享迪士尼成功的喝采，等於是崇尚表面價值。1990年代迪士尼盈餘回升的功勞多半是因為經濟強勁、高消費支出與其他許多因素。在此並沒有貶損艾斯納的意思，只是當事情發生時他碰巧在職，迪士尼編劇與製片的品質以及新主題樂園的吸引力，倒還都是次要因素。若當時的經濟陷入不景氣，迪士尼的虧損恐怕會是個無底洞。

　　花旗銀行也是同樣的狀況。這家一度瀕臨破產的金融集團能絕地大反攻，一般大家都習慣歸功於最高執行長雷德

（John Reed）的努力。然實際上是拜強勁的經濟與聯邦準備
理事會的利率緊縮政策，這家大型銀行才能於1990年代再度
舒筋活血，並使資產負債表恢復活力。同樣的論點也適用於
其他領域，特別是運動。迪卡（Mike Ditka）真的是位偉大
的足球教練嗎？或者他只是在1985年幸運地擁有了職業足球
史上超級球員組合呢？若能擁有喬登（Michael Jordan，前
美國職籃芝加哥公牛隊後衛球員）、皮朋（Scottie Pippen，
波特蘭拓荒者球隊前鋒球員）與羅德曼（Dennis Rodman）
等球員，是否傑克森（Phil Jackson）以外的籃球教練也能
連續拿下全美籃球協會（NBA）冠軍呢？很明顯，答案是
肯定的。

　　除非投資人有機會親眼目睹他們如何執行策略，否則想
要將管理階層的真正貢獻獨立出來幾乎是不可能的。不可否
認的是，許多最高執行長攀上頂峰的原因是基於年資、幹
勁、辦公室政治或他們自我升遷的手腕；而非如我們希望的
基於堅固的財務或策略規劃技能。事實上，很多最高執行長
在擔任此最高職位時都沒有財務經歷。他們早期都任職行銷
部門，擔任公司的支薪顧問、領導工程團隊，或管理幾家子
公司。他們大部分都沒有管理財務與資本配置的決策經驗，
而這些決策都會衝擊投資人。因此，身為公司所有人，最好
不要希望高階經理人能帶來奇蹟，以免大失所望。投資人只
能寄望他們能夠(1)維持公司的成長；(2)穩定地增加公司的價
值；(3)理性地制定公司的財務政策。

　　所謂的「理性」是指什麼呢？若有機會的話，許多經理
人的行為偶而也會與股東的最佳期望相抵觸。畢竟他們也是

凡人，難免會受情緒左右。與許多投資人一樣，最高執行長們也常受同儕的影響，或者把公司資金浪費在外表光鮮但財務上卻未必明智的計畫上。如果長期下來已經產生多次相同的問題，投資人不要等到市場發現不對再行動，應該考慮換一家公司投資。哪些例子代表理性行為，告訴我們這家公司值得買進呢？

明智的收購政策。通常股票市場對收購的獎賞是推升收購者的股價，因為市場接受管理階層不斷宣稱這筆交易可以改善獲利，結果他們往往買下讓他們悔不當初的公司。許多失敗的例子源自於管理階層把標的的溢價價格訂得太高，或是發行太多股票因而稀釋了股東權益。美國電話電報公司於1991年收購美國現金出納機公司（National Cash Register, NCR），可謂是史上最浪費股東資金之舉。西屋電器公司（Westinghouse）對哥倫比亞廣播公司先接收再撤資的行動也算得上是另一次金融資產大浪費。兩年間，哥倫比亞廣播公司從獨立的上市公司變成西屋電器公司的私有部門，再變成可以公開買賣的廣播公司。這些連續轉變所衍生的費用與債務大幅減損了哥倫比亞廣播公司的價值。事後來看，整個事件不過是西屋公司高級管理階層想要控制電視網的虛張聲勢做法罷了。這種旅鼠式的行為（譯注：傳說中旅鼠以盲目的集體自殺行為聞名），在醫療領域也很明顯，許多醫療科技與醫院、聯合診所也因為過度熱中購併遊戲，而導致財務困難。管理階層對於所剩無幾的資產，卻仍被迫支付越來越高的溢價，所以每一次的購併所帶來的盈餘增長越來越少。

在1990年代中期，銀行、券商與保險公司購併的步調，

很可能出現在那些企圖尋求購併的企業。這些企業支付了資產帳面價值5倍以上的價格。更糟糕的是,這些購併的資金來源大部分是透過發行股票,因此稀釋了當前股東的盈餘,他們甚至還以為可以在標的公司削減足夠的成本,以促進新合成銀行的成長率。不幸的是,這類讓管理階層希望落空的垃圾交易相當多。然而也有不少成功的案例,這是因為管理階層(1)以合理價格取得標的;(2)買下的公司對產品系列很重要;(3)所買下的是直接競爭對手,因而降低競爭所衍生的成本;(4)以明智的方法融資該筆交易。較理想的做法是以現金買下購併標的,因為沒有債務負擔且股東利益也不會被稀釋。如果公司常常藉由發行股票作為籌措購併的資金,基本上這形同把一部分的公司奉送給另外一群股東,相對減少該公司員工的股份與他們未來可分配的盈餘。該公司也給自己太大的壓力,必須尋找能有效降低成本的方法以抵銷該筆更大的浮存金(float)。唯有收購公司的股價被高估時,同時標的公司亦需有較佳的財務展望,發行股票才合理。

　　成功的公司會堅守自己的核心競爭力,鮮少藉由收購來膨脹自己。可口可樂自創辦以來一直是飲料公司,曾有一小段時期,它涉足消費產品(曾一度擁有哥倫比亞電影公司),但可口可樂的策略總之就是生產飲料,其他沒什麼好說的。美國有些最成功的銀行是小型、區域性的公司,他們服務的是人口結構健全的市場,年復一年在資產上創造極高的報酬率。投資人擁有這種年股東權益報酬率可達15%的珍貴公司,要比擁有被過去的購併拖累、報酬率勉強有9%的大型跨國銀行要好得多了。重點在於,如果投資人服膺價值

投資法，在尋找的經理人為自己投資時，也應該懷持相同信念。

管理階層要能了解服務的公司與其限制。如果高階經理人擁有長期股權，很可能對該產業有深刻的認識，而且會比外來的經理人更能有效地經營公司。好幾百家的公司是由創辦人或共同創辦人所領導，其中還包含了知名大廠如英特爾、微軟、思科系統、甲骨文等。公司的創辦人若還能管理公司，對股東而言是很有利；這是因為他們了解產品、產業動態、員工與整個市場環境。投資人應該避免的是那種最高執行長人數很多的公司，特別是那種由其他產業空降的。在一個領域的成就很少能夠成功地轉移到其他產業，除非投資人是「鏈鋸」登路普（「Chainsaw」Al Dunlap, Sunbeam Corp. 前任董事長，因大量裁員而贏得「鏈鋸」的稱號），奉命裁員與關廠，否則投資人的知識與技能很可能無法在一個產業以外施展得開。今日若仔細檢驗那些性喜收購的醫療公司，投資人就會發現它們的領導人是律師、先前的產業顧問與會計師。這些人往往都不是投資人希望的那種安分守己的人。

經理人對公司財務的投入程度也很重要，尤其是對小型公司而言，合理的預期是，公司的高階經理人應該擁有相當數量的公司股票，至少是5％至10％。在每年年會前寄發給股東的重要文件委託投票書（proxy statement）中，他們必須提出持股比例。委託投票書所透露的訊息包括：持股比例最大的股東，公司中持股比例最高的很可能是共同基金，以及高階經理人員與董事成員的經歷，補償與選擇權套餐。在大型公司如美國電話電報公司、花旗銀行、默克、奇異電

器、惠普電腦，員工所擁有的股票都低於1%，這並不表示管理有問題，而是這些企業已存在上百年了，原創辦人早已過世多時。長期下來，流通股票的數目可能已增加上百倍，也更換了十多位最高執行長。

管理階層於公平價格購回股票。最令投資人苦惱的莫過於經理人員以高價回購股票，浪費投資人的現金，這個問題在1997年與1998年開始浮上檯面，當時由於投資人對未來盈餘過度樂觀，使得工業股票股價持續攀升。管理階層發現要符合這麼高的盈餘期望越來越困難，於是開始仰賴股票回購來推升最後盈餘。微軟購回股票的本益比是40倍至50倍，寶鹼購回股票的本益比是30倍。以寶鹼為例，高階經理人在批准了他們所控制的公司購回股票的同時，也在市場中釋出個人持股。寶鹼高階經理人的行為不但違背常理，其引發的嚴重利益衝突更使得投資人忿忿難平。

傳統財務觀念認為回購股票是明智之舉。如果公司所賺的稅後盈餘比公司營運與成長所需還要多，公司應該把部分的盈餘發放給股東。以往公司的做法是提升股利，直接把現金發放給股東。近年來公司多半選擇在公開市場購回股票，這種做法的效果有降低流通股票數目、提高每股盈餘、降低股東資產淨值與提高公司的股東權益報酬率。股票回購最有效的做法是在低價買回股票，在股票下跌後買回股票，不但可展示管理階層對公司的信心，同時公司也有機會獲得價值低估的資產。如果管理階層於30美元買回股票，而公司的內在價值為50美元，它等於是以60美分買進1美元。如果公司無法找到更具吸引力的其他投資機會，管理階層應該在能負

擔的範圍內儘可能多買回股票，以增進股東利益。

如果股票回購像購併、選擇權套餐或員工持股計畫一樣，變成稀釋股東權益的藉口，問題就會開始出現。在1990年代中期，有十幾家公司採取了這類的財務花招。他們宣布重大的股票回購計畫，目的是要即刻造成股價上揚，然後再靜靜地釋出回購的股票，以為購併案取得資金或履行員工持股計畫。最後的結果只是增進公共關係，對當時股東的每股獲利幾乎沒有任何助益。

如果股票回購運用得當，的確能改善公司價值並推升股價。事實上，如果公司宣布股票回購，投資人最好的方法是抱牢持股，而非到市場拋售，以逸待勞等著獲得更大的持股比例。贖回的股票會自動推升投資人的持股在未來盈餘中所佔的份量。如果公司購回了四分之一（25%）的股票，它可以增加每股盈餘三分之一（33%）。如果公司購回十分之一（10%）的股票，每股盈餘增加九分之一（11.1%），依此類推。

多餘的現金無法找到明智的用途時即增加股利。當掌握多餘的現金時，管理階層無論如何一定要善用該筆資金以最大化股東報酬率。第九章、十章指出，管理階層面對這種情況有三種選擇：(1)保留所有利潤並再投資於公司；(2)保留部分利潤，並把其餘部分以股利的形式發放給股東；(3)把所有利潤以股利發放給股東。只要管理階層所創造的股東資產報酬率能領先市場平均值，就應該試著保留所有多餘的現金，並放棄發放股利的念頭。我喜歡引用的例子是Callaway，其股利在盈餘中所占的比例非常小，而公司每年所創造的股東權

益報酬率可達30%至40%。如果Callaway把更多的盈餘發放給股東的話，投資人則被迫要為他們的錢再找另一個有同樣高報酬率的去處。鮮少有公司能有與Callaway一樣高的股東權益報酬率，所以對投資人而言，合乎邏輯的做法是再把股利投資於Callaway的股票。若把轉手過程的佣金與稅賦納入考量，Callaway應該在開始時，就保留所有盈餘。

然而，在公司的生命週期中有些時候報酬率會下滑，以過去的比例來保留每年的利潤並非是聰明的做法。相反地，較好的做法是讓投資人自行決定他們的錢要放在哪裡。此時，增加股利才是慎重的政策。

第二項無形資產：明智地運用裁員與重組費用

許多大型企業如美國電話電報公司、洛克希德馬丁（Lockhead Martin）、華友銀行（Chemical Banking）、柯達（Eastman Kodak）、寶鹼、通用汽車與波音公司（Boeing）最後發現裁員對股東有利。但裁員有其風險，而且也不能保證立即的成功。身為股東，投資人不應坐視公司雇用5,000名冗員，一年增加2億美元以上的人事費用。然而，投資人也不希望公司把裁員當成權宜之計，透過犧牲來年的成長潛力以推升目前的股價。關鍵是公司在重組的衝擊後，是否能改善未來的表現。

在評估裁員新聞時，投資人首先要注意新聞發布的時機，尤其是與股價波動的關係。宣布裁員是推升股價的簡單方法，因為分析師似乎很少會質疑這個舉動。相反地，他們會假設裁員有助於增加未來獲利。有些公司認知到這一點，

便在股價大漲後回跌，或者股價在低價區盤整數月後宣布裁員。在1995年底接收史谷脫（Scott Paper）之後，金百利（Kimberly-Clark）宣布將裁掉6,000份工作。表面上，裁員似乎是有道理的。兩家公司生產相同的紙製品，並不需要重複的廠房與銷售人力。但這次的裁員也達到了推升股價的效果，金百利管理人員心中大概也想到了這點。華爾街認為，該公司為了史谷脫支付的價格太高了，因而逼迫金百利必須削減成本。美國電話電報公司在1996年亦宣布裁員4萬人，等於承認為了整修門面以增加對投資人的吸引力。

當公司宣布大裁員時：5,000人、1萬人、1萬5,000人，通常代表著該公司並未充分評估其人力資源，而只是為了形象進行重組，投資人更不應輕信。該公司很可能已先設定財務目標，例如降低5,000萬美元的成本，然後再決定要辭退多少員工才能達成目標。其後，公司會重新評估到底哪些員工是不適任的。相較之下，更誠實的做法是1995年威明百貨進行的裁員，它裁掉了十幾名工人，因為新庫存體系上線運作後，他們的工作已經過時了。這次的裁員顯示，威明百貨很仔細地檢視其資源的生產力。

有些裁員是合理的。例如，當美國電話電報公司與貝爾子公司（Baby Bells）的營運自動化時，在1984年至1995年間可裁減超過20萬個的工作機會，使得產量、服務、營業收入與現金流量都有顯著地改善。當銀行合併時，也不再需要兩個信託部、兩個會計部與薪資部、兩個支票交換中心。銀行合併也可能導致幾十家互相競爭的地區分行關閉。

另一個評估裁員時應該考慮的要素是時間。如果一次完

成裁員，沒有任何公司能再維持正常營運，通常裁員會分批
進行。公司若試圖透過裁員每年節省1億美元，在它資遣完
所有員工前，根本無法達到降低成本的目的。同樣地，投資
人也不用預期這對盈餘會有立即的好處。事實上，投資人可
能看不到任何改善。美國管理協會（American Management
Association, AMA）於1995年的研究發現，在1989年至1994
年間裁員的大公司中，最後只有增加50%的營業利潤。29%
的公司盈餘沒有增加，而且20%的公司實際上出現了下滑。
Mitchell & Co.於1992年根據有裁員記錄的大型產業所作的
研究顯示，在裁員消息發布後三年股價平均下跌26%。

　　投資人絕對不能假設大裁員有利於公司，通常情況是完
全相反的。不論是經營績效高的公司如寶鹼，或是營運不善
的公司如Unisys，裁員都代表著管理階層無法維持公司當前
的獲利水準，這是事實。快速確認這點的方法是，檢視公司
的銷售成長率，凡是削減工作的公司，如寶鹼、柯達、杜
邦、McDonnell Douglas、通用汽車與各大銀行等，都是銷
售成長嚴重鈍化的公司。有些公司試圖以裁員來偽造較高的
獲利。美國管理協會的研究發現，其中半數的公司是因為業
績不佳而裁員，只有五分之一的公司因為生產線自動化而裁
員。這個教訓證明：「公司無法透過裁員，而使公司的業績
上升」。最後，要達到公司業績上升的目標，需採用傳統的
方式達成：開發新市場、新產品，以吸引新客戶來購買。

　　同樣地，公司時常提報重整費用以掩飾業績表現，投資
人應該時時提高警覺。然而，所有上市公司中有三分之一在
會計年度都會或多或少提報幾種費用。這些費用的數目與種

類相當龐大，並非所有提報的費用都意圖欺瞞，有些眞的有正當的財務目的。根據傳統會計，公司應該儘速提報成本以早日從帳目上勾消。如果公司決定裁減5,000名員工，唯一合理也值得建議的做法是，把所有裁員可能的相關成本在一次會計期間提報完畢，即使裁員的時間可能長達好幾年亦復如此。這個法則的適用範圍所包括的公司決策有，裁員、強化地區辦公室、減低資產價值、承受出售部門的損失、或支付法院判決等。

　　爲了業務效率與執行未來目標，公司常會訴諸會計費用。公司也很少長年維持同樣的業務。有時業務表現會不如預期。面對這種挫敗時，管理階層有責任，爲投資人結束表現不佳的投資，因爲最後這些投資可能會給財務報表帶來太慘重的虧損。在這個時代，經理人對投資人壓力的感受是空前的，最著名的例子是共同基金，他們必須以最高效率經營企業。因此，公司拋棄累贅的資產與提報費用也更快，否則只有面對坐視公司賠錢的指控。

　　因爲費用會造成淨值異動，投資人不能忽視它的長期影響。忽略費用的風險會造成公司的評估價值高於建議的內在價值。這也一直是1990年代的主要問題，分析師與投資人死守著教條，不但太輕易放過這些公司，甚至還獎勵那些常常以欺瞞手段削減成本的公司。

　　假設通用汽車計畫未來五年關閉3家虧損的工廠，以節省20億美元。根據現行會計法規，通用汽車可以在第一年的盈餘上提報20億美元的費用，以支付該筆未來成本。該年的盈餘雖會大幅滑落，但未來幾年盈餘將可逐漸增加。這是因

為那3家工廠的損失已不再計入。以通用汽車為例,該公司正是會提報費用的公司:它是銷售成長緩慢、古老、高成本的產業股。這些公司會利用會計法規,而且有時候還用費用創造出根本不存在的盈餘成長。例如,道瓊指數的30支成份股在1991年至1996年中期間所提報的費用共達490億美元,這些勾消的費用為這30支股票的上揚提供了很大的助力。若把這些費用加回來,這幾家道瓊工業股所賺的錢比它們提報的數目還低25%。

多數費用的目的在修正或掩飾成本上升或銷售減緩等問題。如果公司減低資產的帳面價值,他們即是承認自己做了差勁的投資。若他們關閉工廠,即是透露銷售減緩或生產沒有效率。如果公司提報的費用多到會讓投資人搞不清楚公司的運作狀況,投資人最好還是避開這種股票。

當費用出現時,不要僅依賴損益表來分析公司的獲利能力,應該要直接看年報中的現金流量報表,才能更明白該公司過去一年的財務狀況。現金流量報表顯示一年間的收入與支出。如果公司是因為費用而在報告中有獲利,但現金卻在流失,投資人應該提出質疑。偶而,公司會提報非現金費用,這種費用僅出現在帳面上,不會妨礙到現金流量。這種非現金費用包括,各公司在1992年開始提報的鉅額退休福利金。這些費用造成許多大型工業股該年盈餘下滑,有些甚至還出現虧損,但它們是編造的,是為了滿足會計法規而提報的。

因此投資人必須仔細評估支出。1996年,提報費用的會計法規較嚴,但依然還是給公司相當大的空間可以重新歸類

成本。這種情況下，投資人就不應該接受這種虛有其表的管理創意。在1995年，英特爾為有瑕疵的奔騰晶片，提報4億7,500萬美元的回收費用。這筆費用很可疑，在做盈餘比較時，應該要加回這筆費用。這是一筆源於執行不力的營運成本。許多公司經常會犯這種錯誤，只不過大多數不會試圖勾消它。在1994年時，Borden試圖提報6億4,200萬美元的重整費用，涵蓋的範圍包羅萬象，從減低資產帳面價值到新Elsie the Cow廣告宣傳的行銷成本都有。分析師對Borden的企圖表示懷疑，而美國證券管理委員會（The Securities and Exchange Commission）也是一樣，最後並強迫Borden撤銷了2億5,000萬美元以上的費用。

　　加總公司提報的各項費用，再把它們通通加回去，看看公司真正的表現如何，其結果可能會讓投資人相當意外。在1984年至1996年年中這段期間，美國電話電報公司所有的費用共計142億美元，超過公司報告的盈餘總和。在這十二年期間，該公司沒有為投資人賺進一毛錢。但藉著把費用排除於報告之外，美國電話電報公司與分析師可以宣稱該公司的盈餘幾乎每年都在增加。為了評估一筆費用的長期影響，對公司未來盈餘就要作好心態調整。如果波音公司對未來裁員提報了4億美元的費用，這些鉅額的費用很可能會在未來幾年間出現。但波音公司只要在一年提報所有費用，就可提升未來的表現。投資人可能會希望忽略第一年的費用，並在未來四年每年降低1億美元的稅前所得。

第三項無形資產：能提供附加價值的經理人

　　商業界熱中附加價值理論。如果產品經過僱員手中卻沒
有增加價值，該僱員就會被視爲沒有效率，如果一個部門沒
有爲總公司增加利潤，它就可能會被賣掉。在這樣的情況
下，投資業界遲早會創造出方法來測量公司經理人員增加股
票價值的程度。

　　否則，投資人就沒有專用的方法可以決定經理人是否眞
有超凡的表現。例如，我們就無法分辨奇異電器最高執行長
威爾遜（Jack Welch）是否眞的是一位經營天才，或者是因
爲各種因素的聚合：繁榮的經濟、弱勢美元、強勢產品、或
優秀的副總裁團隊，才協助威爾遜能達成目標。然而，我們
還是可以透過經理人爲投資人達成的報酬率來衡量他們，其
方法有兩種：「經濟附加價值法」（Economic Value Added,
EVA）或是更簡單的「保留盈餘法」（retained earnings
method）。

　　(1)**經濟附加價值法**。投資人總會要求經理人增加公司價
值。傳統上，他們運用「會計附加價值」（accounting value
added）來衡量經理人表現，但新的「經濟附加價值法」正
獲得密切的注意，這個方法可以公司盈餘或股東資產淨值的
成長用來衡量經理人是否眞的有利於投資人。經濟附加價值
法是由Stern Stewart & Co.顧問公司所開發，其衡量經理人
表現的方法是，要經理人爲公司資產與現金的應用負責。基
本上，如果經理人所獲得的資本報酬率超過或高於該資金成

本，他們即爲投資人增加公司的價值。理論上，這應該會增加股東資產淨值與股價。Stern Stewart的瓊斯（Thomas P. Jones）寫道：報酬率越高，經理人所創造的價值越大。

> 公司經理人的工作之一即是募集資金，而投資人願意提供該筆資金的唯一原因是，相信經理人能把它變成投資人的獲利。股東擁有公司並讓資本源源不斷地流入公司，經理人必須爲投資人提供合理的報酬率。
>
> ——引自瓊斯所著《*The Economic Value Added Approach to Corporate Investment*》，Association for Investment Management and Research Proceedings，1995年，原作第12頁至19頁。

幾十年來，決定合理股價的基本方法一直在於，釐訂一個過去與未來公司預期盈餘的倍數。然而問題在於公司可以透過許多方法來操縱盈餘，而今日的手段則更勝以往。例如，公司可以改變庫存統計方法、營業收入的認定方法或折舊的算法，以操縱資產、出售部門、購併競爭者或提報重組費用。根據分析師的經驗，要避開這些陷阱的方法是研究公司的現金流量，即用來創造未來盈餘的現金來源與應用。經濟附加價值法則比現金流量法更進一步。經濟附加價值法對現金流量指定機會成本，所以它能顯示經理人用投資人資金所創造的真正與後續成本（after-costs）的報酬率。

經濟附加價值法的計算相當直接。它是資本報酬率（稅後的營業利潤除以股東資產淨值）減去該資本的「機會成本」，或折現率（見第八章）。如果一家公司的營業利潤是資

產淨值的25％，折現率爲10％，管理階層即以15％的領先戰
勝此障礙率，並爲公司的權益帳戶（equity account）帶來成
長。

　　機會成本是投資人預期公司在股票與債券上所能獲得的
綜合報酬率。若公司沒有債務，而市場預期股票每年會上漲
9％，計算經濟附加價值法所用的折現率即爲9％。以上例而
言，如果營業利潤爲資產淨值的25％，折現率爲9％，管理
階層對資產淨值的貢獻即爲16％。下表顯示，以一家銷售額
爲2,000美元、資產淨值爲1,000美元的公司爲例，經濟附加
價值法的分析情形如下：

銷售額	$2,000	
營業利潤（折舊前）	$400	
稅賦	0.375	
稅後營業利潤	$250	($400 minus 37.5%)
平均資產淨值	$1,000	
資產淨值報酬率	25.0%	($250 divided by $1,000)
折現率	9.0%	
附加價值百分比	16.0%	(25%至9%)
附加價值	$160	(16% of $1,000 equity)

　　因此，一年間管理階層爲投資人增加160美元的公司價
值。數字本身並不像該數字每年的變化來的有意義。如果來
年經理人爲公司增加200美元的價值，他們就是眞的爲投資
人增加淨值。如果經理人能爲公司增加價值，高價將會隨之
而來。經濟附加價值法的支持者主張，公司的股價就是股東
資產淨值與投資人對經理人增加經濟附加價值能力所付溢價

的總和。例如在1996年初，威明百貨股票的總市值為574億美元，而其股東資產淨值為127億美元。擁護者即可主張，投資人對威明百貨的潛力所付出的溢價為447億美元。溢價越高代表投資人對經理人提升股價的預期也越高。

(2)**保留盈餘法**。評估管理過程較簡單的方法，是以保留盈餘為背景來檢視公司的成長。保留盈餘是指每年發放股利後，管理階層留在手上運用的多餘利潤。本書第十章指出，理論上股價上漲應與保留盈餘直接相關。股價上漲的幅度至少是該年保留盈餘增加的幅度。如果杜邦每股獲利4美元、支付2.5美元的股利、保留盈餘1.5美元，我們可以預期杜邦的股票至少會上漲1.5美元。保留下來的1.5美元變成了資產，且應該提升股東資產淨值或帳面價值至少1.5美元。如果該年杜邦無法提升其淨資產價值至少每股1.5美元，它對這筆保留資金即做了差勁的應用，應該要提高股利才對。

　　若是長達十五年以上的時間，投資人至少可以預期保留盈餘的成長與股價的成長之間，出現直線的關係。如果市價的波動與保留盈餘帳戶同步，我們可以總結，在公司成長階段市場的定價是公平的，但這種1：1的成長比率是不夠的。如果公司市價上揚的速度與保留盈餘同步，投資人會認為管理階層沒有為公司增加任何價值。投資人對公司未來的展望十分沒有信心，所以他們對公司盈餘所付出的溢價才會越來越低。假設公司保留了所有的盈餘，而且每年保留盈餘與市價皆以相同的價值成長。我們以每股盈餘1美元、股價12美元的公司為例，每年這家公司股價上漲的幅度完全與保留盈餘的增加相同。假設一開始時本益比為12倍，我們可以看到

市場如何逐步降低該公司盈餘的認定價值。

（單位：美元）

年度	每股盈餘	保留的每股盈餘	股價	本益比（倍）
1997	1.00	1.00	12.00	12.0
1998	1.15	2.15	13.15	11.4
1999	1.32	3.47	14.47	11.0
2000	1.52	4.99	15.99	10.5
2001	1.75	6.74	17.74	10.1

　　到了第五年，市場僅願意付出本益比10倍的股價，而這家公司的盈餘成長率高達15%。我們的結論是，管理階層或許無法使股價完全反映其價值；或者市場低估了該公司的價值。投資人應該試著確定哪一個情況才是真的，除非市場對該股真的定價錯誤，否則最好還是避開市價成長速度低於保留盈餘的公司。

第四項無形資產：品牌價值

　　箭牌口香糖擁有一項競爭者難望其項背的品牌無形資產。哈雷機車、Tootsie Roll Industries、可口可樂、耐吉、迪士尼以及其他許多美國大廠也一樣擁有品牌價值。外國公司中，雀巢（Nestlé）與賓士（Mercedes-Benz）也幾乎擁有同樣的品牌魔力。施樂百鋼琴製造商Kimball、Baldwin、凱迪拉克、Rawlings、Topps交換卡（trading cards）也都擁有這種價值，但是人口分布、銷售管道與競爭力量摧毀了它們的市場。商業帶（strip centers）的擴張與人口外移至郊區等，都使得上百家的零售商得以開張營業，並搶走了施樂百

的利基。在1980年左右，出現了上百家的貿易卡競爭對手，一夜之間Topps的品牌形象即遭侵蝕。今天，Topps還必須與十幾家以上的卡片公司爭奪貨架空間。

　　然而迪士尼、哈雷機車與其他公司依然不受影響而繼續營運。當然，它們在自己的市場內亦有激烈的競爭，但它們的品牌形象依舊。90%以上的哈雷機車所有人宣稱，他們還會向哈雷再買另一輛機車，而不會光顧山葉、本田或鈴木。迪士尼所建立的是舉世最著名的品牌之一，從主題樂園多角化到全方位的娛樂公司，觸角伸入了電視、電影片廠、製作、零售、郵輪、音樂、新聞、有線電視、旅館與休閒渡假村。它的策略就是讓迪士尼的名字儘可能出現在各階層人口的身邊，以期進一步提升品牌形象。

　　這些公司都擁有「特許權價值」（franchise value），這項無形資產使得公司的價值遠超過財務報表所顯示。雖然許多商業評估專家與會計公司幾經嘗試，特許權價值還是很難量化，但它卻是股票分析非常真實的成份。簡單地說，如果以價格、生產能力、行銷、廣告與銷售管道、成本結構為準，公司若能從市場獲得比預期更多的銷售量，特許權價值即存在。例如，如果有兩家公司生產與銷售相同的電動馬達，它們以同樣的價格、同樣的行銷心力賣給同類的製造商，我們可以預期每家公司售出的馬達數目相同。但如果其中一家的銷售額超過另一家20%，特許權價值即存在。只要無形資產存在，就可使該公司的馬達在市場中更具吸引力。

　　這些資產可能是什麼呢？可能性最高且或許也是最難以量化的就是「品牌」（brand name）。為什麼有些人就是會在

結帳前伸手去拿Hersey巧克力棒，而不拿旁邊的一般品牌巧
克力棒？即使兩者的標價差不多，而且口味也沒有明顯差
異。最可能的是，品牌與形象能吸引買氣。可口可樂、耐
吉、Lexus、麥當勞、Levy's、威明百貨、花旗銀行、美國
運通銀行等是眾所周知的品牌。這些公司在行銷上的優勢是
競爭者難以匹敵，只是它們所擁有的優勢有多大就難以論
斷。可口可樂這個品牌值多少美元是永遠算不清的，但「可
樂」（Coke）這個字對該公司具有難以想像的價值是毋庸置
疑的。可口可樂與百事可樂可以同時以同樣資源進入一個新
市場，但可口可樂卻很可能贏得最大的市場占有率。

　　時間是建立品牌威力的主要因素。一個在市場上存在了
十幾年的老牌產品，例如國家廣播公司（NBC）、Anheuser-
Busch、Rawlings或Chicago Cubs baseball等，已經建立了不
列於財務報表的特定顧客忠誠度。但它是存在的，隱藏於盈
餘流量之中。品牌價值也能存在於法令許可。當伊萊利獲得
輝瑞的專利保護時，即同時保證未來數十億美元的銷售。在
伊萊利失去專利保護前，沒有任何一家競爭藥廠可以生產與
輝瑞相同的產品。貿易壁壘與稅賦優惠也能創造品牌價值，
區域限制、執照與加盟合約也一樣。

　　擁有品牌即擁有行銷威力，在某些情況下，還會是獨占
的行銷威力。例如，地區報紙。在美國有數十家的報紙幾乎
沒有任何競爭對手。通常，它們都在中型的城市發行——如
Abilene、杭丁頓（Huntington）、美肯市（Macon）、
Rockford、Lafayette、厄爾巴索（El Paso）、Greenville、
Kalamazoo、Wausau等，因為太分散了，因而無法支持電視

台生存，且市場又太小無法容納兩家報紙。在這種城市裡，區域報紙是市民新聞的唯一來源，也是當地廣告的唯一宣傳管道。如果肉鋪想要進行拍賣，它必須要在城裡的報紙上刊廣告。若市政府要公布法律通知，也要從該報紙買版面。如果當地的威明百貨有開學促銷活動，也必須花費數千美元在週日版中安插夾頁廣告。這些都是地區報紙隱藏的特許權價值，它是鎖定在人口分布上。

今日，很少有公司或機構能保有多少的特許權價值。好萊塢一度在製片上有絕對控制權，而且能年復一年確保自己的成就。美國廣播公司（ABC）、哥倫比亞廣播公司（CBS）、國家廣播公司曾完全掌控著電視觀眾，但自從有線電視興起後，這三大廣播網的市場占有率便逐年下降。紐約證券交易所曾被認為是買賣重量級股票的唯一地方，但也已成過去式。數十家世界上最成功的公司是在店頭市場交易。從1950年代以來的二十五年間，Topps在運動貿易卡（sport trading card）根本就是壟斷勢力，它可以控制價格、通路與利潤，它為自己的產品創造需求，並為收集與買賣卡片催生了黑市。但競爭者，特別是Fleer、Donruss、Bowman等加入後不久，Topps即完全處於守勢。它的產品在人們心中的價值大跌，市場占有率也跟著下滑。在卡片買家心中，該公司也不再是高級品牌了。對很在乎預算的中產階級顧客而言，Kmart曾是第一品牌，現在它正限於苦戰，試著與新加入的競爭者Target與威明百貨爭奪客戶。

這些公司喪失了原有的品牌吸引力，因為募集資本容易，也可自由地跨國流動，使得競爭者得以占有市場。現在

要在撒哈拉南部的非洲設立製造廠就跟設立在田納西州一樣
地容易，而且大多數的新科技與產品都很容易複製，競爭者
在幾個月內就可迎頭趕上，或許速度更快。因為世界各地資
產的自由流動，競爭者幾乎可立即趕上。以往只要擁有品
牌，公司即可壟斷價格並維持豐厚的毛利，直到其他生產者
募集足夠的資金向它們挑戰，情況才可能轉變。1980年代中
期以後的那幾年，耐吉發現有運動員推薦的運動鞋，價格可
以賣到100美元以上也不會有任何問題。今日這種現象已不
復存在，由於數家競爭者的出現與近乎喪失的定價力量，耐
吉必須經常「打折」才能提升鞋子的銷售。

特許權價值的衡量

只是投資人應該如何評價一個品牌呢？一般公認並沒有
嚴格的方法存在，但許多顧問與行銷公司發展了一些方法，
試圖捕捉品牌所創造的額外財務價值。一個投資人可應用又
相對較簡單的方法是，比較競爭公司的毛利率與資產報酬率
（return on assets, ROA，營業收入除以所投入的資產平均
值）。如果公司宣稱毛利率較高且銷售的又是與競爭者基本
上相同的產品，品牌吸引力或許就存在。假設有三家資本額
相同且都銷售電腦連接插頭的公司，有兩家毛利率同為
15%，一家毛利率達20%。

明顯地，Z公司是比較優秀的，其股價也應該享有比其
他兩家公司較高的股價。但它的成功有多少是歸功於其品牌
呢？我們只能根據理論做合理的判斷。也許Z公司擁有更具
效率的工廠能創造較高的毛利，或許它的生產成本較低吸引

（單位：美元）

資產項目	X公司	Y公司	Z公司
銷售	5,000	4,000	8,000
營業利潤	750	600	1,600
股數	500	500	500
每股盈餘	1.50	1.20	3.20
資產	7,500	6,000	8,000
資產報酬率（%）	10	10	20
資產淨值	3,750	3,750	3,750
股東權益報酬率（%）	20	16	43

了更多的顧客。或許它已達臨界銷售量，能把固定成本攤派在更多單位上，提升每單位的會計利潤。

行銷專家一直試圖量化品牌價值，他們相信關鍵在於研究公司的「資產報酬率」或「資本報酬率」（return on capital, ROC），營業收入除以股東資產與負債的總和）。一般而言，擁有品牌價值的公司在資產報酬率與資本報酬率上都傾向於比競爭對手與廠商要高。在上面的例子中，Z公司的報酬率至少是競爭對手的2倍。一定有某些無形要素存在才可能會這樣。Z公司可能有訓練較好的銷售人力，更有效率的廣告策略，或更好的通路網絡。甚或顧客就是比較「喜歡」該公司的產品與管理階層。如果Z公司的優勢只是源於生產效率，X公司與Y公司即可努力達到同樣的效率，並儘快縮小這個差距。

在量化特許權價值時，投資人應該專注於資本報酬率，它衡量的是管理階層每年如何運用有形與財務資源。擁有一般產品線且沒有特許權價值的美國公司，一年應該可以獲得

5%的資本報酬率,景氣熱絡時會高一些,疲軟時會低一些。以5%的資本報酬率為起點,投資人即可合理地估計品牌價值。若有公司獲得15%的資本報酬率,我們假設額外的10%資本報酬率來自於品牌價值。把這10%換算成美元,再附上一個乘數以推算該品牌的長期折扣價值。這個計算公式相當直接:

年品牌價值=〔(稅後的營業收入/資本)-5%〕×資本

長期品牌價值=年品牌價值×溢價

在上例中,Z公司提報的股東權益報酬率是43%,且由於沒有負債,Z公司的資本報酬率也是43%。減掉5%後,Z公司的年品牌價值是資本的38%,即1,425美元。要決定長期的品牌價值,投資人必須給1,425美元附上乘數,才能獲得該品牌折扣後的未來價值。如果投資人決定Z公司的長期品牌價值是當前品牌價值的15倍,該品牌的價值為2萬1,375美元。如果投資人指定10倍數,該品牌的價值即為1萬4,250美元。

明顯地,品牌價值的關鍵在於投資人溢價的準確性。使用我們在第八章估計現金流量時所討論相同的方法,投資人應該能夠確定年品牌價值的合理乘數。

第五項無形資產:易讀、明白的年報

公司很少有機會能向所有人提報事實。但機會出現時,事實應該是清晰完整的,而且應有足夠的資訊可做有意義的分析。一份年報若無法概括地描述讓公司的整體營運狀況,

該公司是否值得投資就令人質疑，其管理階層的信用也值得懷疑。如果管理人員不願意把情況說明白，投資人應該要問清楚原因。過去二十年來的趨勢顯示，年報逐漸被視為公共關係的產品，每個句子、照片、標題、圖表都仔細斟酌過，試圖以最正面的角度來描述公司，然而卻常遺漏最重要的財務報表。

　　二十幾頁體面的照片，再加上最高執行長幾頁隨興的、空洞的補充說明，就可以蒙騙投資人，但這些都是不必要的資料。只要備齊基本、簡單的業務說明，再加上必要的財務報表，即可滿足投資人。一份完整的年報應提供分析公司過去幾年表現的所有資料，其顯示財務資訊必須與過去的格式與頁數相同。如果公司的報告有持續性，年度間的比較才具有可信度。同樣重要的是，投資人將可發展出一套方法解讀這些資訊。

　　以紐可為例，其年度報告用字清晰也適合閱讀，投資人不會在其中發現錯字或有關公司的誇張描述，該公司最高執行長的照片看來像是二十年前拍的，該公司長年來只用兩張艾福森（Kenneth Iverson）照片互換。相較之下，迪士尼的年報幾乎包含了該公司所有投資人所不需知道的資訊，包括員工的照片、遊客在主題樂園的趣事、以及迪士尼的零售商品。1996年的年度報告中，投資人在前面55頁根本找不到任何有意義的財務資訊。

　　完整的年報只需要16頁至20頁。內容包括4頁至6頁的財務報表，2頁至4頁的註腳，1頁至2頁為最高執行長的信，2頁過去財務表現，其餘的為公司市場與服務相關的有用資

訊。公司不應該用超過5頁以上的篇幅來描述它的商業活動。在總長度上宜保留些許空間。銀行、保險公司與貸款公司,如美國運通銀行,有義務比典型的公司提供更多的財務資訊,光是註腳就多達10頁至20頁。

看年報要注意的事項

(1)**提報的數字是否一致**?每年的報告應該在去年相同的位置,列出完全相同的財務表格與數據。許多公司每年都在變更格式,試圖以不同目標及數字分散投資人的注意。某一年它們的焦點在股東權益報酬率;下一年則是積壓訂單(backlog)與訂單成長。完整的報告應該要提供足夠的資訊,才能讓投資人比較連續幾年的報告,以了解市場、銷售、支出、收入與現金流量的趨勢。

(2)**目標是否明確一致**?閱讀耐吉或微軟的年報,投資人即可快速地發現公司的目標。但如果投資人無法看出公司到底想做什麼,即表示管理階層尚未設定具體目標,或者他們不願與投資人分享這些成果。參閱過去的年報以判斷管理階層是否有堅持過去的目標,或已經拋棄它們了。如果以前的計畫被拋棄了,其原因何在?

(3)**管理階層對它的成就是否坦白**?或者報告中充滿虛偽的宣傳花招。若最高執行長在給股東的公開信中缺乏具體說明,很可能會使投資人陷入任人宰割的處境。該報告讀起來是像最高執行長親筆的、直言的信件(類似巴菲特的做法),或是像公關人員擬定、律師審閱、最高執行長迅速簽名的公共關係文件。

(4)**投資人能追蹤資金嗎**？有些公司進行大肆購併行動，因此幾乎無法弄清楚它們是否眞的在賺錢。使用會計調整，公司可以掩飾大多數與購併有關的無效率，並掩飾過去的錯誤。購併通常會導致重新提報過去的結果，這會使以前年報中的數據全數失效。若公司進行非常多的購併行動，以致於投資人無法分辨該公司的營運是否還有利潤，對該公司千萬不要有任何留戀。

(5)**投資人能看到這家公司的未來嗎**？該公司對於其市場的方向有眼光嗎？資深經理人在探索新市場機會時是積極的還是消極的？市場的改變會不會斷送未來的獲利能力？投資人應該注意任何有關未來盈餘的觀點。管理階層是否發行員工持股權，而導致未來的盈餘目標難以達成？

價值投資法

如何以價值投資戰勝市場

第十四章

建立投資組合：子公司法則

「一旦投資人擁有了必備的能力，分散風險即是多餘的」

——引自勞伊伯所著 《*The Battle for Investment Survival*》，Simon & Schuster，
1965年，原作第42頁。

　　投資人最常提出有關投資組合的風險分散問題。大多數
投資人不知如何選股，所以會尋求學術上的解答。令人遺憾
的是，有些人買股票就跟收集郵票一樣，擁有的股票種類超
過100家公司。從各方面來看，他們已經變成了個人共同基
金。雖然分散持股讓他們覺得很安全，但其投資組合的表現
很可能不會偏離市場太遠，而且淨獲利還會因高佣金而受
損。此外，他們還必須長時間追蹤成本、股票分割、股利與
轉投資，卻漏失掉獲利。即使再怎麼樣的努力奮發，投資人
還是不可能檢視上百家的公司。獲利不佳的股票可能在他們
的投資組合中一放數年，而價格被高估的股票也未能在適當
時機賣出，讓這些投資人喪失了估計獲利成果的能力。

分散風險是沒有必要的

　　現代投資組合理論這種進退兩難的狀況源於1950年代與
1960年代所進行的研究。這些研究測試了投資人持有各種股
票組合的預期報酬率。研究人員測試個股對市場波動的反
應，並使用數學法則，證明一個投資組合的波動幅度，即它
的上下波動，可以藉由審慎選擇波動彼此相反的股票來將風

險「最小化」。

　　這些數學探索催生了分散風險的總體理論：買進不同產業的股票，以免全部的股票同時下跌。最後研究人員斷定，雖然投資人無法消除投資組合的波動，若能擁有20支股票即可使其最小化。但若持有30支以上，優點就不明顯。若是買20支股票，學界宣稱多數投資人「實際上」已完成分散風險了。

　　分散風險代表什麼意思？根據學界的說法，適度分散風險的投資組合是指已消除「非系統風險」（nonsystematic risk），亦即個股可能對投資組合的獲利率造成具體傷害的風險。該理論指出，投資組合內若涵蓋20支、30支、40支或更多的股票，投資人即可消除因個股崩潰而影響整個投資組合獲利的風險。因為每支意外下跌的股票，都可能有一支意外上漲股票可抵銷損失。

　　但是風險分散卻不能保證投資組合免於虧損，即使是擁有超過200支股票、管理最完善的共同基金有時候也會虧損。擁有這麼多股票組合只不過是「減少或將損失降低」，所有投資人應該要了解這個重要差異。面對「系統風險」（systematic risk），投資人總是非常無助，這種風險是指無法預測的事件所造成的整體股票市場下跌，不論持有多少種股票也無法規避掉所有的系統風險。最好的方法是把投資人的資金分散在不同的工具上，例如債券與外國股市，如此方能隔離單一股票市場的崩盤風險。

　　事實上，許多投資人都學到了慘痛的教訓，因為單擁有20支股票未必就能降低風險。在1994年時，許多投資人相信

他們已經分散風險了，因為他們有十幾支以上的公用事業股票與所有的「貝爾子公司」（Baby Bell）股票。但根據群眾法則，他們學到的慘痛教訓是：類股同跌。1987年10月19日美國股市崩盤時，幾乎列名於紐約證交所、美國交易所與那斯達克的每支股票股價都下跌。表面上，所有的上市公司在同一日都跌的可能性微乎其微；或者說，他們的內在價值突然減少，但他們還是真的跌了。

事實上後續的研究發現，即使持有20支股票也不足以達成分散風險的目的。如果投資人想要確保投資組合報酬率不低於市場，投資人必須擁有60支至100支股票，但對大多數的投資人而言卻不太可能。

但是對價值型投資人而言，概括性地談論風險與利潤是無濟於事的，它的意義僅適用於十幾億美元的資金管理。風險的定義不在於數學或股價波動；風險是投資人不分青紅皂白地搶進股票，也是投資人沒有做好自己的功課。投資人會遭遇到的最大風險是，未能適當地評價公司，結果以高於該公司真正的價值買進股票。如果股票的真正價值90美元，以60美元買進股票，可謂物超所值且幾乎沒有風險。若公司的內在價值僅有30美元，以60美元買進即可能潛藏著極大風險。巴菲特曾說：

> 我非常重視確定性……。風險的觀念對我不具任何意義。如果要承擔極大的風險，你就不要投資。但是以小於股票真正價值買進則不具風險。
>
> ——引自瑞思木森（Jim Rasmussen）所著「Buffett Talks Strategy with

Students」，《*Omaha World-Herald*》，1996年1月2日，原作第17頁。

　　以數學方式分散風險不應該是目的或手段。許多人把分散風險當成藉口，但這是一種二流選股的藉口。價值投資法的優點在於，投資人不需像收集紀念湯匙或邦妮娃娃一樣地囤積股票。持有8支至12支股票的投資組合，每支都在適合的價格買進、擁有扎實的基本面、且具有適當的增值潛力，如此即可讓多數投資人達成目標。

適當分散風險的五大關鍵

　　(1)避免把分散風險視為單純的數學問題。建立完美的零風險投資組合需要複雜的數學公式，這超出大多數個別投資人的能力範圍。儘管分散風險是個值得追求的目標，實際運用其原則會相當耗時，對提升投資組合的獲利可能沒有什麼助益。

　　(2)避免過度分散風險以致於無法追蹤投資組合。擁有30支至40支股票也無法保證能消除風險，尤其是在選錯股票的情況下更是如此。建立投資組合時，分散風險的一般理論還保有相當的彈性。例如，投資人可能決定以投資組合的10%持有零售商類股，然後再決定要買威明百貨或是Kmart。

　　(3)依據公司的表現而不是股價波動來定義風險。如果投資人想分散虧損風險，應該要買進獲利可以預期的股票。消除風險最好的方法就是穩定。若公司的盈餘每年上升10%，該股價以同樣的上下波動幅度幾乎不可能與另一家每季或每年盈餘表現不穩定的公司相同。投資人應該試著儘可能買進價

格便宜的股票，以減少股票的風險以及對該公司未來失望的機會。如果每股股價為50美元，而該公司價值每股25美元，一旦投資人不願繼續持有該股票，會使股價大跌50%，但如果投資人在20美元買進該股，這個股價已經反映獲利將不會太好。

(4)**投資組合應該保持小而美又容易了解**。這十幾年來，許多投資俱樂部僅以12支至15支股票即獲得突出的報酬率，許多都是有品牌的消費產品股票。這些俱樂部的成功在於慎選股票與可管理的投資組合。擁有10家投資人非常熟悉的公司，要比隨便選50家投資人無法追蹤其表現的公司還要明智。

(5)**運用成王敗寇法則**。許多成功的基金經理人會刻意地把他們的投資組合限制在20支至25支股票，但是不斷地把表現不佳的股票剔除，他們的持股可能會分散在各大產業，例如石油業、金融業、製藥公司、機械工業與零售業，但是只在這些產業中買進最好的2支、3支股票。當公司的表現不如預期時，以同產業但展望更好的公司取代。長期下來，他們的投資組合充滿了績優股。

定時定額投資法

過去幾年來有關於定時定額投資法的文章非常多，因此我覺得有必要就此流行的投資哲學提出它的優缺點。所謂的定時定額投資法是指，不管股價高低，定期將資金投入投資組合之中，是「買進抱牢型」投資人最堅定的教條。在1990年代，它更進化成「理性的方法論」（rational methodology

），廣泛地被用來引誘老手與菜鳥投資人投入市場。現在有上百萬的投資人運用定時定額投資法管理他們的股票、共同基金或401K退休計畫的投資組合。

　　乍看之下，定時定額投資法似乎非常簡單而且好得不像真的，這個策略是一種強迫性的儲蓄計畫。比方說，投資人可以決定每個月從他的存款中提撥200美元投資於股票市場，完全不考慮市場狀況與個人財務。此方法的基本前提是，如果投資人今天能在市場存越多錢，退休時就會越富有。它主張應該定期買進小額的股票，但是讓市場決定價位和數量，人們稱此為「必勝」投資法，因為它強迫投資人在股票漲價時買進較少的股票，股價下跌時買進較多的股票。換句話說，這個方法完全忽略進場時機。下表是投資人每個月投資200美元買進股票的結果。

月份	投資 （美元）	股價 （美元）	買進股票 （張）	總價值 （美元）
一月	200	15	13	200
二月	200	18	11	432
三月	200	21	9	693
四月	200	16	13	736
五月	200	12	16	744
總計	1,000	16	62	744

　　在本例中，該名投資人每個月在其投資組合中投入了200美元，買進股票的股價區間為12美元至21美元。五個月後，一共投資了1,000美元，買進62股的股票。每個月都留有小額零頭，平均買進價位為每股16.12美元。當股價在21

美元的高檔時，200美元只能買9股；當股價下滑到12美元時，可以買進16股。

　　閱讀前面章節後，你或許可以看出這個策略在邏輯上的問題。事實上，定時定額投資法是價值投資法的大忌，不應該存在於價值投資組合。定時定額投資法會降低報酬率，使戰勝市場更形困難。若多頭市場的持續，它會導致獲利不佳。因為在這種情況下，投資人已習慣追高股價。價值投資法的目標在於儘可能選擇合理的價格買進股票，若還要以忽視價格與分數月買進，這個策略就顯得不合理。成功的價值型投資人不應該把投資組合的基礎建立在嘗試與錯誤之上，而這正是定時定額投資法的精神。價格是最高指導原則，亦即不應在無法滿足公司基本面的價位買進股票。在1990年代運用定時定額投資法的投資人，為Walgreen、默克、微軟、Boston Scientific或寶鹼等股票付出昂貴的代價。他們已經承擔相當大的風險，可能有一天他們所憎恨的正是他們所擁抱過的策略。

　　定時定額投資法因為多頭市場，以及券商毫不間斷的推銷而流行。股票持續上漲，只是業界要誘導投資人不論時機好壞都持續買進股票（付佣金）的藉口。價值投資法與定時定額投資法的主要差異可以歸納如下：

　　定時定額投資法讓市場決定投資人的投資組合、獲利與虧損，並從買進決策中剔除價值評估與風險分析。相較之下，價值型投資人不會在價格上讓步，他們隨時關心風險與價格，願意等待喜歡的股價跌落到適當的低估水平，才一次買進多支股票。

建立價值投資組合

現在就前面幾章所提的一些原則，建立一支股票(默克)的投資組合，並應用下列的參數：

持股期間：六年

買進股數：200股

買進價格：90美元

總投資額：1萬8,000美元

買進時的本益比：29倍

1996年的每股盈餘：3.07美元

在買進默克股票之前，投資人應該要先合理地估計，默克在持股的六年期間能創造多少盈餘。投資人可以根據默克過去幾年的平均盈餘估計其未來盈餘。或者更難的做法是，在投資人持股的六年間投資人可以根據其現金流量類推。在這種情況下，因為默克的成長記錄相當穩定，應用其過去的盈餘成長率估計未來盈餘會更加適當。假設盈餘成長率為14%，1996年開始的盈餘基礎是3.07美元。到了2001年，默克將為投資人創造5,922美元的盈餘，接下來再調整可能的股利。傳統上，默克發放的股利約為盈餘的45%。所以下列200股投資所獲得的盈餘流量與股利皆為合理假設：

（單位：美元）

(年)	1997	1998	1999	2000	2000	2001	總計
默克的盈餘	3.50	3.95	4.50	5.14	5.85	6.67	29.61
默克的股利	1.58	1.78	2.03	2.31	2.63	3.00	13.33
盈餘×200股	700	790	900	1,028	1,170	1,334	5,922
股利×200股	316	356	406	462	526	600	2,666
保留盈餘×200	384	434	494	566	644	734	3,256

在這種表現下，投資人可以預期的報酬率為何？至少，投資人可預期的總獲利為5,922美元或每股29.61美元。在這29.61美元中，保留盈餘占16.28美元，股利占13.33美元。如果默克不發放股利，投資人可以預期這六年間股價會完完整整地上漲29.61美元。因為股利代表資本回收，所以它會降低股價增值的潛力；這也是投資人提早獲得部分盈餘所付出的代價。

這種報酬率合適嗎？六年間，在總投資額1萬8,000美元中投資人可以預期的獲利為5,992美元。最低總報酬率為32.9%，或每年僅4.85%。若與過去的市場平均、製藥股平均、以及默克的成長率等相比較，這種報酬率就顯得很差勁。

本益比對業主盈餘報酬率的影響

為什麼默克預期的報酬率這麼低？原因出在投資人在膨脹的本益比下買進股票。投資人買進默克所支付的盈餘溢價太高了，本益比29倍超過默克的成長率2倍，因此投資人回收投資的時間延長了好幾年，所以投資人的預期必定是股票價格會大幅增加。若默克的股票要為投資人帶來更高的報酬率，唯有(1)默克的成長率要增加；(2)投資人緊跟著投資人搶進該股票，並使得股價本益比高於盈餘成長率。

這兩種情況都是沒有必要的，因為投資人必須把信心放在預測上，或維繫在善變的市場與投資人身上。但是如果投資人買進默克的本益比僅為20倍，或每股61.4美元，投資人的報酬率如何呢？首先，投資人1萬8,000美元的投資可以買

到293股的股票，而非200股。從293股開始，這是投資人的業主盈餘累積情況：

（單位：美元）

	1997	1998	1999	2000	2000	2001	總計
默克的盈餘	3.50	3.95	4.50	5.14	5.85	6.67	29.61
盈餘×293股	1,026	1,157	1,319	1,506	1,714	1,954	8,676

請注意8,676美元代表的是六年來每股獲利29.61美元的總盈餘，只是現在要比較的買進價位是61.4美元（3.07 × 20），而不是90美元。預估總獲利可增加到48.2%，年獲利率可增高至6.78%，然而它還是比不上歷史平均，而且嚴重落後默克的成長率。投資人必須依賴善變的市場力量維持高估的股價。因此，若要提升業主盈餘，投資人買進股票的本益比越低越好。

如果默克市價爲本益比10倍，業主盈餘報酬率將會大幅增加。所創造的業主盈餘將等於30.7美元的平均買進價格。而投資人的最低年報酬率會躍升到11.9%，如下所示：

（單位：美元）

	1997	1998	1999	2000	2000	2001	總計
默克的盈餘	3.50	3.95	4.50	5.14	5.85	6.67	29.61
盈餘×586股	2,052	2,314	2,638	3,012	3,428	3,908	17,352

請參閱第七章中討論資本回收的章節。如果投資人在本益比10倍買進默克而盈餘成長率14%，大約六年即可收回投資資本。如果投資人買進默克的本益比等於其成長率，資本回收時間約爲七年至八年。但如果像第一個例子一樣，買進該股的本益比爲29倍，需要十二年才能回收投資資本。我們

再以例子證明假設的正確性，買進的股票若有抵擋下跌風險的足夠緩衝，本例為較低的本益比，即能創造較高的獲利率。

完成投資組合：「子公司法」

投資人若沒有電腦軟體的輔助，要建立完全避險的投資組合是極為困難的。實際上，從事避險必須持有5支以上的股票，使用昂貴的軟體系統，並輸入數百筆資料，對於一般投資人而言，根本行不通。原因是太複雜了，而且似乎把統計學與預期當成救世主一般地依賴。只要經濟有點干擾、市場打個嗝、或是股價莫名其妙的下跌，整個模型就完全失靈，所需要的微調只會越來越多。這類系統永遠不完整，而且還要根據新資訊不斷地尋找平衡。也難怪在這個領域會有那麼多人相信股價是有效率的；模型創造者把每一筆可能的數據都塞到他們系統中，他們真的相信每個事件的發生都已經在研究與預測的範圍內了。

在此我提供一個建立投資組合最簡單的模型系統，我稱它為「子公司法」（subsidiary approach），我們曾在默克的例子中研究業主盈餘模型的衍生型式。在本書中，我一直試著教導投資人以業主的身分來思考投資，而不是買賣合約的交易員。如果投資人買進公司的股票，不論是100股或5萬股，投資人都應該就該公司的表現做一些假設，而且投資人也應該預期該公司能創造滿意的盈餘，不論最後是發還給投資人或是保留下來繼續投資。這個子公司法可以預測、過濾股票，並根據非常簡單的計算建立最理想的投資組合。

　　公司存在的目的是要把獲利發放給股東，對投資人有一定的義務，他們成了投資人的隨從，是一組爲投資人追求利潤的「私人子公司」（personal subsidiary）。巴菲特以波克夏的名義買斷那麼多不同公司的原因之一，是爲了收集能爲母公司賺取現金的子公司。爲了擴大他成功的投資，巴菲特在市場的投資須要穩定的現金挹注。他所收購的高獲利公司如蓋可保險（GEICO）、World Book Encyclopedia、國際乳品皇后（International Dairy Queen）、Buffalo News、Kirby、See's Candies、Nebraska Furniture Mart等，爲他的投資提供了穩定的資金來源——季現金流量。波克夏擁有這些子公司，所以也擁有他們的盈餘。巴菲特要求這些公司的經理人根據它們的淨收入或現金流量，把季支票股利還給波克夏。

　　股票投資組合也一樣。不論投資人擁有1家或50家公司，一律把它們視爲投資人的子公司，其主要功能就是送現金給投資人。不論投資人擁有的是100股或數千股，都有權力要求這些公司所創造的獲利必須滿足投資人的需要。使用「子公司法」建立投資組合時，必須以先前幾章所介紹過的爲基礎。如下列五大法則：

- 只要個別股票的風險已經降到最低，投資組合的規模大小即無關緊要，不需爲了分散風險而自動累積股票。
- 投資組合中的產業組合是不足取的。只要個股的風險降低，跨產業的分散風險就沒有必要了。
- 若其他因素不變，資本回收期較短的公司應該優於資本回收期較長的公司。
- 公司應該擁有強勁的基本面。

● 在選擇公司時，不要考慮未來的股價波動。

我們可以利用這些法則，建立擁有5支股票的假設投資
組合：200股的默克、100股的奇異電器、150股的思科系
統、100股的The Limited、100股的諾福克南方（Norfolk
Southern）。

			盈餘				（單位：美元）
公司名稱	1997	1998	1999	2000	2001	2002	總計
默克	3.50	3.95	4.50	5.14	5.85	6.67	29.61
奇異電器	3.10	3.41	3.75	4.13	4.54	4.99	23.92
思科系統	2.05	2.56	3.20	4.00	5.00	6.26	23.07
The Limited	1.15	1.15	1.15	1.15	1.20	1.20	7.00
諾福克南方	2.25	2.90	1.35	-0.95	1.80	2.35	9.70
總計	12.05	13.97	13.95	13.47	18.39	21.47	93.30

因為這些都是投資人個人的子公司，所以投資人擁有下
列的盈餘：

			投資人所擁有的盈餘				（單位：美元）
股數	公司名稱	1997	1998	1999	2000	2001	2002	總計
200	默克	700	790	900	1,028	1,170	1,334	5,922
100	奇異電器	310	341	375	413	454	499	2,392
150	思科系統	308	384	480	600	750	939	3,461
100	The Limited	115	115	115	115	120	120	700
100	諾福克南方	225	290	135	-95	180	235	970
	總數	1,658	1,920	2,005	2,061	2,674	3,127	13,445

　　持有六年之後，這5家公司會為投資人賺進1萬3,445美元。每家公司分配盈餘的方式都不同。我們在先前提過，默克可能會保留3,256美元的盈餘，發放2,666美元的股利。諾福克南方可能會發放500美元的股利，保留其餘的470美元。思科系統則從未發放過股利，很可能保留3,461美元的全數盈餘。

　　但是合理的預期是，在持股期間投資人原始投資的增加至少會等於這5家公司的保留盈餘。如果這些公司六年間總共支出的股利為3,000美元，投資人所有股票的價值至少會上漲1萬445美元。同樣的原則也適用於個別公司。如果諾福克南方把所有的盈餘970美元都以股利發放，投資人就不應該預期該股股價會有多少漲幅。除非市場突然相信，諾福克南方的盈餘成長會加速。在這種情況下，市場賦予該股票的本益比就會比較高。若投資人對該股的看法不變，所有投資人能獲得的幾乎就是股利的報酬而已。

　　就如同默克的例子所示，1萬3,445美元的報酬是否適當，取決於買進價格與起始本益比。假設這5支股票的買進價格與本益比如下表所示。應用前面的業主盈餘表，我們可

股數	公司名稱	價格 （美元）	本益比 （倍）	投資 （美元）	業主盈餘 （美元）	總報酬率 （％）
200	默克	90	29	18,000	5,922	32.9
100	奇異電器	100	24	10,000	2,392	23.9
150	思科系統	75	35	11,250	3,461	30.8
100	The Limited	19	16	1,900	700	26.8
100	諾福克南方	45	20	4,500	970	21.6
	總數			45,650	13,445	29.4

以根據保留的業主盈餘,估計可獲得的所有最低報酬(見最後一欄)。

就廿世紀以來市場年平均報酬率10%而言,六年的報酬率為29.4%似乎太少了。這是因為投資人為盈餘支付過高的溢價。雖然思科系統的盈餘成長達25%,但投資人買進的本益比卻是35倍。我們先前提過的默克,投資人支付的本益比為其成長率的2倍。奇異電器的情形也一樣。以諾福克南方不穩定的盈餘流量而言,它的股價也是不切實際。投資人實在不應該為該股支付45美元的價格。

若要建立成功的價值投資組合,投資人必須要讓原始投資金額在持股期間,預計為投資人達成的業主盈餘最大化。因此唯一的要求是,投資組合的子公司所賺盈餘不但要多而且要快。就上例而言,重點在於建立正確的股票組合,讓原始投資4萬5,460美元的報酬率最大化。若僅用上述的5支股票,投資人可以有3種方法增加業主盈餘。每個方法都可以降低投資回收期間。

(1)**以較低的價格或本益比取得每支股票。**以默克為例,只要等待該股本益比下跌50%再買進,投資報酬率即可加倍。若股價下跌與盈餘增加同時發生,也會有同樣的結果。

(2)**買進一支比其他股票更能創造業主盈餘的股票。**

(3)**買進股價本益比低於成長率的股票。**

若要根據這5支股票預期的盈餘流量與本益比,建立盈餘最大化的完美投資組合還是有可能。但所牽涉的數學運算

實在是複雜得令人卻步，牽涉的方法名為「線性規畫」
（linear programming）。根據簡單的投資組合，我提出兩種有
更高報酬率的變化型：(1)單一股票投資組合，以每股50美元
買進思科系統；(2)三支股票投資組合，The Limited、諾福克
南方、奇異電器，買進價格低於市價水平25％。在這兩例
中，原始投資額仍維持4萬5,650美元，但股數分配不同。

投資人所擁有的盈餘 （單位：美元）

股數	公司名稱	1997	1998	1999	2000	2001	2002	總計	報酬率
913	思科系統	1,872	2,337	2,922	3,652	4,565	5,715	21,063	46.1

投資人所擁有的盈餘 （單位：美元）

股數	公司名稱	1997	1998	1999	2000	2001	2002	總計	報酬率
371	奇異電器	1,150	1,265	1,391	1,532	1,684	1,851	8,873	31.9
371	The Limited	427	427	427	427	445	445	2,598	49.1
371	諾福克南方	835	1,076	501	-352	668	872	3,600	28.8
		2,412	2,768	2,319	1,607	2,797	3,168	15,071	33.0

　　投資回收的概念在建立投資組合時扮演非常重要的角
色。因為買進投資回收期短的股票，投資人可以提高報酬率
以降低風險。所以當投資人買進投資回收期短的股票，整個
投資組合的報酬率都可以提升。請再看我們5支股票的投資
組合，這次每支股票都以投資回收期來分析。

　　檢視這些數據後，要提升該投資組合報酬率的方法顯然
是，降低原本為十二年的加權平均投資回收期。最佳的方法
是全部買進投資回收期為十年的思科系統。然而這個方法會
使投資人很容易造成虧損，因為一旦思科系統的表現不如預

股數（股）	公司名稱	本益比（倍）	成長率（%）	回收期（月）	投資額（美元）	投資組合（%）
200	默克	29	14	12	18,000	39.4
100	奇異電器	24	10	12	10,000	21.9
150	思科系統	35	25	10	11,250	24.6
100	The Limited	16	1	14	1,900	4.2
100	諾福克南方	20	1	18	4,500	9.9
	加權平均	27.9	14	12	45,650	100.0

期，投資組合的價值就會大跌。此外，假設市場環境不變，只要The Limited的成長率提高幾個百分點，其投資回收期即可優於思科系統；或者若奇異電器的股價跌個20％，它的投資回收期即可等於思科系統。當盈餘能提升而股價下跌，默克的投資回收期也可以縮減至八年，這些事件都有可能縮短投資組合的投資回收期。

在建立這些假想的報酬率時，我們從上千家的公司中單獨買進這5家公司。只要投入適當的努力，投資人也可以輕易地評估其他公司，尋找投資回收期更短的適合標的。但是基本原則依然要把握住：把投資人的股票當成子公司，讓每一塊錢投資的業主盈餘最大化。

成長的價值

第五章中曾提過，唯有公司的「盈餘報酬率」相當吸引人時，方可接受較高的本益比。若長期下來公司所賺得的盈餘越來越高，投資人在買進該股票時可以有更多的彈性。在上面的例子中，買進默克的價格爲90美元，本益比29倍。前

五年預計默克可爲投資人創造每股29.61美元的盈餘，即投資報酬率32.9%。然而，不要假設默克的股票五年總共只會上揚32.9%。這只是我們預期該股上揚的「最小漲幅」（見第十章保留盈餘的概念）。至第五年時，默克的每股盈餘是6.67美元，而其盈餘的「報酬率」應該是相當體面的7.4%。只要默克的盈餘持續成長，每年盈餘爲投資人90美元投資所貢獻的報酬率就會越來越大。所以投資人不能單看32.9%這個數字的表面：否則投資人可能因此而大失所望，並略過很多公司。投資人反而應該以32.9%的報酬率爲戰勝目標，藉著不同的盈餘與股價組合，在默克的五年報酬率才可能高於32.9%。

「倉儲」投資人的選股

　　成功的投資人是有辨別能力的，他們會避免囫圇吞棗地買進股票。只要價格合理，任何股票都可能是物超所值的好選擇。但不要自作聰明以爲整個市場都是投資人投資組合的肥羊。在美國1萬家上市公司中，僅有少數的公司吸引投資人注意。數以百計的公司因爲基本面差勁，根本應該全然迴避。其他大部分公司只是偶而提供好報酬率，也許僅有一年或更短。一旦在選擇股票時已有固定的方法，投資人應該以消去法把可能買進的公司數目，從1萬減少到十幾家。

　　諷刺的是，特別是在多頭市場，手上有錢很可能就是投資人虧損的原因，因爲投資人會因此買進根本就不應該擁有的股票。爲什麼投資人會這麼做呢？有時候，他們偏愛的股票股價會暫時被高估而不適合買進，他們不但沒有耐心地等

待股價下跌,反而還買進從未研究過基本面的次級股票。要避免這種陷阱,投資人可以採用所謂的「倉儲法」(warehouse method)。條列未來幾年想要擁有的股票,並在股價跌至有吸引力時一次買進。如果股票並未立即跌到投資人預期的水平,不妨靜觀其變,早晚它們會跌到吸引人的價位。在這段期間,投資人可以注意其他想買的公司,它們可能已跌到吸引人的價位了。持有一份欲購股票核對清單,能讓投資人把注意力集中在價值與價格上。核對清單可以十分詳盡,也可以像表14-1一樣地簡單明瞭。

表14-1　購股核對清單　　　　　　　　　　　　　（單位:美元）

公司名稱	股價	買進價位	評語
美國運通銀行	100	80	不夠便宜
Amgen	50	38	太貴
思科系統	60	低於49	太貴;耐心
聯邦快遞	64	65	準備買進
奇異電器	80	82	現在可以買進
英特爾	75	65	價格震盪太激烈
耐吉	55	低於44	短期盈餘下滑
紐可	48	低於50	買進!
寶鹼	90	低於85	準備買進
Walgreen	32	24	過度高估
迪士尼	100	75	盈餘展望有問題

　　「倉儲法」的最大優點是強迫投資人保持警覺。在買進前,投資人必須決定公司的合理價值,也就是說必須先研究該企業,多花些時間進行評估流程,可避免錯誤投資。透過這種方法買股票也能讓投資人建立真正想要的投資組合,更

能避免僅是因為有閒錢而買進不理想的股票。此外，這個方法可克制投資人的急性子，而且最重要的是可以確保一流的獲利，因為投資人不會再為公司支付太高的價格。

投資人應該定期更新核對清單，以確保標的股票的價格合理。如果公司未如預期成長，則原先設定的買進價位可能會太高。反過來說如果公司的基本面改善了，該股票可能再也不會跌回投資人的買進水平。在這種情況下，投資人必須重新評估該公司，以確定它的股票價值是否提高。

何時賣出？

若沒有討論出場策略，所有探討價值投資法的書籍都不算完整。根據經驗，我發現何時賣出最常被提及，也是最令人討厭的問題，因為它結合了財務的持股紀律與人類情緒。成功的投資人嘗試從不同的角度回答這個問題，但沒有人能證明他的方法是最好的。有些價值型投資人徹底遵循葛拉漢的法則，只要股價漲過該公司的帳面價值隨即賣出，而巴菲特買進一家公司的假設是要永久持有。只要公司的表現能維持於成長軌道上，巴菲特就會繼續持有股票。但是，他偶而也會在買進股票一、兩年後又賣出，如1960年代中期賣出迪士尼股票，1997年賣出麥當勞股票，當時這兩家公司的盈餘展望已經惡化。偶而，他會在股價漲到難以支撐的水平時賣出，例如在1997年時他即賣出了一部分的迪士尼股票。

總之，賣出股票的時機是：對該公司的評估已經明顯出了差錯，或者市場價格已完全反映出該公司的價值。

有一種情況會使得大多數的價值型投資人賣出股票：市

場把該公司的股票推升至泡沫的水平，使得該股在不久的未來難以維持價格。最明顯的警訊為本益比大幅超越公司的成長率。即使有最優渥的經濟環境，本益比30倍對盈餘成長率為12%的公司而言是不合理的，可接受的價格是18倍至20倍的本益比。超過這個水平，投資人即可斷定推升股票的只有投機，沒有基本面，這支股票遲早會下跌，亦即12倍的本益比。第七章我們已討論過，如果買進的本益比超過該公司的盈餘成長率，「投資回收期」與風險都會增加。只要運用投資回收表，就可確定投資回收期與風險增加了多少。除此之外，沒有任何公式可以告訴投資人，何時股票的買賣價格已經脫離現實應該賣出。我們都知道股價被高估的情況會持續好幾年，例如1960年代與1990年代的股市。

回顧第七章中百事可樂的例子，自1960年代中期以來，該股股價幾乎是以盈餘成長的速度增加（見圖14-1）。請注意該股股價總是會回歸到盈餘平均值；股價或漲或跌直到與盈餘趨勢線一致為止。高價期總是跟隨著下跌期，反之亦然，投資人可以看到百事可樂的本益比沿著盈餘趨勢線震盪。結論是盈餘成長率非常接近合理的本益比。若公司的盈餘成長率每年都維持10%，長期下來股價的平均本益比會是10倍。如果本益比低於公司的成長率，至少股價會漲回合理的水平；如果本益比已遠超過預期的盈餘，投資人則形同在自取滅亡。在1972年時，百事可樂的股價已經被過度高估，以致於即使盈餘穩定成長也無法支撐股價。在1972年至1974年間，百事可樂的股價大跌了65%。直到1981年，該股票才終於突破新高，這已是九年以後了。

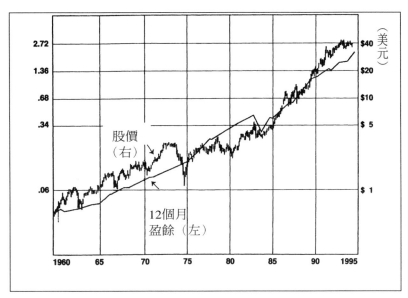

圖14-1　百事可樂1960年至1994年股價走勢圖

賣出持股的最後法則

　　(1)**賣出與買進同一套標準**。用來買進股票的標準，也應該是賣出股票的標準，不要搞混了。我在《當代價值型投資人》一書中時常告誡投資人，我賣出股票的標準與基本面有關，也是我用來買進股票的標準。我從來不會因為股價下跌或漲得太快而賣股票。如果我推薦股票的原因是資產淨值報酬率很高，我建議賣出該股的時候會是其資產淨值報酬率跌破我的底線時。如果我是根據該公司的盈餘報酬率買進，唯有該公司的盈餘報酬率跌到比債券還沒有吸引力的水平，才會賣出持股。如果我是因為公司的毛利有改善訊號才買進，一旦

毛利再度惡化我才會賣出。

(2)**不應用華爾街善變的股價決定賣出的時機**。不要僅是因為買進後股價下跌而賣出。毫無疑問地,這是投資人所能犯下最過分的錯誤。林區曾說:

> 有些人會自動賣出上漲的股票,而緊抱著下跌的股票。這種行為的合理性無異於倒行逆施,有些人則會自動賣出下跌的股票並緊抱著勝利者,而這麼做卻未必有利。這兩種策略不管用的原因是,它們把當時股價的波動視為公司基本價值的指標。

——引自《選股戰略》,原作第245頁。

沒有基本面的理由而賣出股票,等於是把投資人自己交由善變的投資人任意處置;同時顯示投資人是在短期的價格波動上賭博,不是在投資。在股價下跌後拋售,是證明市場效率的好方法,也證明在高價買進是錯誤的決定。有時候,反其道而行才是正確的:投資人賣出股票才是錯的。首先最重要的是,投資人一定要堅持對該股票原來的觀點,除非新資訊能讓投資人懷疑投資人的原始評估。如果股價下跌後投資人還是喜歡該公司,當出現更低的價格時,投資人應該更高興並增加持股部位才對。從來沒有人能準確地掌握到股價低點與高點的時機。大多數偉大的價值型投資人都承認這點,如果他們買進的股票立即大跌20%,他們是不會擔心的,因為在這個產業每個人都發生過這種事。最重要的是投資人的長期投資報酬率,而關鍵是由投資人支付的價格來決

定。如果投資人買進的價格低得足以產生巨大的增值潛力，那麼短期的價格下挫就不會有什麼影響。成功的投資人會提起籃子來買進更多股票。

(3)不要因為市場預測而賣出股票。投資人常犯的錯誤是短期一有獲利即因害怕市場修正而逃之夭夭。如果投資人買進公司的價格低於其內在價值，值得安慰的事實是該股不會像市場跌得那麼多。根據定義，價值投資法是指在股價通常不怎麼吸引人的市場中，尋找股價有吸引力的公司，所以總體股價水平如何不應該有什麼重要性。如果投資人是便宜買進，就不必擔憂。如果平均股價為22倍的本益比，而投資人的股價為14倍的本益比，一旦市場下挫，投資人的買進價位就會有很大的抗跌性。投資人買進的股票不會完全不受市場下跌影響，很少有這種股票，但投資人最好預做防備。

(4)不要讓稅賦的重要性主導而賣出股票。賣出持股有許多原因，如公司表現不佳、投資人需要現金、要轉換投資，但稅賦決不應該是主要原因。相反地，稅賦應該排在所有其他決定之後；或者在投資人已經不在乎其他因素時才會考慮到稅賦。資本利得稅是成功投資的產物，唯一能避免的方法是無限期持有股票。就算無法持有好股票數十年，也應該持有許多年；如此可讓投資人的稅後報酬率最大化。但是有時候股價實在是高得離譜，或者公司表現實在是太遲鈍，投資人只好把股票賣掉，這時候不要理會資本利得是多少，只要賣掉股票就對了。

有些投資人為了避稅，即使面對基本面的惡化還是拒絕賣出持股。他們不知道抱牢走弱的股票，在淨值上的損失會

比出脫後的稅賦損失還高。的確，高額稅賦的威脅是很令人喪氣的。例如，投資人在1966年以32美元買進1,000股的迪士尼股票，到了1998年初由於股票分割，他將持有每股100美元共計12萬8,000股的股票，以每股100美元出售所有股票，所得的資本利得爲1,276萬8,000美元。假設稅賦級距爲31%，資本利得稅即爲395萬8,080美元。但如果迪士尼股票跌到80美元呢？首先，這位投資人的淨值下跌了256萬美元。接著，如果他賣出股票，在稅賦上的損失爲316萬4,480美元。白費力氣地死抱股票避稅，反而增加了總負擔，下跌的淨值再加上稅賦共計572萬4,480美元。

價值投資法

如何以價值投資戰勝市場

第十五章

探納巴菲特的方法

「若投資人越深入傾聽價格與價值的對話，投資人就會越了解、越珍惜巴菲特的方法。」

—— 引自赫斯卓（Robert G. Hagstrom Jr.）所著《勝券在握》（*The Warren Buffett Way*），John Wiley & Sons, Inc., 1994年，原作第236頁。

對全世界的個別投資人而言，巴菲特已成爲勤做功課的最佳典範；他掌控股市並證明了大多數著名與廣爲流傳的金融理論都是無效的。他利用葛拉漢的方法，出資100美元，再加上家人與朋友募集的10萬5,000美元，四十年後他所創造的個人資產超過300億美元。巴菲特另外還爲上百位當初把儲蓄交給他的投資人創造數十億美元的獲利。在廿世紀的美國史上，還沒有任何資本家僅是因爲買賣股票，就能名聞天下。其他大資本家如比爾‧蓋茲（Bill Gates）、山姆‧華頓（Sam Walton）、亨利‧福特（Henry Ford），是興建工廠與銷售消費產品來創造財富。對巴菲特而言，合理策略是將被動的商業所有權行爲轉換成創造利潤、達成獲利。

由於巴菲特很少曝光也鮮少透露他的投資組合，因而引起投資人的好奇，這點造成投資人對其投資方法與動機的誤解。有些投資人因爲過於心急，反而無法在華爾街獲利。巴菲特的成就似乎證明價值投資的可行性，其操作績效摧毀投資跟賭徒擲骰子一樣，勝利的機會只是偶然的神話。巴菲特的投資成就真可謂是笑傲股市，而其建立選股策略的貢獻更

是無人能出其右。巴菲特雖貴爲世界首富之一，但他每月只支領10萬美元的薪資，並計畫身後把他的財富交給慈善信託。他一直定居於內布拉斯佳州奧瑪哈市的一間中產階級房子中，大家還知道他會去麥當勞或當地的牛排館用餐、不停地玩橋牌、每個月喝好幾加侖的櫻桃可樂、在人手不足的斯巴達式管理的辦公室中一張紙也不許浪費。

　　巴菲特管理資金四十多年從未出現虧損，而且除了少數幾年之外，每年都戰勝市場報酬率。在1960年代，巴菲特投資合夥公司所獲得的成就，或許是所有基金經理人中最佳的。他不但連續十年戰勝且遙遙領先主要股票指數的報酬率（見第二章）。從1960年到1969年，巴菲特爲投資人提報的報酬率爲28.9%，同一時間道瓊工業平均指數的報酬率僅爲5.2%。如果投資人在1960年，在巴菲特的投資合夥公司中存入1萬美元，至1969年可領到12萬6,000美元。當時巴菲特收攤結束營業，因爲他已很難再找到價格合理的股票可以買賣。

　　巴菲特的成就源於四大指導原則：(1)厭惡虧損；(2)維持交易目標（根據科學，而不是情緒）的卓越能力；(3)找出價值被低估股票的敏銳直覺；(4)認定內在成長驅動長期獲利。有關巴菲特投資方法的書籍不勝枚舉，也有上百篇文章試圖從巴菲特的公開演講中整理出他的選股策略。此外，二十多年來巴菲特親手撰寫的年報，這些資料都足以讓投資人追隨他的腳步戰勝市場。巴菲特從葛拉漢衍生出的方法可歸納如下：

(1)「揮棒」概念

強打威廉斯（the Splendid Sprinter, Ted Williams，譯注：大聯盟球員與球隊經理，1966年獲選進入棒球名人堂）所寫的《打擊科學》（*The Science of Hitting*），是有史以來運動員所寫過最好的一本書，也是他留給棒球界的遺產。威廉斯的基本論點是把好球區再細分為若干區域，透過區域劃分測試打擊手與投手的攻守能力。例如高內角球是以投手的優點測試打擊手的弱點；低內角球則是利用投手的弱點測試打擊手的優點。威廉斯為打擊手擬出策略：他們應該了解自己的優缺點，等候球投進好球區時才揮棒。

巴菲特也常將投資做類似的比喻。他相信追蹤股市應該像站在打擊位子上，看著成千的球飛過。每一球都代表一支股票在某一時刻的一個價位。但不像球場上的打擊者，投資人沒有義務一定要揮棒，因為沒有人會判投資人一好球。在1995年對南加大商學院學生的演講中，巴菲特簡述了這個揮棒的概念：

> 在投資時，沒有所謂的一好球。你可以站在打擊位置上，投手可以投出的好球；通用汽車投出47美元，你若缺乏足夠的資訊以決定是否在47美元的價位買進，你可以讓它從眼前溜過，不會有人判給你一好球。因為只有揮棒落空時，你才可能被判出局。

事實上，個別投資人超越專業基金經理人最明顯的優勢在於，投資人不會被迫犯錯。投資人沒有義務在當季戰勝標

準普爾500，或轉售下一支剛公開上市的熱門股票獲利，也沒有義務要為數千名客戶賺取合適的報酬，也不會有任何人強迫投資人在提出年報前好好修正投資組合。投資人不必擔心類股輪動、資產配置、摩托羅拉是否能達成季盈餘目標，或是其表現是否落後相互競爭的基金經理人。投資人唯一的責任是為自己創造滿意的長期報酬。投資人可以研究一百多支股票，從中挑選其一，也可拒絕買進每股50美元的昇陽電腦（Sun Microsystems），等到股價跌到合理的價格水平後再買進。如果昇陽的股價持續被高估，投資人即可一笑置之，而把注意力放在另外1萬支上市股票。投資人可以每個月拒絕券商的電話，直到他們最後終於以不錯的價格提供一支投資人已經研究過的股票為止。如果找不到價格吸引人的股票，即可將所有資金投資於債券、現金、金幣或房地產，1969年時巴菲特就是這麼做的；他結束了合夥公司，並在1974年市場見底前根本不買進股票。

　　股市並不會強迫投資人買進股票。巴菲特說，它只是引誘投資人買進而已。投資人可以讓任何股票任一價格擦身而過，並因投資人的資金未冒任何風險而輕鬆自在。一旦投資人發現自己喜歡的股票，也就是市場以低價賤售的股票，投資人應該要積極搶攻，這種情況不會常常出現。如果投資人一輩子能遇到20次這種機會，算是相當幸運的。這麼低價的績優股是沒有什麼投資風險的。但其他數十次稍微不那麼吸引人的投資機會也會出現，投資人也應該要準備好適時迎接。

(2)避免虧損

　　如果投資人把所有資產投入固定收益的證券並持有至期滿爲止，則不會遭到任何虧損。發生虧損的主因在於投資人希望更大的獲利，而去承擔更大的風險。爲避免虧損，投資人必須減低錯誤。錯誤越少，報酬率就會相對提高。回顧第二章中的討論，每年戰勝市場幾個百分點所衍生的優勢。長期下來，由於複利效應，投資人會有極大的成長。如果投資人能避免在任一年發生虧損，也會有同樣的效果。

　　如果投資人發生虧損，即使只是一年，也會大幅侵蝕投資組合的最終價值，投資人消耗掉的寶貴資源必須要補充。此外，投資人還得浪費寶貴的時間彌平虧損的金額，虧損也可能降低複利效應的威力。假設有兩個投資組合A與B，它們三十年來每年都有機會成長10%。然而，B投資組合在第五年出現了10%的虧損。若投資1萬美元，在第三十年A投資組合的報酬是17萬4,490美元；而B投資組合的報酬相對要少很多，只有14萬2,760美元，這是因爲其中有一年虧損（見表15-1）。如果B投資組合在第五年與第十五年遭受兩次10%的虧損，投資人只剩11萬6,810美元的報酬。避免虧損是巴菲特所致力的目標，也是投資的最高原則。

　　投資人如何避免虧損呢？當然他們可以不要冒險，在股票有跌破成本的風險時立即賣出持股。然而長期而言，這種策略會因爲買賣過於頻繁與高額的手續費，而導致獲利不佳；另一個方法是緊抱持股，直到股價高於原始成本。唯有投資人對該公司有信心時，這個策略才能奏效。本書採納葛拉漢的安全邊際原則（見第一章）：便宜買進股票，可使投資人的虧損風險降至最低。

表15-1　避免虧損的價值

年度	A投資組合		B投資組合	
	年獲利(%)	投資組合(美元)	年獲利(%)	投資組合(美元)
0	—	10,000	—	10,000
1	10	11,000	10	11,000
2	10	12,000	10	12,100
3	10	13,310	10	13,310
4	10	14,641	10	14,641
5	10	16,105	-10	13,177
10	10	25,937	10	21,222
15	10	41,772	-10	27,963
20	10	67,275	10	45,035
25	10	108,347	10	72,530
30	10	174,494	10	116,810

注1：A投資組合三十年連續獲利10%。

注2：B投資組合在第五年及第十五年虧損10%，其餘年度獲利10%。

(3)抱牢投資人知道會上漲的股票

　　對巴菲特這類投資人而言，為分散風險而收集股票是愚蠢的行為。他們從未擁有超過十幾支的股票，為求自保而不斷擴大投資組合的投資人，基本上是在嘗試錯誤，他們的投資組合像是「諾亞方舟」，每樣東西都有一對，但不會衍生任何額外利益。如同許多價值型投資人，巴菲特對「風險」的定義不同於一般財經書籍，學術界常用數學公式來定義風險，亦即股票震盪幅度。對他們而言，只要買進大量股票即可控制過度的價格波動。他們主張，只要從不同產業累積足夠的股票，即可降低因某支股票慘跌而導致的風險。但運用這個方法，即使擁有幾支好股，其獲利也可能會大打折扣。

事實上，把績優股、地雷股一起納入投資組合中，獲利也只是平平而已。

巴菲特是儘可能把資金集中在一些價值被低估的證券，並緊抱著他們。表15-2顯示的是自1977年以來巴菲特的主要持股，我們可以看到二十年來，巴菲特曾經擁有數十家公司的股份，並非僅是1997年時他所擁有的8家公司。一般來說，巴菲特會持有每支股票好幾年；然而，有時他會在短時間內出售所有的持股。我們可以看出巴菲特喜歡某些產業，並可推論他會避開其他產業。消費產品公司、媒體、出版與廣告公司在巴菲特的投資組合中占有舉足輕重的地位，有時巴菲特也會買進大量的金融股，如聯邦房貸公司（Federal Home Loan Mortgage）、蓋可保險、National Student Marketing、PNC Banks、富國銀行；與重工業公司的股票如美國鋁業、GATX、Cleveland Cliffs、艾克森石油、Handy & Harman、Kaiser Aluminum、R.J. Reynolds。在這些例子中，巴菲特試圖從較短期的產業趨勢獲利，例如商品價格跌至落底或利率下跌。

從表15-2我們可以推論出巴菲特分散風險的方式：他將波克夏的投資組合集中於少數幾家可以長期持有的公司，其餘的投資組合則投入獲利週期較短（三年至五年）的公司，但這並不表示巴菲特總是進行長線操作。儘管他總是計畫永久持有股票，然而在某些情況還是可能促使巴菲特賣出持有部位，有時甚至比傳記作家所描述的更為頻繁。例如巴菲特曾於1996年買進麥當勞，隔年賣出；1984年，他以7倍左右的本益比買進艾克森石油，並趕在1986年原油價格崩盤前

賣出。巴菲特在1979年約以本益比6倍的股價，買進77萬2,000股的Woolworth，而在1981年至1982年不景氣開始前賣出持股。其後他更公開宣稱不再介入零售業股票。由此我們也可以預估巴菲特會估計買賣時機，他會在市況不景氣時，大量買進低價的股票。他在1980年的年報中列出的持股超過17支。到1987年，當市場價值過度高估並隨之崩潰，他所列出的僅剩3支：蓋可保險、《華盛頓郵報》與Capital Cities/ABC。由於不願在價值被高估的股票投入更多資金，巴菲特反而為波克夏公司買進一架專機。他說，「我寧可買進好股票，而不是願買進一架性能優越的飛機；然而如果市場行情下跌10%，我們看不出有什麼東西值得買進。」（引自波克夏1986年年報）

(4)尋找「確定的事」以保持獲利

巴菲特廣泛地運用收購套利（takeover arbitrage）以獲取零風險的利潤。當市況不穩定時，收購交易可使他免於虧損並得以確保獲利。在進行收購套利時，投資人於被收購公司同意後買進該公司股票，並從市價與投標報價（tender offer price）的價差中獲利。例如公司所獲得的投標報價可能是每股50美元，但在成交前該股價格可能只有46美元（即8%的折扣）。若達成交易，即可鎖定4美元（即8%的利潤）。儘管8%的利潤並不怎麼吸引人，而年度獲利高於這個利潤2倍、3倍，這取決於該公司完成這筆交易的速度。若一季就能完成交易，8%的折扣會變成36%的年獲利。只要連續完成這類例子，投資人即可扭轉市場表現差勁的局勢。巴菲特通常會尋找幾乎確定可以達成收購交易，如果雙方取消

表15-2　巴菲特的主要持股，1977年至1997年（持股以千股計算，未調整分割）

	1977	1978	1979	1980	1981	1982	1983	1984	1985	1986	1987	1988	1989	1990	1991	1992	1993	1994	1995	1996	1997
Affiliated Publications 美國聯業			290	435	452	461	691	691	1,036												
Amerada Hess			113	464	704																
美國運通銀行																		27,760	49,457	49,457	49,457
Arcata					420																
Beatrice Cos.									2351												
Capital Cities/ABC[1]	220	247	246					740	901	2,990	3,000	3,000	3,000	3,000	3,000	3,000	2,000	20,000	20,000		
Cleveland Cliffs Iron				475	475																
可口可樂												14,173	23,350	46,700	46,700	93,400	93,400	100,000	100,000	200,000	200,000
Crum & Forster						909															
埃索石油								3896													
聯邦房貸公司												2,400	2,400	2,400	2,495	16,197	13,655	12,761	12,503	64,246	63,978
甘尼特																		6,854			
GATX					442																
蓋可保險[3]	1,294	1,294	5,730	7,200	7,200	7,200	6,850	6,850	6,850	6,850	6,850	6,850	6,850	6,850	6,850	6,850	34,250	34,250	34,250		
General Dynamics																4,350	4,350			34,250	
General Foods			329	1984	2101	2101	4452	4047													
吉列															24,000	24,000	24,000	24,000	48,000	48,000	48,000
Guiness PLC															31,247	38,335	38,335				
Handy & Harman			1008	2015	2015	2379	2379	2379	2379	2379											
Interpublic Group	593	593	711	711	711	711	636	819													
Kaiser Aluminium	325	1,066	1,212	1,212																	
Kaiser Industries	1,306																				

公司	數值
Knight-Ridder	227　454
Lear Siegler 麥當勞	489
Media General	283　283　283　197
National Detroit Corp.	247　30,157
National Student Mkt.	882
Northwest Industries	556
Ogilvy & Mather	171　391　391　391　250
Pinkerton's	370　370
PNC Bank	19,453
R.J. Reynolds	246　1,765　3,108　5,619
SAFECO	954　1,251　785
Time	1,531　901　2,553
Times Mirror Co.	151　848
旅行家集團	
迪士尼	
華盛頓郵報	934　934　1,868　1,869　1,869　1,869　1,728　1,728　1,728　1,728　1,728　1,728　1,728　1,728　23,733
富國銀行	5,000　5,000　6,358　6,791　6,791　6,791　6,791　24,614　21,563
Woolworth (F.W.)	772　667　1,728　1,728　7,291　6,690

資料來源：波克夏年報

注1：Capital Cities/ABC已被迪士尼購併

注2：旅行家集團自所羅門兄弟管理公司取得所有權

注3：巴菲特於1996年買進蓋可保險公司

購併或因聯邦政府介入而阻礙交易的進行，標的公司的股票可能會大跌，這是投資人所必須承擔的風險。然而標的公司的股價通常在消息發布後大漲，此時巴菲特便能得到可觀的獲利。

(5)不要尋找絕對價值，因為它們幾乎不存在

巴菲特於大蕭條時代開始進行投資時。深受葛拉漢影響，但對於上百萬的美國人而言正如第二次世界大戰一般，只是模糊記憶而已。美國經濟與市場再度出現穩定，超便宜股票時代也隨即消失，股價不再僅為1倍、2倍本益比或遠低於資產負債表的價值。由於未經歷大蕭條時代市價的影響，巴菲特越來越不遵循葛拉漢嚴格的公司資產負債表評估，並漸漸傾向費雪的作風，費雪是最早探索投資成長股優點的人之一。巴菲特在遵循葛拉漢法則數年之後，便揚棄所謂的葛拉漢「雪茄屁股」（cigar butt）投資法——挑選還剩下最後一口甜頭的便宜股票。然而，巴菲特並非全然接受成長投資法；他的作風中還有太多葛拉漢的影子。他從未為了預測而犧牲價值評估，也不會受到市場而影響他的投資決策。巴菲特最值得讚揚的是，明確指出成長投資法與價值投資法的共通處。在1993年時，巴菲特說，「葛拉漢要求各方面都必須達到計量上的便宜；而我所要求的計量上的便宜是未來的現金流量。」（引自Robert Lenzner所著「Warren Buffett's Idea of Heaven: I don't have to work with people I don't like」一文，《Forbes 400》，1993年10月18日，第40頁。）如果公司成長或保留盈餘增加的速度不足（見第十章），不論價格有多少折扣，對巴菲特而言都是不值得投資的，他認為公司

必須保持成長以增加內在價值。對巴菲特同樣重要的是，盈餘成長的速度必須足以彌補通貨膨脹。結合價值投資法與成長投資法，是希望能夠戰勝通貨膨脹與債券的報酬率，這或許是巴菲特對金融界最大的貢獻。

巴菲特的投資策略揉合成長投資法與價值投資法，這點明顯地反映在他近年買進的股票中，如美國運通銀行、吉列、富國銀行與可口可樂。買進這四支股票顯示，他對成長公司並不畏懼支付較高的本益比，只要該公司的長期盈餘有一定的穩定性即可。巴菲特常說，如果投資人一覺睡了十五年，醒來後依然還是可以發現，可口可樂與吉列還是像以前一樣經營同樣的商品系列——賣飲料與刮鬍刀，這就是巴菲特衡量穩定的方法。

⑹買進投資人能了解的公司

如果投資人無法了解百工（Black & Decker）與思科系統生產的路由器（router）之間有什麼差別，就不要買進這兩家公司。如果投資人買進的公司有很深奧的業務，投資人就好比坐進了DC-10的駕駛艙，唯有該飛機是自動駕駛，或者投資人必須夠幸運，撥對正確開關，才有機會安全落地。巴菲特相信，市場總會引誘投資人買進成長快速的股票，如果對於該公司的產品與服務都缺乏最基本的了解，投資人就一定得避開該支股票，其投資組合才不會因此受損。1990年代表現最強勁的公司，若拿業績與投資人瞭若指掌的公司相比，也就不怎麼令人興奮了。例如，葬儀社Service Corp. International、Walgreen、Home Depot、機車大王哈雷機車等公司的表現毫不遜色。

基於同樣的理由，我常建議投資人不要買進大部分的外國股票。除非投資人能了解外國公司營運的經濟、稅賦、會計與政治環境，否則應該避免投資海外公司。買進前對公司了解越少，越可能陷入危機。有超過1萬家以上的上市公司總部設於美國，很難有充分的理由再到美國以外的地區尋找投資機會。相較其他地方，美國擁有最多樣化的公司與產業名單，有數十種利基（niche）產業與公司可供選擇。投資人很難能夠找到一家增值潛力比美國公司還要優異的外國公司。

巴菲特刻意避開許多美國本土與外國公司科技類股，這是因為他對這些產業所知有限，但他從未後悔錯失像甲骨文、英特爾、惠普科技或德州儀器等公司。當被問及何以不買進科技股時，巴菲特於1998年告訴波克夏的股東，他不願在專業領域與人競爭。

> 事實上，我無法預知微軟或英特爾十年內會變成什麼樣子，我也不願參加那種我認為對手具有優勢的遊戲。我可以投入所有的時間思考明年科技股的走勢，但在產業觀察家中我仍是敬陪末座，這是我所無法克服的困難。
>
> ——引自1998年波克夏年會記錄，刊載於晨星公司的網站。

(7)尋找高股東權益報酬率

在第十章我們討論過股東權益報酬率對價值型投資人的重要性，巴菲特對這個表現標準很著迷。過去二十年來在許多場合，巴菲特宣稱他特別喜歡投資每年至少能夠創造15%

股東權益報酬率的公司。由於設定了這麼高的門檻，巴菲特刻意把投資組合侷限於盈餘成長強勁且穩定的公司（見第八章中所提股東權益報酬率與盈餘成長的關連）。若公司不支付任何股利且提報的股東權益報酬率一直超過15%，其每年的盈餘成長將會超過15%。這應該也可以轉變成長期股價每年至少成長15%，這個速度遠超過通貨膨脹與債券收益率。在計算股東權益報酬率上，巴菲特稍作修正：他以每年的「營業收入」（operating income，不是淨收益）除以股東資產淨值。假設公司的資產基礎為3,000萬美元，提報的淨收益為1,000萬美元，而營業收入為1,500萬美元。若以淨收益為分子，股東權益報酬率為33.3%；若用營業收入，可計算出股東權益報酬率為50%。採取營業資產報酬率更可以真實地反映出，管理階層如何運用投資人交付的資本與債務。只要提報「非經常損益」（nonrecurring gains and loss），公司即可利用許多方法可以控制淨收益。

(8)尋找護城河

　　如果公司產品具有專賣性、新奇性、或是具備競爭者難以模仿的特性，公司即擁有一道難以突破的優勢，這道「護城河」足以讓成長公司順利地成長好幾年。駕駛艙模擬器的生產廠商FlightSafety International在幾乎沒有競爭的環境下經營多年之後，巴菲特於1996年買進該公司股票。巴菲特於1997年買進的國際乳品皇后，在冰淇淋市場可謂佼佼者。迪士尼更是舉世無可相匹配。

　　巴菲特尋找的股票必須有難以突破的品牌優勢，例如可口可樂，具有最高知名度的商標，其市場占有率在各國也都

是最高的。開業一百一十年,這家公司的銷售依然可以每年
成長10%至12%,更可證明其品牌優勢的威力。巴菲特另一
家擁有護城河的股票是吉列,在大多數國家吉列刮鬍刀刀片
與刀頭一樣主導市場。巴菲特很喜歡舉這個例子,「我睡得
很甜,因為我知道全世界20億的男人睡醒後都要刮鬍子」。

護城河可以是全球性的,如可口可樂;或是區域性的,
就像住家附近的銀行或便利商店。巴菲特表現最好的投資中
有些就是私人企業,如See's Candies與Nebraska Furniture
Mart,它們在社區中幾乎是獨占事業。一旦企業擁有這道護
城河,它即有漲價的能力而不用擔心喪失市場,鮮少美國企
業還能享有這種優勢。相反地,巴菲特會避開投資大規模提
供產品與服務的公司,如鋼鐵廠、汽車廠、航空公司與零售
商等,這些公司必須花費大筆盈餘更新資產或創新產品,其
目標只不過是要趕上競爭對手而已。

(9)不要太早賣出強勢股

如果投資人能描繪出公司十五年至二十年的狀況,投資
人即可安心地等待該企業所帶來的穩定報酬,因為這類公司
相當稀少,所以一旦投資人在吸引人的價位買進該股票後,
就值得長期持有。巴菲特曾因急急忙忙地獲利了結,而無法
看清楚公司的長期潛力,結果犯下最大的錯誤。巴菲特在年
僅11歲時,以38美元買進City Service Preferred,該支股票最
後漲到200美元,然而巴菲特卻在40美元時即賣出持股。在
1960年代中期,巴菲特以低得可笑的500萬美元,買進6%的
迪士尼股票,但一年後即以600萬美元賣出所有股票。如果
他抱緊持股,到1998年他原始投資的價值將可高達20億美

元。

　　事實上，投資人賣掉的股票在未來都可能可以高價出售。如果投資人認爲公司未來有賣更高價的潛力，就要像國王的黃金一樣好好地保存它。如果投資人對該股繼續上漲沒有信心，在開始時就應避開。如果投資人不願意持有該股超過五年，連五分鐘都不要擁有。

⑩戴上眼罩不要理會市場

　　巴菲特主張忽略每日的市場波動，這個觀點卻令大多數投資人難以接受。他並不在乎道瓊工業指數是漲是跌，或最新經濟指標的建議，他無視短期的「雜音」，認定長期而言股價會遵循公司的成長速度而上漲。即使股市封關兩年，導致無法獲得公司的報價，巴菲特也不在乎。不論華爾街是否存在，這些企業將繼續營運，並創造利潤提升公司的內在價值以及巴菲特股份的價值。發揮一下想像力，如果股市明天封關，結果又會如何？證券業保證會崩潰，但公司企業不會。如果沒有人買賣股票，奇異電器是否可能停止運作呢？英特爾微處理器訂單是否會減少呢？消費者是否會停止購買寶鹼的清潔劑呢？福特是否就會召回所有的新車呢？當然不會。這些企業仍舊會照常運作。由於營運上不必再分心關注下一季的盈餘，它們可以很愉快地經營工廠，不必再爲同時滿足基金經理人、投資人、分析師與當沖客而傷腦筋。當然，奇異電器、英特爾、寶鹼與福特還是很有價值，但它們的價值基礎將會是（本就應該是）公布於財務報表的盈餘與現金流量；而非來自於幻想、謠言、線圖或是分析師的抱怨。

總結巴菲特的論點

在1987年的文章中巴菲特說，投資人若想要大幅提升選股能力，就必須了解華爾街存在是爲了服務投資人，而不是指導投資人。不要以爲公司當前提供的報價就是公平市價，股票的報價若不符合投資人的喜好，投資人大可忽略它。下列的文章取自巴菲特寫給股東的信，也是投資入門的經典之一。

　　每當查理（波克夏的董事）與我爲波克夏保險公司買進普通股時，我們進行交易的方法就好像買進私人公司一樣。我們會看看該公司的經濟前景、經營公司的人員、以及我們必須支付的價格，我們並沒有設定任何賣出的時間與價格。事實上，只要我們認爲該公司內在價值的成長速度令人滿意，我們願意永久持有該股票。在投資時，我們把自己當成是企業分析師，而不是市場分析師、總體經濟分析師、更不是股票分析師。

　　交易熱絡的市場對我們非常有幫助，因爲每隔一段時間就會出現吸引投資人的機會，但這並不代表市場是不可或缺的：即使我們持有的股票長期停止交易我們也不在乎，世界圖書（World Book）或Fechheimer（兩家皆爲波克夏所擁有）沒有每日報價也無所謂。不論我們的所有權是一部分或全部都一樣，最後決定我們獲利的是所擁有公司的經濟命脈。

　　我的好友與老師葛拉漢在很久以前曾描述過市場波動的心態，我相信其對投資成功最有幫助。他認爲投資人應該想

像市場報價是來自於一個非常沒有主見名叫「市場先生」（Mr. Market）的人，他是投資人私人公司的合夥人。這位市場先生從來不曾爽約，每天都會出現並開出一個價格，願意買進投資人的股權或賣出他的股權。

儘管投資人所擁有的公司可能有穩定的營運特質，但市場先生的報價卻一點也不穩定。說來難過，因為這個可憐的傢伙情緒反覆無常。當他覺得快樂的時候，他只能看到影響公司的有利因素。在這種心情下，他開出的買進價位非常高，因為他害怕投資人會吃掉他的股權並奪走他眼前的獲利。當他覺得悲傷的時候，則只能看到阻擋在公司與世界之前的困境。在這種情況下，他的報價會非常低，因為他害怕投資人把股權倒給他。

市場先生還有一個永遠不變的特性：他不在乎被忽視。如果他今天的報價無法引起投資人的興趣，明天他會再更新報價，交易完全取決於投資人的選擇。在這種情況下，他的行為越躁鬱對投資人越有利。

但是就像是舞會中的灰姑娘，投資人必須遵守原則，否則一切都會變回南瓜與老鼠：市場先生是來服務投資人，而不是來指導投資人的。投資人會發現最有用的是他的錢包，而不是智慧。如果有一天他特別愚蠢，投資人大可忽略或利用他，但是如果投資人也受他影響那就慘了。事實上，如果投資人對公司的了解與評價都遠超過市場先生，那麼他們就不屬於這場遊戲。如同撲克牌玩家所說的，「如果遊戲已進行30分鐘，而投資人還不知道誰是凱子，那麼投資人就是那個凱子。」

在今日的投資市場中，葛拉漢的市場先生比喻似乎已經過時，因爲大多數的專家學者都在談論效率市場、動態避險與貝它值（beta）。我們可以了解他們在這類事情上的利益，神祕的技巧在大量供應投資建議上有其明顯的價值。畢竟巫醫所賴以建立名聲與財富的，只不過是建議病人「吃兩顆阿斯匹林好了」。

對使用投資建議的投資人而言，市場秘辛的價值又是另外一回事。我認爲成功的投資並不是源於特殊公式、電腦程式、或股票與市場價格行爲所釋出的訊號。相反地，投資人想要成功就必須有敏銳的商業判斷力，再加上謹愼思考，並全然不受席捲市場的情緒所影響。我在致力使自己不受影響時，發現謹記葛拉漢的市場先生概念，對投資非常有幫助。

遵循葛拉漢的法則，查理與我都是藉由公司的營業成果，從有價證券而不是透過每日或每年的報價得知投資是否成功。雖然市場可能會暫時忽略公司的成功，但最後還是會確認。葛拉漢曾說，「短期而言，市場是一台投票機器；但長期而言，它是部秤重的機器。」更進一步來說，公司成功受到認同的速度並不是那麼重要，只要公司內在價值增加的速度還令人滿意即可。事實上，晚點受到認同還也是優點：如此才有機會在便宜的價格，買進更多好東西。

當然，有時市場對公司價值的判斷，可能遠超過基本事實所顯示的價值。在這種情況下，我們會賣出持股。有時候，我們也會賣出價格合理或被低估的股票，這是因爲我們需要資金買進價格更被低估的股票，或者我們更了解的股票。

然而我們必須強調，我們不會僅因股價上漲或因已持有好一段時間而賣出手中的持股（華爾街最愚笨的格言可能是：投資人不會因獲利了結而破產）。只要公司權益資本（equity capital）的未來報酬率令人滿意，管理階層誠實能幹，再加上市場未高估公司價值，我們樂意地長期持有任何股票。

——引自1987年波克夏年報董事長的信，經巴菲特授權引用。

巴菲特以簡短的文字總結價值投資法成功的關鍵。他把所有有關財經與選股的文章簡化成幾個重點，可讓投資人獲得成功。簡述如下：

(1)**視自己為「企業分析師」，而不是股票市場預言家**。從來就沒有人能持續預言經濟或股市的走向，你也不能。如果你能接受這個事實，在這場遊戲中即可已遙遙領先。因此，你所做的投資決策若是基於市場或經濟走勢，失敗的機率就會比較高。然而，如果投資人把工作集中在產業分析，長期下來必然可以投資成功。

(2)**不要受股價波動影響，因為它們通常只是對事件的不理性反應**。真正能衡量成功的是公司成長的速度。長期而言，股價會反映公司的成長。

(3)**不要隨意接受市場上的股價**。投資人喜歡股價每股30美元，並不代表該企業就價值每股30美元，它可能值20美元；也可能值50美元。你必須自我評估市場報價是否公平合理。

(4)**市場參與者有時在評估企業真正價值時會出現明顯的錯**

誤。謹慎的投資人應該準備好隨時買進賤價拋售的股票，並於價值被明顯高估時賣出。

(5)**華爾街的任務是賣股票給投資人，並創造佐證數據引誘投資人購買**。它的繁榮在於保持著神祕的面紗，華爾街把投資定位成嚴謹的學術研究，這個產業即可讓投資人成爲特殊方法的俘虜，並在其領導下建立一個令人敬畏的教派。

(6)**不論技術多高明或是具備多高深的數學知識都無法取代舊式的財務報表分析**。成功的股票投資所需要的只不過是普通的數學基礎、基本的企業營運知識、一點可從經驗獲得的直覺，以及閱讀財務報表的能力。

(7)**價值型投資人表面上會使自己的獲利落後於一般投資人，但實際卻可大幅超前**。如果每個人都支持價值投資法，市場就不再具有價值了。事實上，大部分的投資人對資訊的反應都相當不理性，或在買進股票前都未評估公司，對投資人來說非常有利。正因市場善變，所以投資人得以成功。

價值投資法

如何以價值投資戰勝市場

附錄

網路上的股票資訊

　　1980年代，投資人多半根據從郵件收到的年度報告做投資決策，他們會透過當地報紙追蹤喜愛的個股，並用圖表與鉛筆繪出該股的走勢圖。到1990年代初期，投資人改用電腦，利用試算表撰寫投資組合的追蹤程式，並使用昂貴的繪圖軟體與報價服務以使自己保持投資勝利。

　　時至今日，遊戲規則已經改變，數百萬的投資人幾乎完全仰賴電腦軟體與應用程式管理他們的投資，只要支付些許電腦硬體安裝費，投資人即可上網取得過去投資華爾街股市必須花費數萬美元才能獲得的資訊。

　　投資人應該充分利用網路上的機會，但在當中不要迷失自己的目標與謹慎投資的原則。藉由網路免手續費與即時取得資訊的方式，使得許多投資人成為快槍手。中美洲的投資人因可取得股價分時走勢圖、盈餘預估與新聞服務，其交易之頻繁，前所未見。

　　使用網路收集資訊，但不可依賴它來評估資訊。決策還是掌握在投資人自己身上。不論正確與否，網路給予每個投資人自由發表意見的空間，以提出他們對股票市場的看法。不要被天花亂墜的評論與誇大不實的廣告所欺騙，必須堅信事實。

　　對想要收集網路資訊的投資人而言，本書列出最有幫助的網站。這份資料雖然不盡完整，但仍可協助投資人取得網路上最佳的資訊。

公司網站

數百家公司擁有自己的網站，其中包含許多在紐約證交所、美國交易所與那斯達克交易的大型股，這些網站具有全面性的優點。有些公司的網站如微軟，提供正確的資訊與互動性的服務；有些則為公司客戶與顧客提供產品資訊；有些公司則為它們的財務報表保有大型檔案，這對選股的人而言更可一次備齊。我建議投資人在買進股票前應該看看該公司的網站。投資人可能會發現公司產品的詳細說明、廠房與銷售據點，以及該產業的供應商與配銷商。

許多地區圖書館都可以找到的ValueLine與S&P Stock Reports，在文末皆有列出公司的網址，更完整的目錄可在Invet-O-Rama（www.investorama.com）網站找到，該網站宣稱連接的財經網站超過8,000個，並包含上百家公司網站的目錄。

政府機構網站

聯邦政府提供評估公司所需的最佳原始資料來源，其所公布的經濟數據對於追蹤產業與消費趨勢非常有幫助，聯邦政府也儲存所有上市公司所提出的財務報告。對投資人而言，最重要的網站是證券管理委員會的電子資料搜集中心（EDGAR）。電子資料搜集中心擁有公司必須提報的所有相關財務報告，包括10Ks表格、10Qs表格、購併檔案、共同基金與公開發行的公開說明書（prospectus）。大部分的財務報告都透過電腦網路傳送到華盛頓，投資人可以從網路下載

這些報告，不必先打電話索取，然後再枯等數週。今日有許多分析師幾乎完全仰賴電子資料搜集中心取得財務資訊，與美國國家統計局（U.S. Census Bureau）網站，其所出版的書面資料大都有電子檔；聯邦準備理事會，公布其最高執行長的演說稿與報告經濟狀況的「褐皮書」（Beige Book）。以下是最有用的政府網站：

Bureau of Labor Statistics——www.bls.gov

Comptroller of the Currency——www.occ.treas.gov

Conference Board (The)——www.crc-conquest.org

Department of Commerce——STAT database
　　　——www.stat-usa.gov

Economic Statistics Briefing Room
　　　——www.whitehouse.gov/fsbr/esbr.html

Federal Deposit Insurance Corp.——www.fdic.gov

Federal Reserve Board——www.bog.frb.fed.us

Federal Reserve Bank of St. Louis——www.stls.frb.org

Government Accounting Office——www.gao.gov

Securities and Exchange Commission——www.sec.gov

SEC——EDGAR database——www.sec.gov./cgi-bin/srch-edgar

Treasury Department——www.ustreas.gov

U.S. Census Bureau——www.census.gov

U.S. House of Representatives——www.house.gov

U.S. Senate——www.senate.gov

White House——www.whitehouse.gov

另一個極佳的資料來源是州政府，它們所建立的網站相

當廣泛，投資人可以取得各部門的報告與數據。我曾使用州政府網站取得區域的經濟報告與預測，以及房屋、建設、零售與人口結構等數據。許多地方政府也架設網站，提供人口結構、房地產與商業的資訊。

報紙與雜誌網站

今日大多數的地方性與全國性報紙都有網站，可讓投資人取得重要的商業資訊與舊文章的檔案。越來越多的地區性報紙也開始在網路上提供它們的文章。有時候，僅在《華爾街日報》搜尋如Anheuser Busch的報導是不夠的。St. Louis Post Dispatch可提供更深入的報導，這是因為該報的記者對該公司投注數十年的追蹤報導，並與公司員工、民運與工運領袖維持良好關係。若要即刻連上美國頂尖的報紙網站，可以點選News Online的網址www.fundlinks.com/news-b.htm。大多數財經雜誌也把文章與近期刊物放在他們的網站上。下列是幾家報章雜誌的網站：

Atlanta Journal-Constitution——www.ajc.com

Boston Globe——www.bostonglobe.com

Chicago Sun-Times——www.suntimes.com

Denver Post——www.denverpost.com

Financial Times (London) ——www.ft.com

Forbes——www.forbes.com

Fortune——www.pathfinder.com/fortune

Gannett——www.gannett.com

Gannett, Newspapers——www.gannett.com/web/gan013.htm

Gannett, Radio Stations──www.gannett.com/web/gan014.htm

Inc.──www.inc.com

Individual Investor──www.iionline.com

Kiplinger──www.kiplinger.com

Knight-Ridder newspapers (database of articles)
　　　　──newslibrary.infi.net

Los Angeles Times──www.latimes.com

Miami Herald──www.herald.com

Money──www.money.com

New York Times──www.nytimes.com

Philadelphia Enquirer; Philadelphia Daily News
　　　　──www.phillynews.com

San Francisco Chronicle──www.sfgate.com/chronicle

The Economist──www.economist.com

Tribune Co. ──www.tribune.com

Wall Street Journal──www.wsj.com

Washington Post──www.washingtonpost.com

Worth──www.worth.com

新聞服務網站

新聞媒體（如彭博資訊與路透社等）把發給上百家新聞
會員的文章也放在網路上，這是財經資訊的最佳來源。新聞
媒體以往謹慎地它們的新聞傳播，如今大多數都在競爭的壓
力下在網上提供免費新聞。今日，投資人可以取得會出現在
明天全國報紙的新聞──只不過快了24小時！比起一般投資

人多一天的優勢，在買賣股票上即可能有天壤之別。下列熱門新聞網站，可提供各大財經網站資訊：

ABC News——www.abcnews.com

Bloomberg news service——www.bloomberg.com

BusinessWire——www.businesswire.com

CBS Marketwatch——http://cbs.marketwatch.com

CNBC——www.cnbc.com

CNN Financial——http://cnnfn.com

C-Span——www.c-span.org

Daily Stocks——www.dailystocks.com

Fox network——www.foxnews.com

Lycos Stock Find——www.stockfind.newsalert.com

Microsoft Investor——www.investor.msn.com

NBC News——www.nbcnews.com

NewsEdge——www.newspage.com

PR Newswire——www.prnewswire.com

Reuters MoneyNet——www.moneynet.com

Streeteye——www.streeteye.com

Yahoo finance——http://quote.yahoo.com

股票交易所網站

大型股票交易所都會提供個股或合約的最新報價。有些較好的網站如www.nasdaq.com會提供交易所內各家公司的背景資料，並附上圖表與投資組合追蹤服務，更可連結至公司及新聞網站。若想快速連結至全球股票市場，可以連結到

www.qualisteam.com網站。

American Stock Exchange──www.amex.com

Chicago Board of Trade──www.cbot.com

Chicago Board Options Exchange──www.cboe.com

Chicago Mercantile Exchange──www.cme.com

Kansas City Board of Trade──www.kcbt.com

London Metal Exchange──www.lme.co.uk

London Stock Exchange──www.londonstockex.co.uk

NASDAQ stock market──www.nasdaq.com

New York Cotton Exchange──www.nyce.com

New York Mercantile Exchange──www.nymex.com

New York Stock Exchange──www.nyse.com

Pacific Stock Exchange──www.pacificex.com

Philadelphia Stock Exchange──www.phlx.com

Tokyo Stock Exchange──www.tse.or.jp

Toronto Stock Exchange──www.tse.com

Vancouver Stock Exchange──www.vse.ca

同業公會網站

在同業公會的網站，投資人通常可以找到與產業相關的資訊。有些網站所提供的資訊包含研究與調查報告、產業的銷售與人口統計資料等，也提供連結至公司供應商的服務。以下是比較常用的產業網站：

The Aluminum Association──www.aluminum.org

American Bankers Association──www.aba.com

American Iron & Steel Institute──www.steel.org

American Petroleum Institute──www.api.org

Auto Industry links──www.tgx.com/autobodypage

Automotive Parts & Accessories Assoc.──www.apaa.org

Auto magazines, publications──www.car-stuff.com

Beverage Industry──www.beverage-digest.com

Computers──www.idc.com

Copper industry links──www.copper.org

Intl. Energy Agency──www.iea.org

Manufactured Housing Institute──www.mfghome.org

National Association of Realtors──www.realtor.com

National Restaurant Association──www.restaurant.org

Oil and gas industry links──www.oillink.com

Oil industry rig data──www.bakerhughes.com

Precious Metals, links──www.goldsheet.simplenet.com

Semiconductor Industry Assoc.──www.sia.org

Semiconductor industry links──www.infras.com

Real Estate Investment Trusts──http://www.nareit.com

Retail-Intl. Council of Shopping Centers──www.icsc.org

Steel industry links──www.steel.org/hotlinks

會計師事務所網站

　　會計是商業用語，投資人對公司營運法規的了解越多越好。上市公司營運法規的兩大制定者是美國財務會計標準委員會（The Financial Accounting Standards Board, FASB）與

The American Institute of Certified Public Accountants
（AICPA），其網站提供提案通過的會計法規背景與描述。美
國財務會計標準委員會的網站可透過Rutgers University
（www.rutgers.edu/Accounting/raw/fasb/）連結。AICPA的網
址在www.aicpa.org。The American Accounting Association同
業公會網址為www.rutgers.edu/Accounting/raw/aaa/。若需收
集會計業的一般性資訊，可連到www.cpalinks.com，及其他
相關會計網站。投資人或許也會想要尋找核算大多數上市公
司帳冊的會計公司網站，因為這些會計公司會發表產業研究
或調查，以協助於評估公司的前景。有些網站提供個人理財
與稅務的文章與新聞報導。這些網站如下：

Andersen Consulting——www.ac.com

Arthur Anderson——www.arthurandersen.com

Deloitte & Touche——www.dtonline.com

Ernst & Young——www.ey.com

Grant Thornton——www.gt.com

KPMG Peat Marwick——www.kpmg.com

Price Waterhouse Coopers——www.pwcglobal.com

股票資訊與投資建議網站

Briefing Room——www.briefing.com

The Financial Center——www.tfc.com

Daily Rocket——www.dailyrocket.com

Daily Stocks——www.dailystocks.com

Data Broadcasting Corp. ——www.dbc.com

Interquote──www.interquote.com

Investools──www.investools.com

Investors Edge──www.stockpoint.com

Microsoft Investor──www.msn.com

Quicken──www.quicken.com

Wall Street City──www.wallstreetcity.com

The Street──thestreet.com

The Syndicate──www.moneypages.com/syndicate

Thomson Investor Network──www.thomsoninvest.net

Yahoo──www.quote.yahoo.com

財經資訊與教育網站

American Association of Individual Investors
　　──www.aaii.org

Equity Analytics──www.e-analytics.com

Ibbotson Associates──www.ibbotson.com

Investment newsletters──www.newsletteraccess.com

Moody's Investor Services──www.moodys.com

Morningstar, Inc. ──www.morningstar.net

Motley Fool──www.fool.com

Natl. Association of Investors Corp.（NAIC）
　　──www.better-investing.org

Standard & Poor's──www.standardpoors.com

綜合財經議題網站

Bonds-corporate and Treasuries——www.bondsonline.com

Business valuation——www.nvst.com

Corporate profiles——www.hoovers.com

Earnings estimates——www.zacks.com

Economic charts, links——www.yardeni.com

http://condor.depaul.edu/~dshannon

Executive pay——www.paywatch.org

Global investing——www.global-investor.com

www.ifc.com

www.tradershaven.com

Gold and silver——www.bullion.org

www.goldsheet.simplenet.com

Historical financial charts——www.globalfindata.com

www.pinnacledata.com

Insider trading——www.fedfil.com

www.biz.yahoo.com

www.insidertrader.com

www.dailystocks.com

www.cda.com

Merger announcements and statistics

——www.nvst.com/rsrc/mergerstat

www.securitiesdata.com

Portfolio tracking——www.investor.msn.com

www.yahoo.com

www.stockup.com

www.dailystocks.com

www.quicken.com

Quote services──www.wwquote.com

Stock buybacks, splits, dividend announcements

──www.dailyrocket.com

Stock charts──www.bigcharts.com

Stock options, executive options──www.cbot.com

www.biz.yahoo.com

www.nceo.org

www.e-analytics.com

Stock screening services──www.marketplayer.com

www.rapidresearch.com

http://www.stockscreener.com

Technology stocks──www.techstocks.com

財訊出版社精選好書目錄

	書　　名	作　　者	譯　　者	單價
投　資　理　財				
1	點線賺錢術	鄭超文		420
2	發達之路	周國偉等		200
3	戰勝指數期貨	鄭超文、廖玉完		250
4	當沖高手	傑克・伯恩斯坦	褚耐安	285
5	散戶兵法	理查・考克	陳重亨	300
6	征服股海	彼得・林區	郭淑娟、陳重亨	360
7	台灣投資戰略	張忠本		280
8	中國概念投資總覽	楊銘		320
9	英國投資大師	詹姆士・摩頓	徐仲秋、蕭美惠	360
10	台股指數期貨	陳海騰、李子建		250
11	股市心理學	約翰・史考特 珍阿貝特	齊思賢	240
12	選股戰將	佛列德・佛萊雷	陳重亨	280
13	大熊市	約翰・羅富齊	范振光	280
14	飛越金融風暴	謝金河		320
15	網路下單	鐘明通、謝穎昇、 陳鈺斐		250
16	高科技選股策略	麥克・墨菲	張琇雲	320
17	多空富豪	羅伯・柯沛	陳重亨	250

	兩 岸 趨 勢			
1	中國最後強人	大衛·古德曼	田酉如等	280
2	香港風暴	石川羅生	蕭志強	250
3	兩岸和談	王銘義		360
4	李登輝的最後抉擇	陸鏗		280
5	中港台公司	柯偉亮	劉忠勇等	380
6	透視總書記	阮銘		280
	邱 永 漢 選 集			
1	創業家的新天地	邱永漢		250
2	附加價值論	邱永漢	王建成	380
3	這裡是北京情報站	邱永漢	李建華	180
4	食指大動	邱永漢	陳慧珍	280
5	中國人的思想構造	邱永漢	李建華、楊晶	200
6	用有錢人的心情去旅行	邱永漢	歐莫泊	280
7	最壞的時代是最好的機會	邱永漢	楊晶	200
	其 他			
1	好吃老外	傑克·瑞汀		320
2	日本金融大崩潰	王增祥		320

投資理財 27

價值投資法
──如何以價值投資戰勝市場
Wall Street on Sale : How to Beat the Market as a Value Investor

作　　者：提摩西‧維克（Timothy P. Vick）
譯　　者：洪裕翔
責任編輯：徐賢倫‧黃淑芳
發 行 人：邱永漢
總 編 輯：楊　森
主　　編：瞿中蓮
副 主 編：王碧珠
聯合出版：美商麥格羅‧希爾國際股份有限公司　台灣分公司
　　　　　台北市大安區復興南路一段227號4樓
　　　　　電話：(02)2751-5571　傳眞：(02)2771-2340
　　　　　http://www.mcgraw-hill.com.tw
　　　　　財訊出版社股份有限公司
　　　　　台北市南京東路一段52號7樓
　　　　　訂購服務專線：(02)2511-1107　訂購傳眞：(02)2536-5836
　　　　　郵撥帳號：11539610　財訊出版社
　　　　　http://www.wealth.com.tw/wealth/WE/WE_main.htm
電腦排版：中克電腦排版企業有限公司
製版印刷：普賢王印刷股份有限公司
總 經 銷：聯豐書報社
　　　　　台北市重慶北路一段83巷43號
　　　　　電話：（02）2556-9711
登 記 證：局版北市業字第323號
初版一刷：2000年4月
定　　價：320元

國家圖書館出版品預行編目資料

價值投資法：如何以價值投資戰勝市場／提摩
西‧維克（Timothy P. Vick）著；洪裕翔譯．
-- 初版． -- 臺北市：麥格羅希爾，2000
〔民89〕
面；　公分． —（投資理財；27）
譯自：Wall street on sale : how to beat the
market as a value investor
ISBN 957-493-216-8（平裝）

1.投資　2.證券

563.5　　　　　　　　　　　89005078